Arbeitsrecht für Ihren Führungsalltag

D1724343

Jan Schultze-Melling ist Rechtsanwalt mit langjähriger Praxiserfahrung. *Volker Bartelt* ist ebenfalls seit vielen Jahren als Rechtsanwalt tätig.

Volker Bartelt, Jan Schultze-Melling

Arbeitsrecht für Ihren Führungsalltag

Schwierige Situationen kompetent lösen

Campus Verlag
Frankfurt/New York

Bibliografische Information der Deutschen Bibliothek
Die Deutsche Bibliothek verzeichnet diese Publikation in der
Deutschen Nationalbibliografie. Detaillierte bibliografische Daten sind
im Internet über http://dnb.ddb.de abrufbar
ISBN 3-593-37333-5

Besuchen Sie uns im Internet: www.campus.de

Inhalt

1.
Was hat Ihr neuer Job mit Arbeitsrecht zu tun?

Sie sind gerade befördert worden. Eine Fülle neuer Aufgaben erwartet Sie. Neben Ihrer Fachkompetenz wird auch Ihre Führungskompetenz gefragt sein, da Sie auch Personalverantwortung übernommen haben. In dieser Situation wollen Sie sich auch noch mit dem Inhalt dieses Buches vertraut machen, obwohl Sie weder Personalreferent sind noch anderweitig im Bereich des Personalwesens wirken? Eine gute Idee, denn das Arbeitsrecht spielt nicht nur in diesen Bereichen, sondern ebenso für Ihren Berufsalltag als Führungskraft eine wichtige Rolle.

Natürlich können und sollen Sie die Mitarbeiter in Ihrem Verantwortungsbereich (den wir nachfolgend auch manchmal Abteilung / Gruppe / Bereich nennen) nicht mit dem Gesetzbuch unter dem Arm führen. »Gut Führen hat in erster Linie etwas mit Kommunikation zu tun.«[1] Das Arbeitsrecht bildet jedoch gewissermaßen einen Rahmen, innerhalb dessen Sie sich bewegen. Wenn Sie Entscheidungen treffen oder Anordnungen gegenüber Mitarbeitern aussprechen, sollte Ihnen dieser rechtliche Rahmen vertraut sein. Dies gilt umso mehr im Konfliktfall, den Sie lösen müssen. Hier wird es entscheidend für Sie sein, zu wissen, welche Handhabe Ihnen zur Verfügung steht, was Sie durchsetzen können und wann Sie sich Unterstützung suchen sollten.

Die Lektüre dieses Buches wird Sie nicht zum Arbeitsrechtsprofi machen. Dieses Buch soll Sie auch nicht dazu verführen, sich im Rahmen Ihrer gewachsenen Aufgaben auch noch in Felder hineinzubegeben, die Sie guten Gewissens Spezialisten überlassen können und sollten! Dies ist auch nicht notwendig, da es immer betriebsinterne oder externe Spezialisten gibt. Widerstehen Sie dieser Versuchung, aber erhöhen Sie mit Hilfe des Buches Ihre Sensibilität für Situationen, die arbeitsrechtliche Relevanz besitzen, und sprechen Sie dazu getrost die Kolleginnen und Kollegen aus der Rechts- und Personalabteilung an, wenn es eine solche in Ihrem Unternehmen gibt, oder holen Sie externen Spezialistenrat ein.

Das Buch wird Ihnen auch erste Orientierung bei typischen Alltags- und Konfliktsituationen mit einem arbeitsrechtlichen Einschlag geben, mit denen Sie als Vorgesetzter konfrontiert sein können. Außerdem geben wir Ihnen Hinweise, wo und wie Sie ergänzende Informationen finden können, wenn Sie sich weitergehend informieren möchten. Dabei unterstellen wir, dass Sie im Büro über einen Internet-Anschluss verfügen, und haben Ihnen dort, wo wir nützliche weitere Erste-Hilfe-Informationen im Netz gefunden haben, Fundstellen benannt. Natürlich kann das eine oder andere in diesem Buch auch zu Ihrer eigenen Information als Arbeitnehmer nützlich sein.

2.
Was Sie als Vorgesetzter über das Arbeitsrecht wissen sollten

In dem folgenden Abschnitt 2.1 geben wir zunächst einige Hinweise, wo Sie sich innerhalb und außerhalb Ihres Unternehmens weitere arbeitsrechtliche Informationen beschaffen können. In Abschnitt 2.2 erhalten Sie eine knappe Übersicht über das Arbeitsrecht, wobei die Teilgebiete Individualarbeitsrecht, kollektives Arbeitsrecht und Arbeitsschutzrecht sowie die arbeitsrechtlichen Quellen und ihre hierarchische Ordnung vorgestellt werden. Der Abschnitt 2.3 bringt Ihnen einige arbeitsrechtliche Grundbegriffe näher, wobei der leitende Angestellte etwas ausführlicher behandelt wird, weil Sie möglicherweise selbst zu dieser Gruppe zählen. Abschnitt 2.4 widmet sich dem Arbeitsschutzrecht und Ihrer Verantwortlichkeit als betrieblicher Vorgesetzter.

2.1 Wie Sie sich Informationen beschaffen

Sie haben noch nicht einmal richtig angefangen, in diesem Buch zu lesen, und schon werden Sie bereits auf weiterführende Informationen verwiesen. Merkwürdig? Es geht uns hauptsächlich darum, Sie sofort auf leicht zugängliche Quellen aufmerksam zu machen, wo Sie arbeitsrechtliche Vorschriften finden können. Der nachfolgende Text ist jedoch auch aus sich heraus verständlich.

2.1.1 Gesetzestexte

In den folgenden Sammlungen finden Sie eine Zusammenstellung von arbeitsrechtlichen Vorschriften ohne Anspruch auf Vollständigkeit:

- Nipperdey I: *Arbeitsrecht*, Loseblattsammlung, C.H. Beck Verlag, München 2003.
- Kittner, Michael: *Arbeits- und Sozialordnung*, Bund-Verlag, Frankfurt a. M. 2003. Diese Gesetzessammlung enhält zu jedem Gesetz eine Einführung und weiterführende Literaturhinweise.
- *Arbeitsgesetze*, dtv-Taschenbuch, München 2003.

Viele Gesetze finden Sie auch im Internet. Damit können Sie sich ohne viel Rennerei und Blättern die Vorschriften schnell auf den Bildschirm holen. Die folgende Zusammenstellung spiegelt dabei nur unsere Vorlieben wider und erhebt keinen Anspruch auf Vollständigkeit:

- Eine umfangreiche Gesetzessammlung wird vom Bundesinnenministerium in Kooperation mit dem Justizministerium und der juris GmbH unterhalten: www.staat-modern.de/gesetze/uebersicht/index.html.
- Bei www.dejure.org handelt es sich um eine kleine, aber benutzerfreundliche und optisch ansprechende Sammlung von Gesetzesvorschriften.
- In der Personalrechtsdatenbank der AOK lassen sich zahlreiche arbeitsrechtliche Gesetze und Vorschriften finden. Hier ist eine Anmeldung erforderlich, die Nutzung derzeit unentgeltlich. Adresse: www.aok-business.de; dort »pro online«.

Bitte berücksichtigen Sie beim Arbeiten mit Gesetzestexten: Es handelt sich nicht um amtliche Fassungen, sondern um redaktionell bearbeitete Fassungen. Gesetzesänderungen werden jeweils mehr oder weniger zeitnah durch Verlage und Online-Anbieter in die bestehenden Fassungen eingefügt und als nicht amtliche Texte veröffentlicht. Fehler und mangelnde Aktualität sind nicht ausgeschlossen. Dafür sind die Texte lesbar, weil Gesetzesänderungen in den vorhandenen Text eingepflegt werden.

Nur die Papierausgabe des Bundesgesetzblattes enthält die amtliche

Fassung eines Gesetzes oder einer Rechtsverordnung. Das Bundesgesetzblatt wird vom Bundesministerium der Justiz herausgegeben. Das Bundesgesetzblatt Teil I ist ab 1998 als Leseexemplar gratis über die Internet-Seite des Verlages (www.bundesanzeiger.de) abrufbar.

Gesetze im Betrieb

Ein Hort von Gesetzestexten und weiterführenden Informationen zum Arbeitsrecht innerhalb des Betriebes ist naturgemäß die Personal- und Rechtsabteilung – so es sie gibt. Auch ein etwa vorhandener Betriebsrat ist in der Regel ebenfalls ordentlich ausgestattet. Einige Arbeitsgesetze sowie die für den Betrieb einschlägigen Tarifverträge und Betriebsvereinbarungen sind aushangpflichtig, so dass Sie auch unaufwändig bei Bedarf in diese Einblick nehmen können.

2.1.2 Weitere allgemeine Informationen zum Arbeitsrecht

Internet

Im Internet gibt es verschiedene Seiten und Portale mit arbeitsrechtlichem Themenschwerpunkt. Es kann für Sie durchaus lohnenswert sein, einmal auf diese Seiten zu schauen, wenn Sie weitere Informationen suchen. Erfolgreich werden Sie immer dann sein, wenn Sie Ihre Fragestellung nach Möglichkeit auf ein arbeitsrechtliches Schlagwort oder einige wenige Begriffe reduzieren können und damit suchen. Unsere Auswahl für Sie erfolgt subjektiv und ohne jeden Anspruch auf Vollständigkeit. Vielleicht werden Sie über die Schlagwortsuche noch weitere Informationsquellen für sich entdecken.

* Auf der Seite des Bundesministeriums für Wirtschaft und Arbeit finden Sie im Bereich »Service Rechtsgrundlagen« auch einen Bereich »Arbeitsrecht«. Adresse: www.bmwi.de.
* www.competence-site.de/arbeitsrecht.nsf: Hier gibt es einen Wissenspool mit Artikeln, Gerichtsentscheidungen und Diskussionen aus dem Bereich des Arbeitsrechts.
* www.arbeit-und-arbeitsrecht.de: Die Internet-Seite der Zeitschrift *Arbeit und Arbeitsrecht* enthält verschiedenste Informationen mit arbeitsrechtlichem Schwerpunkt.

- www.arbeitsrecht.de: Unter der Adresse können Sie auf ein recht umfangreiches Internet-Portal zum Thema Arbeitsrecht zugreifen, mit Informationen und Links zu weiteren Informationsquellen sowie Erläuterungen zu alphabetisch geordneten Stichworten.

Bücher

Das Angebot an Büchern mit arbeitsrechtlichen Themen ist riesig, die von uns getroffene Auswahl ist notwendigerweise subjektiv und in erster Linie auch an leichter Verständlichkeit orientiert:

- Schaub, Günter: *Arbeitsrechts-Handbuch*, 10. Auflage, C.H. Beck Verlag, München 2002.
- Däubler, Wolfgang: *Arbeitsrecht, Ratgeber für Beruf, Praxis und Studium*, 4. Auflage, Bund-Verlag, Frankfurt/Main 2002.
- Meisel, Peter G.: *Arbeitsrecht für die betriebliche Praxis*, 10. Auflage, Deutscher Instituts-Verlag, Köln 2002.
- Schaub, Günter/Rühle, Hans Gottlob: *Guter Rat im Arbeitsrecht*, 3. Auflage, Beck-Rechtsberater im dtv-Verlag, München 2002.

2.1.3 Keine Probleme mit der Personal- und Rechtsabteilung

Um die Weichen für eine gute Zusammenarbeit mit der Personalorganisation richtig zu stellen, können Sie an zwei Punkten Vorüberlegungen anstellen: Der erste Punkt betrifft Überlegungen zur Leistungsfähigkeit der Personalorganisation Ihres Unternehmens, der zweite Punkt die Frage, wie viel Führung überhaupt von Ihnen erwartet wird.

Personalorganisationen in deutschen Unternehmen sind sehr unterschiedlich ausgestaltet. Viele Unternehmen haben nur eine Personalverwaltung, in der die Personalakten geführt werden. Die personalrelevanten Entscheidungen trifft der »Chef«. Häufig ist diese Personalverwaltung als Annex einer anderen Abteilung, oft der Buchhaltung, zugeordnet. Wenn es Schwierigkeiten rechtlicher oder organisatorischer Natur gibt, ziehen diese Unternehmen einen externen Berater hinzu. Bei rechtlichen Fragen wird dies ein Rechtsanwalt sein, bei organisatorischen eher ein Unternehmensberater.

Richtige Personalabteilungen leisten viel mehr; sie betreiben auch Personalplanung und Personalentwicklung.

Insofern wird die Frage, wie intensiv Sie als betriebliche Führungskraft in diesem Bereich Aufgaben wahrnehmen müssen, auch davon abhängen, wie die Personalorganisation in Ihrem Unternehmen strukturiert ist. Es wäre jedenfalls wenig effizient, wenn Sie Aufgaben in diesem Bereich übernehmen wollten, die inhaltlich der Personalorganisation zugeordnet sind. Und es wäre auch fahrlässig, deren Fachkompetenz nicht zu nutzen. Zum Teil werden Sie in diesem Buch Dinge lesen, um die sich eben die Personalorganisation kümmert. Nichtsdestoweniger ist es gut für Sie, darüber Bescheid zu wissen. Wenn Sie zu den Führungskräften in einem Unternehmen gehören, die in diesem Bereich auch schon einmal mehr tun wollen oder müssen, kann Ihnen dieses Buch ebenfalls weiterhelfen.

Sie können für sich herausfinden, wie viel Personalverantwortung nach der Beförderung eigentlich von Ihnen verlangt wird. Zur Klärung empfiehlt es sich, beim Inhalt Ihres Arbeitsvertrages zu beginnen, ferner die Stellenbeschreibung für Ihren Arbeitsplatz heranzuziehen. Eine Stellenbeschreibung wird es nur in Unternehmen mit einer Personalorganisation geben. Sie enthält im Idealfall eine schriftliche Festlegung organisatorischer Regelungen zu folgenden Bereichen:

- sachliche Festlegung der Aufgaben,
- Erläuterung der organisatorischen Eingliederung der Stelle und Angabe organisatorischer Beziehungen,
- Anleitung zur zweckmäßigen Aufgabenlösung,
- Darstellung personeller Anforderungen aufgrund der Aufgabenübernahme durch den Stelleninhaber.[2]

Sofern es keine Stellenbeschreibung gibt oder der oben beschriebene Idealfall nicht vorliegt, wenden Sie sich ruhig unmittelbar mit Fragen an die Personalorganisation. Als Führungskraft können Sie sich bei dieser Gelegenheit auch durchaus einmal die Stellenbeschreibungen der Arbeitsplätze in Ihrem Verantwortungsbereich anschauen, um sich mit den Pflichten und Aufgaben der Mitarbeiter in der Abteilung, wie sie die Personalorganisation sieht, vertraut zu machen.

Unterstützung bei Konflikten

In Ihrer Position als Vorgesetzter erhöht sich die Wahrscheinlichkeit, dass Sie Auseinandersetzungen mit Mitarbeitern führen werden, zum Beispiel, weil Sie den Tätigkeitsbereich eines Mitarbeiters verändern wollen oder schlicht mit seinen Arbeitsergebnissen nicht zufrieden sind. Wenn es Ihnen nicht gelingen sollte, im Konsens mit dem Mitarbeiter Veränderungen zu bewirken, werden Sie mit Fragen konfrontiert, ob es auch ohne oder gegen den Willen des Mitarbeiters geht. Für solche Fragen sitzen in der Personalorganisation die richtigen Ansprechpartner.

Dabei kann eine Auseinandersetzung mit Mitarbeitern in Ihrem Verantwortungsbereich regelmäßig verschiedene Eskalationsstufen durchlaufen. Sobald Sie in einer Konfliktsituation die Personalorganisation einschalten, signalisieren Sie damit einerseits, dass Sie den Konflikt hochhängen, andererseits, dass Sie sich nicht in der Lage fühlen, die Auseinandersetzung allein zu bestehen. Das soll kein Appell sein, Ihre Konflikte stets allein zu bewältigen und auf die Hilfe der entsprechenden Ansprechpartner zu verzichten. Aber es kann sich auch einmal anbieten, vorab nur inoffiziell Informationen bei der Personalorganisation einzuholen und auf eine offene Einbeziehung in der Anfangsphase zu verzichten.

Umgekehrt sollten Sie es als Warnsignal ansehen, wenn Mitarbeiter Ihres Verantwortungsbereichs sich direkt an die Personalorganisation oder den Betriebsrat mit Schwierigkeiten wenden, statt mit Ihnen zu sprechen. Das zeigt: Offensichtlich bestehen Störungen in der Kommunikation mit Ihnen. Und in vielen Fällen liegt die Möglichkeit, solche Störungen zu beseitigen, eher bei Ihnen als Vorgesetztem als beim Mitarbeiter.

Checkliste: Einstieg als Führungskraft

Zum Einstieg kann es für Sie hilfreich sein, sich in arbeitsrechtlicher Hinsicht mit folgenden Fragen zu beschäftigen:

✓ Was sagen Ihr eigener Arbeitsvertrag und die Stellenbeschreibung über Ihre Personalverantwortung aus?

✓ Kennen Sie die Stellenbeschreibungen der Mitarbeiter in Ihrem Verantwortungsbereich?

✓ Existieren für Ihr Unternehmen relevante Tarifverträge und Betriebsvereinbarungen?

✓ Welche Unfallverhütungsvorschriften sind für Ihren Verantwortungsbereich bedeutsam?

✓ Welche betrieblichen Gepflogenheiten bestehen für die Gewährung von Urlaub und bei Krankheit?

2.2 Die Aufgaben und Bereiche des Arbeitsrechts

In diesem Abschnitt erhalten Sie einen knappen Überblick über das Arbeitsrecht, seine Bereiche und seine Rechtsquellen. Bei den Gestaltungsfaktoren des Arbeitsverhältnisses haben wir dem so genannten Weisungsrecht breiteren Raum gegeben, da es für Sie das zentrale arbeitsrechtliche Führungsinstrument sein wird.

2.2.1 Begriff und Einordnung des Arbeitsrechts

Das Arbeitsrecht ist der Teil der Rechtsordnung, der die rechtlichen Beziehungen zwischen Arbeitgebern und Arbeitnehmern regelt, insbesondere ihren rechtlichen Rahmen und die Bedingungen der zu leistenden Arbeit. Wesentlich ist das Merkmal der unselbstständigen abhängigen Arbeit, weshalb Arbeitsrecht als Rechtsgebiet nur für einen Teil der heutigen Arbeitswelt die rechtliche Grundlage darstellt. Natürlich arbeiten auch Selbstständige, Richter und Beamte. Grundlage für deren Arbeit ist aber eben kein Arbeitsverhältnis.

Das Arbeitsrecht lässt sich systematisch in die Bereiche *individuelles Arbeitsrecht*, *kollektives Arbeitsrecht* und *Arbeitsschutzrecht* unterteilen. Das Individualarbeitsrecht umfasst die Vertragsbeziehungen von Arbeitgeber und Arbeitnehmer. Es beschäftigt sich mit Abschluss, Bestand, Störungen und Beendigung von Arbeitsverhältnissen und mit den sich daraus für die Vertragsparteien ergebenden Rechten und Pflichten. Hierzu werden Sie in den nachfolgenden Abschnitten noch Näheres lesen. Regelungen zum Arbeitsvertragsrecht finden Sie unter anderem in folgenden Gesetzen:

- Bürgerliches Gesetzbuch (BGB), §§ 611 bis 630 BGB,
- Handelsgesetzbuch (HGB), § 59–83 HGB,
- Gewerbeordnung (GewO), ab § 105 GewO,
- Beschäftigtenschutzgesetz (BSchutzG),
- Nachweisgesetz (NachwG),
- Kündigungsschutzgesetz (KSchG),
- Entgeltfortzahlungsgesetz (EGFZ),
- Bundesurlaubsgesetz (BUrlG),
- Teilzeit- und Befristungsgesetz (TzBfG),
- Altersteilzeitgesetz (AltersteilzG).

Das *kollektive Arbeitsrecht* setzt, wie die Bezeichnung schon vermuten lässt, als Recht der Verbände eine Vielzahl von Arbeitnehmern mit gleich gelagerten Interessen sowie Zusammenschlüsse von Arbeitnehmern (Gewerkschaften) und Arbeitgebern voraus. Es regelt die Rechtsbeziehungen dieser Verbände zu ihren Mitgliedern sowie ihren Gegenspielern. Auf der betrieblichen Ebene sind das Betriebsrat und Arbeitgeber. Auf der überbetrieblichen Ebene sind es Gewerkschaften und einzelne Arbeitgeber oder Arbeitgeberverbände. Zum kollektiven Arbeitsrecht zählen das Tarifvertragsrecht und das Arbeitskampfrecht, das Betriebsverfassungs- und Personalvertretungsrecht sowie das Unternehmensmitbestimmungsrecht. Wichtige gesetzliche Grundlagen finden Sie in den nachfolgenden Gesetzen, wobei die ersten drei Gesetze für Ihre Tätigkeit von Bedeutung sein können:

- Tarifvertragsgesetz (TVG),
- Betriebsverfassungsgesetz (BetrVG),
- Sprecherausschussgesetz (SprAuG),
- Europäische Betriebsräte-Gesetz,
- Montan-Mitbestimmungsgesetz,
- Montan-Mitbestimmungsergänzungsgesetz,
- Mitbestimmungsgesetz.

Zum Tarifvertragsrecht und Betriebsverfassungsrecht werden Sie in den nachfolgenden Abschnitten noch mehr lesen können. Auf die

Darstellung des Arbeitskampfrechts und des Unternehmensmitbestimmungsrechts verzichten wir in diesem Buch.

Von der historischen Entwicklung her ist Arbeitsrecht im Ganzen *Arbeitnehmerschutzrecht* und verdankt seine Existenz als eigenes Rechtsgebiet vor allem dem Umstand, dass der im Zuge der Industrialisierung entstandene Markt Lohn gegen Arbeitskraft zulasten der abhängig Beschäftigten nicht funktioniert hat. Die frühen betrieblichen Arbeitgeber waren in der Lage, die Vertragsbedingungen völlig einseitig zu diktieren, was zu katastrophalen Arbeitsbedingungen geführt hatte. Vielleicht sind Sie in Schulzeiten auch einmal mit Gerhard Hauptmanns naturalistischem Drama »Die Weber« konfrontiert worden, in dem der Aufstand der arbeitslosen schlesischen Weber 1844 im Zusammenhang mit der Einführung von Webstühlen ein düsteres Licht auf die damaligen Arbeits- und Lebensbedingungen wirft.

Wenn Ihnen heute der Begriff Arbeitsschutzrecht begegnet, so ist damit aber nur ein Teilbereich des Arbeitsrechts gemeint, nämlich die Gesamtheit der Rechtsnormen, bei denen es um den Schutz vor Gefahren am Arbeitsplatz und vor übermäßiger gesundheitlicher wie zeitlicher Belastung geht und um den Schutz besonderer Gruppen von Arbeitnehmern (Schwangere, Jugendliche, Behinderte, Eltern). Die Einhaltung dieser Normen unterliegt regelmäßig behördlicher Aufsicht und wird durch Bußgelder und Strafen gesichert.[3]

Warum ist die systematische Einordnung als Arbeitschutzrecht bedeutsam? Arbeitsschutzrecht ist zwingendes Recht. Sie können in diesem Bereich mit einem Arbeitnehmer vertraglich nicht vereinbaren, dass bestimmte Normen des Arbeitsschutzrechts nicht gelten sollen. Ebenso wenig kann der Arbeitnehmer auf derartige Rechte und Ansprüche verzichten.

Aus der Praxis

Ein Arbeitgeber möchte aufgrund der angespannten wirtschaftlichen Situation des Unternehmens und des Arbeitsmarktes Arbeitsverträge abschließen, die einen Anspruch auf Erholungsurlaub von 15 Werktagen jährlich gewähren. Geht das?

Nein. Nach dem Bundesurlaubsgesetz beträgt der gesetzliche Mindesturlaub 24 Werktage (§ 1, 3 Abs. 1 BUrlG). Die Regelungen gehören zum Arbeitsschutzrecht und sind zwingend (§ 13 Abs. 1 BUrlG); eine vertragliche Vereinbarung darf nicht zum Nachteil des Arbeitnehmers davon abweichen. Eine solche vertragliche Regelung wäre schlicht unwirksam (§ 134 BGB).

Das Arbeitnehmerschutzrecht schränkt damit Ihre vertragliche Gestaltungsfreiheit ein, indem gesetzliche Mindestarbeitsbedingungen festgelegt werden, von denen zulasten der Arbeitnehmer nicht abgewichen werden darf.

2.2.2 Rechtsquellen des Arbeitsrechts

Das Arbeitsrecht ist leider nicht in einem handlichen Arbeitsgesetzbuch zusammengefasst, sondern in verschiedenen Einzelgesetzen recht unübersichtlich verstreut. Die Unübersichtlichkeit wird dadurch erhöht, dass es nicht nur geschriebenes Gesetzesrecht, sondern auch vertraglich geschaffenes Recht und ungeschriebenes Recht gibt.

Beim vertraglich geschaffenen Recht dürfen Sie nicht nur an den Arbeitsvertrag zwischen Arbeitgeber und Arbeitnehmer denken. Es werden sowohl auf betrieblicher Ebene Vereinbarungen zwischen dem Arbeitgeber und allen Arbeitnehmern (*Betriebsvereinbarungen*) abgeschlossen als auch auf überbetrieblicher Ebene zwischen einzelnen Arbeitgebern oder Arbeitgeberverbänden und Arbeitnehmerverbänden (*Tarifverträge*). Der Staat hat gesetzgeberische Kompetenzen zur Regelung der Arbeits- und Wirtschaftsbedingungen auf die Tarifvertragsparteien übertragen, teilweise auch auf die Betriebsparteien. Diese können damit durch Tarifverträge und Betriebsvereinbarungen eigenes Recht setzen (*Tarifautonomie*). Tarifverträge und Betriebsvereinbarungen werden zusammen auch Gesamtvereinbarungen genannt.

Als dritte Rechtsquelle ist das ungeschriebene Arbeitsrecht zu nennen. Gesetze und Verträge sind lückenhaft oder werden von den wirtschaftlichen und sozialen Entwicklungen schlicht überholt. Die tägliche betriebliche Praxis zeigt die Lücken auf. Richter und Rechtswissenschaftler sind ständig damit beschäftigt, derartige Lücken zu schließen, und entwickeln darüber hinaus ungeschriebene Rechtsgrundsätze (*Richterrecht*).

Im Bereich der ungeschriebenen Rechtsgrundsätze möchten wir Ihre Aufmerksamkeit besonders auf den *Gleichbehandlungsgrundsatz* lenken. Dieser verbietet dem Arbeitgeber, einzelne Arbeitnehmer oder Arbeitnehmergruppen ohne sachlichen Grund von allgemein begünstigenden Regelungen im Betriebs- oder Unternehmensbereich auszunehmen und diese damit schlechter zu stellen als andere Arbeitnehmer in vergleichbarer Situation. Verboten ist damit aber nur eine willkürliche Ungleichbehandlung. Wenn Sie einen sachlichen Grund dafür haben, können Sie Arbeitnehmer oder Gruppen von Arbeitnehmern auch unterschiedlich behandeln.

Die Bedeutung der einzelnen Rechtsquellen ergibt sich einfach daraus, dass sie alle auf das einzelne Arbeitsverhältnis einwirken. Sie sind *Gestaltungsfaktoren* des Arbeitsverhältnisses. Ein Arbeitsvertrag besteht also nicht nur aus den Regelungen, die Sie geschrieben im Arbeitsvertrag lesen können, vielmehr können Regelungen aus Betriebsvereinbarungen und Tarifverträgen sowie Gesetze ebenfalls zwingender Vertragsinhalt werden, ohne dass sie im Vertrag auch nur erwähnt sein müssen. Dieser Umstand kann Ihnen die Klärung von Einzelfragen aus dem Arbeitsverhältnis schon einmal erschweren.

Wenn Sie also in einem Arbeitsvertrag eine Antwort auf eine bestimmte Frage suchen sollten und dazu im Text nichts finden, können Sie daraus noch nicht zwingend auf eine fehlende vertragliche Regelung schließen. Sie könnten immer noch in einer Betriebsvereinbarung oder im einschlägigen Tarifvertrag fündig werden.

Für die Arbeitsverträge der meisten Arbeitnehmer lässt sich sagen, dass die Arbeitsbedingungen im Wesentlichen durch Gesetze und Tarifverträge geregelt sind und die Arbeitsverträge nur ergänzende Regelungen enthalten. Aufgrund der Regelungsdichte wird teilweise sogar individualvertraglich nur der Beginn des Arbeitsverhältnisses und der Tätigkeitsbereich des Arbeitnehmers geregelt. Im Übrigen bestimmen die Regelungen der einschlägigen Tarifverträge, etwaiger Betriebsvereinbarungen und das Gesetz den Inhalt des Arbeitsvertrages.

Beispiel

Arbeitsverträge können mitunter äußerst knapp ausfallen: »Herr Holger Quandt, wohnhaft ...., wird ab dem .... als Verkäufer eingestellt.
Hinsichtlich des Arbeitsverhältnisses gelten die Regelungen des Manteltarifvertrages für den Einzelhandel vom .... und des ergänzenden Gehaltstarifsvertrages in der Fassung vom ....«

Diese spartanische Form ist jedoch nicht empfehlenswert. Das Nachweisgesetz verpflichtet den Arbeitgeber ohnehin dazu, spätestens einen Monat nach Abschluss des Arbeitsvertrages seinen wesentlichen Inhalt schriftlich niederzulegen (§ 2 NachwG). Diesen Anforderungen genügt die obige Fassung nicht. Weitere Ausführungen dazu finden Sie in Abschnitt 4.1.3.

Auch Arbeitsverträge mit Arbeitnehmern in leitenden Funktionen sind umfassender. Hier regeln die Vertragsparteien einzelvertraglich mehr, da selbst bei Tarifbindung des Arbeitgebers der einschlägige Tarifvertrag auf derartige Arbeitsverhältnisse häufig keine Anwendung findet.

2.2.3 Normenhierarchie

Sie sollten sich vergegenwärtigen, dass die Rechtsquellen und die ihnen zugeordneten Regelungen in einer Rangfolge stehen. Die Kenntnis der Hierarchie ist wichtig bei der Klärung, was gilt, wenn Regelungen verschiedener Rechtsquellen zueinander in Widerspruch stehen. Sollten Ihnen bei der Klärung einer Rechtsfrage derartige Widersprüche begegnen, mag dies auch ein guter Anlass für Sie sein, die Sache mit einem Mitarbeiter der Personalorganisation oder einem Rechtsanwalt zu erörtern.

Allgemein gilt der Grundsatz, dass der höherrangigen Rechtsquelle der Vorrang zukommt. Davon gibt es, wie bei juristischen Grundsätzen üblich, Ausnahmen. Eine wichtige Ausnahme verlangt der bereits an anderer Stelle beschriebene Charakter des Arbeitsrechts als Arbeitnehmerschutzrecht: Eine Abweichung von höherrangigen Rechtsquellen durch niederrangige Rechtsquellen *zugunsten* des Arbeitnehmers ist wirksam. Diese Ausnahme wird *Günstigkeitsprinzip* genannt. Eine gesetzliche Ausprägung des Günstigkeitsprinzips enthält § 4 Abs. 3 Tarifvertragsgesetz (TVG). Danach sind vom Tarifvertrag abweichende Vereinbarungen zwischen Arbeitgeber und Arbeitnehmer nur zulässig, soweit sie durch den Tarifvertrag gestattet sind (*Öffnungsklausel*) oder eine Änderung der Regelungen *zugunsten* des Arbeitnehmers enthalten.

Eine weitere Ausnahme zum oben genannten Grundsatz ergibt sich daraus, dass nicht jede Rechtsnorm zum zwingenden Recht gehört, wie Sie es oben am Beispiel des in seinem Kerngehalt als Arbeitnehmerschutzrecht zwingenden Bundesurlaubsgesetzes kennen gelernt haben. Es gibt auch *nachgiebiges (dispositives)* Recht. Wenn also eine Rechtsquelle, egal welcher Hierarchiestufe, nachgiebiges Recht enthält, können Sie abweichende Regelungen treffen. Dabei können Sie häufig an der Formulierung des Gesetzes erkennen, ob eine Regelung dispositiv ist.

Beispiel

Nach § 622 Abs. 1 BGB kann ein Arbeitsverhältnis unter Einhaltung einer Kündigungsfrist von vier Wochen zum Fünfzehnten oder zum Ende eines Kalendermonats gekündigt werden. Nach § 622 Abs. 4 BGB können aber abweichende Kündigungsvorschriften durch Tarifvertrag vereinbart werden. § 622 Abs. 5 BGB erlaubt ausdrücklich die einzelvertragliche Vereinbarung kürzerer Kündigungsfristen unter den im Gesetz genannten Voraussetzungen.

Zuweilen werden Sie sich auch mit Konkurrenzen von Rechtsquellen derselben hierarchischen Ebene konfrontiert sehen, die gelöst werden müssen. Hier gilt das Spezialitäts- und das Ordnungsprinzip, wonach die speziellere der allgemeinen sowie die neuere der alten Rechtsquelle vorgeht. Zu Ihrer Orientierung ist nachfolgend eine Hierarchie der arbeitsrechtlichen Gestaltungsfaktoren aufgeführt:

- Europäisches Recht,
- Grundgesetz,

- Gesetzes- und Gewohnheitsrecht,
- Tarifvertrag,
- Betriebsvereinbarung,
- Arbeitsvertrag inklusive allgemeiner Arbeitsbedingungen, betrieblicher Übung und des arbeitsrechtlichen Gleichbehandlungsgrundsatzes,
- Weisungsrecht des Arbeitgebers.

2.2.4 Einzelne Gestaltungsfaktoren

Europäische Rechtsquellen und Arbeitsrecht
Auch im Arbeitsrecht gewinnen europäische Rechtsquellen an Bedeutung. Es vollzieht sich eine langsame, aber stetige europäische Rechtsangleichung in den Bereichen, für die der Europäischen Union (EU) Kompetenzen übertragen wurden. Besonders das Maastrichter Sozialabkommen vom 07.02.1992 hat zu einer Kompetenzerweiterung auf dem Gebiet des Arbeits- und Sozialrechts geführt. Die Regelungsinstrumente der EU sind Verordnungen und Richtlinien.

Verordnungen beanspruchen allgemeine und unmittelbare Geltung für alle Arbeitnehmer in der Europäischen Union. Richtlinien stellen dagegen nur eine verbindliche Zielvorgabe für die Mitgliedsstaaten dar. Richtlinien müssen durch den deutschen Gesetzgeber in innerstaatliches Recht umgesetzt werden. Insofern erfolgt die Rechtsangleichung für Sie als Rechtsanwender eher unauffällig, weil die europäischen Zielvorgaben im Gewande deutscher Gesetze bei Ihnen ankommen. So stellt etwa das Teilzeit- und Befristungsgesetz in der Fassung vom 21.12.2000 eine Umsetzung der europäischen Teilzeitarbeits-Richtlinie Nr. 97/81/EG vom 15.12.1997 und der Befristungs-Richtlinie Nr. 99/70/EG vom 28.06.1999 dar.

Grundgesetz und Arbeitsrecht
Das Grundgesetz (GG) ist innerstaatlich die ranghöchste Rechtsquelle. Wesentlich für das Arbeitsrecht sind insbesondere einige Normen aus dem Katalog der Grundrechte. So garantiert Art. 2 GG zunächst die freie Entfaltung der Persönlichkeit des Arbeitnehmers,

aber auch das Recht der informationellen Selbstbestimmung und die Freiheit der wirtschaftlichen Entfaltung. Weitere wichtige Grundrechte sind Art. 3 GG, der Gleichheitsgrundsatz, sowie Art. 9 Abs. 3 GG, der das Recht gewährt, zur Wahrung und Förderung der Arbeits- und Wirtschaftsbedingungen Vereinigungen zu bilden (*Koalitionsfreiheit*).

Woher kommt die praktische Relevanz der Grundrechte? Weder zu Ihrer Tätigkeit noch zur Tätigkeit von Juristen, die sich mit Arbeitsrecht beschäftigen, wird es gehören, täglich und ständig die Vereinbarkeit von Vertragsklauseln und Regelungen der betrieblichen Praxis mit dem Grundgesetz zu prüfen. Das hängt damit zusammen, dass die Grundrechte zunächst einmal Abwehrrechte des einzelnen Bürgers gegen den Staat sind, die Freiheiten gewährleisten sollen. Oder anders ausgedrückt: Die Grundrechte binden den Staat, also Gesetzgebung, Verwaltung und Rechtsprechung als unmittelbar geltendes Recht. Wenn das Parlament Gesetze beschließt, die Verwaltung aufgrund einer Ermächtigung Rechtsverordnungen erlässt oder die Rechtsprechung Urteile fällt, dann müssen diese mit den Grundrechten der betroffenen Bürger vereinbar (*verfassungskonform*) sein.

Dagegen ist der nichtstaatliche private Arbeitgeber bei der Ausgestaltung eines Arbeitsverhältnisses nicht unmittelbar an die Grundrechte gebunden. Sie sind aber bei der Ausgestaltung von Arbeitsverhältnissen und in der täglichen Praxis an Betriebsvereinbarungen, Tarifverträge, Rechtsverordnungen und Gesetze (sowie ständige Rechtsprechung) gebunden. Dabei handelt es sich um höherrangige und im Regelfall verfassungskonforme Gestaltungsfaktoren. Unter diesem Gesichtspunkt entfalten die Grundrechte *mittelbare* Wirkung bei der Ausgestaltung des Arbeitsverhältnisses zwischen einem privaten Arbeitgeber und einem Arbeitnehmer.

Es gibt weitere wichtige mittelbare Auswirkungen der Grundrechte: Gesetze und Rechtsverordnungen enthalten *unbestimmte Rechtsbegriffe* und *Generalklauseln*. Diese müssen für den Einzelfall ausgefüllt werden, und wenn Sie dies tun, haben Sie dabei auch Grundrechte und grundrechtlich geschützte Rechtspositionen des Arbeitnehmers zu beachten. So müssen Sie sich zum Beispiel bei der Ausübung des Weisungsrechts gegenüber Arbeitnehmern im Rahmen *billigen Ermessens* halten (§ 315 BGB). Was sich im Rahmen billigen Ermessens hält, kann nur für den Einzelfall bestimmt und konkretisiert werden. Dazu gehört zwingend die Wahrung grundrechtlich geschützter Rechtspositionen des Arbeitnehmers.

Aus der Praxis

Eine Verkäuferin muslimischen Glaubens in einem Kaufhaus beschließt, aus religiösen Gründen immer ein Kopftuch zu tragen. Der Arbeitgeber möchte mit Rücksicht auf seine Kunden die Verkäuferin dazu veranlassen, während der Arbeitszeiten das Kopftuch abzunehmen. Kann er eine entsprechende Weisung erteilen?

Hier ist im Rahmen der Billigkeitsprüfung eine Abwägung der Arbeitgeber- und der Arbeitnehmerinteressen vorzunehmen. Auf Arbeitnehmerseite ist dabei die grundgesetzlich geschützte Glaubens-, Gewissens- und Bekenntnisfreiheit zu berücksichtigen (Art. 4 Abs. 1 GG). Geschützt ist dadurch auch die Freiheit, das Verhalten nach den Geboten des Glaubens auszurichten, wozu das religiös motivierte Tragen eines Kopftuchs gehört. Allerdings stehen der vom Grundgesetz geschützten Glaubensfreiheit der Verkäuferin die grundrechtlich geschützte unternehmerische Betätigungsfreiheit (Art. 12 Abs. 1 GG) des Arbeitgebers entgegen, wobei zwischen beiden Positionen ein möglichst weitgehender Ausgleich zu finden ist. Dennoch kann sich in diesem Fall der Arbeitgeber bei der Ausübung des Weisungsrechts über die geschützte Position der Verkäuferin nicht hinwegsetzen. Eine derartige Weisung würde nicht billigem Ermessen entsprechen.

Gesetze und Rechtsverordnungen

Wichtige Gesetze hatten wir Ihnen oben, in Abschnitt 2.2.1, benannt. Dabei haben wir Rechtsverordnungen zunächst ausgeklammert. Rechtsverordnungen stellen genauso wie Gesetze bindendes Recht dar. Vom Gesetz im formellen Sinn unterscheiden sie sich nur durch ihren Verfasser. Gesetz darf sich nennen, was von einem Parlament erlassen worden ist. Rechtsverordnungen werden aufgrund ausdrücklicher gesetzlicher Ermächtigung von anderen staatlichen Institutionen erlassen, wie zum Beispiel einem Minister, einer Verwaltungsbehörde oder auch einer Selbstverwaltungskörperschaft wie einer Berufsgenossenschaft.

Beispiel

§ 18 Arbeitsschutzgesetz enthält eine Ermächtigung an die Bundesregierung, durch Rechtsverordnung mit Zustimmung des Bundesrates vorzuschreiben, welche Maßnahmen der Arbeitgeber und die sonstigen verantwortlichen Personen zu treffen und wie sich die Beschäftigten zu verhalten haben, um ihre jeweiligen Pflichten aus dem Arbeitsschutzgesetz zu erfüllen.

Aufgrund dieser Ermächtigung wiederum hat die Bundesregierung eine Verordnung über Sicherheit und Gesundheitsschutz bei der Benutzung von Arbeitsmitteln bei der Arbeit erlassen. Diese Verordnung bindet die Adressaten genauso zwingend wie das Arbeitsschutzgesetz selbst.

Tarifvertrag

Ein Tarifvertrag ist ein schriftlicher Vertrag zwischen einem oder mehreren Arbeitgebern oder Arbeitgeberverbänden einerseits und einer oder mehreren Gewerkschaften andererseits. Nach dem Regelungsinhalt besteht ein Tarifvertrag aus zwei Teilen: Zunächst gibt es Regelungen von Rechten und Pflichten, die nur die vertragschließenden Tarifvertragsparteien betreffen. Das ist der *schuldrechtliche Teil*. Der für Sie bedeutsamere Teil eines Tarifvertrages ist aber der *normative* Teil: Er enthält Rechtsnormen, die den Inhalt, Abschluss und die Beendigung von Arbeitsverhältnissen sowie betriebliche und betriebsverfassungsrechtliche Fragen regeln können (§ 1 Abs. 1 TVG).

Das Besondere an Tarifverträgen ist also: Sie regeln eben nicht wie sonstige Verträge nur Rechte und Pflichten zwischen den Vertragsbeteiligten, sondern sie beanspruchen in ihrem normativen Teil eben wie Rechtsnormen in ihrem jeweiligen Geltungsbereich Allgemeingültigkeit. Alle Regelungen im Tarifvertrag, die den Inhalt, den Abschluss und die Beendigung von Arbeitsverhältnissen betreffen, gelten unmittelbar und zwingend für die Arbeitsverhältnisse aller tarifgebundenen Arbeitgeber und Arbeitnehmer (§ 4 Abs. 1 S. 1 TVG). Damit werden Mindestarbeitsbedingungen begründet.

Sie können deshalb in einem Arbeitsvertrag keine vertraglichen Abmachungen treffen, die hinter diesen Mindestarbeitsbedingungen zurückbleiben, es sei denn, im Tarifvertrag selbst ist dies gestattet. Umgekehrt dürfen Sie zugunsten der Arbeitnehmer allerdings bei einer individualvertraglichen Gestaltung über die Mindeststandards des Tarifvertrages hinausgehen (§ 4 Abs. 3 TVG).

Betriebsvereinbarung

Eine Betriebsvereinbarung ist eine Vereinbarung auf betrieblicher Ebene zwischen Arbeitgeber und Betriebsrat, in der betriebliche Angelegenheiten geregelt werden. Wie der Tarifvertrag begründet eine Betriebsvereinbarung nicht nur Rechte und Pflichten zwischen den Vertragsparteien (schuldrechtlicher Teil), sondern entfaltet in ihrem normativen Teil Rechtswirkungen auf Personen, die gar nicht unmittelbar Vertragsbeteiligte sind. Betriebsvereinbarungen gelten unmittelbar und zwingend für alle Arbeitnehmer. Die Betriebsvereinbarung wirkt – auch zulasten der Arbeitnehmer – unmittelbar auf die Arbeitsverhältnisse ein (§ 77 Abs. 4 BetrVG).

Inhalt von Betriebsvereinbarungen können alle Regelungen sein, die sich auf die Arbeit im Betrieb beziehen. Auch hier geht es jedoch nicht ohne die berühmte Ausnahme: Arbeitsentgelte und sonstige Arbeitsbedingungen, die durch Tarifvertrag geregelt sind oder üblicherweise geregelt werden, dürfen nicht Gegenstand einer Betriebsvereinbarung sein (§ 77 Abs. 3 BetrVG). Die *Sperrwirkung* des Tarifvertrages soll verhindern, dass ein Tarifvertragsabschluss durch Nachverhandlung auf betrieblicher Ebene ausgehebelt werden kann. Die Tarifautonomie hat Vorrang. Etwas anderes gilt als Ausnahme von der Sperrwirkung dann, wenn der Tarifvertrag ausdrücklich die Regelung durch ergänzende Betriebsvereinbarung zulässt (*Öffnungsklausel*).

In der betrieblichen Praxis wird die Sperrwirkung des Tarifvertrages auch schon einmal ignoriert: In vielen Betrieben existieren Vereinbarungen zwischen Arbeitgeber und Betriebsrat, die übertarifliche Löhne und Gehälter vorsehen. Ohne Öffnungsklausel im Tarifvertrag dürfen solche Abmachungen nur Regelungsgegenstand eines Tarifvertrages sein.

Betriebliche Übung

Der Inhalt eines Arbeitsvertrages kann nicht nur durch wo auch immer geschriebenes Recht, sondern auch durch ein tatsächliches Verhalten des Arbeitgebers ausgestaltet oder geändert werden. Die betriebliche Übung ist gewissermaßen das betriebliche Gewohnheitsrecht.

Aus der Praxis

Hat ein Betrieb mehrere Jahre lang hintereinander Weihnachtsgeld gezahlt, ohne nach den Arbeitsverträgen dazu verpflichtet zu sein, dann verfestigt sich hier etwas zugunsten der Arbeitnehmer. Der Arbeitgeber kann sein Verhalten, auf das die Arbeitnehmer für die Zukunft vertrauen, nicht mehr ohne weiteres einstellen, denn die schöne Geste des Arbeitgebers ist – ohne dass es dabei auf seinen Willen ankommt – zu einem Rechtsanspruch der Arbeitnehmer erstarkt. Das Bundesarbeitsgericht hat in einer Entscheidung nach dreimaliger vorbehaltloser Zahlung einer Weihnachtsgratifikation einen Anspruch darauf angenommen.

2.2.5 Gestaltungsfaktor Direktionsrecht

Als betriebliche Führungskraft tragen Sie Verantwortung für die Arbeitsleistung und das Arbeitsergebnis der Arbeitnehmer in Ihrem Verantwortungsbereich. Sie treffen Entscheidungen, Sie führen, planen, steuern, Sie kontrollieren. Normalerweise werden Sie Ihre Ziele durch Gespräche mit den Mitarbeitern erreichen und damit Erfolg haben. Wenn Sie in Situationen kommen, in denen Sie damit keinen Erfolg haben, kommt der Möglichkeit, von Ihrem arbeitsrechtlichen Führungsinstrument, dem Weisungsrecht (*Direktionsrecht*), Gebrauch zu machen, erhöhte Bedeutung zu.

Das Direktionsrecht ist das Recht des Arbeitgebers, die Arbeitspflicht des Arbeitnehmers nach Zeit, Art und Ort zu konkretisieren und ihm bestimmte Arbeiten zuzuweisen. Dies gilt auch hinsichtlich der Ordnung und des Verhaltens der Arbeitnehmer im Betrieb. Im jeweiligen Einzelfall üben Sie das Weisungsrecht als betrieblicher Vorgesetzter für den Arbeitgeber aus. Eine gesetzliche Definition des Weisungsrechts für gewerbliche Arbeitnehmer findet sich in der Gewerbeordnung (§ 106 GewO). Diese gilt aber auch für andere Arbeitnehmer.

In der Praxis werden Sie regelmäßig wenig Schwierigkeiten bei

Routineanweisungen haben, mit denen Sie die alltägliche Arbeit der Mitarbeiter feinkoordinieren und die naturgemäß so detailliert sind, dass sie im Arbeitsvertrag als Tätigkeitsbeschreibung gar nicht aufgeführt sein können. Daneben gibt es die über die Routineanweisung hinausgehenden arbeitsbegleitenden oder organisatorischen Weisungen, die den Tätigkeitsbereich von Mitarbeitern berühren. Letztere sind schon konfliktträchtiger. Organisatorische Weisungen können sein:

• Einsatz in einer anderen Abteilung,
• Übertragung von anderen Tätigkeiten als bisher,
• Beschneidung der bisher übertragenen Aufgaben.

Grenzen des Direktionsrechts

Für Ihr Direktionsrecht gibt es Grenzen. Es wird durch Gesetze, Tarifverträge, Betriebsvereinbarungen eingeschränkt. Für seine Ausübung bleiben nur diejenigen Punkte übrig, die durch höherrangige Gestaltungsfaktoren nicht abschließend geregelt sind, da es in der Rangordnung der Gestaltungsfaktoren für die nähere Bestimmung der Arbeitsbedingungen die unterste Stufe einnimmt. Außerdem darf es nur nach billigem Ermessen ausgeübt werden.

Grenzen des Weisungsrechts werden insbesondere durch den Arbeitsvertrag gezogen. Der Inhalt des Arbeitsvertrages bestimmt, wie weit die Grenzen gesteckt sind. Diese Grenzen stecken den Spielraum ab, innerhalb dessen Sie das Weisungsrecht ausüben können. Je konkreter der Arbeitsvertrag dazu Angaben enthält, desto geringer ist der ausfüllungsfähige Spielraum für Sie als Vorgesetztem. Wenn zum Beispiel im Arbeitsvertrag nur eine ganz bestimmte Tätigkeit vereinbart ist, können Sie von dem Arbeitnehmer auch nur diese Tätigkeit verlangen. Jenseits dieser Grenzen kommen Sie nicht kraft Direktionsrechts weiter, sondern nur über eine Änderung des Arbeitsvertrages.

Erweiterung durch Versetzungsklauseln, Änderungsvorbehalte

Vor dem Abschluss des Arbeitsvertrages mit einem Arbeitnehmer sollten Sie sich auch immer die Frage stellen, ob die Beschreibung der Tätigkeiten so erfolgt ist, dass sie alle von Ihnen in Betracht gezogenen Einsatzmöglichkeiten des Arbeitnehmers in fachlicher, räumlicher und zeitlicher Hinsicht umfasst. Wenn die zukünftigen Einsatzmöglichkeiten nicht klar absehbar sind und Sie vermeiden wollen, dass der Arbeitsvertrag nicht gewünschte Grenzen setzt, sollten Sie darauf achten, dass der Arbeitsvertrag insoweit Spielraum lässt. Hinsichtlich der Tätigkeit können Sie zum Beispiel einen Änderungsvorbehalt in Form einer Versetzungsklausel aufnehmen. Durch Vereinbarung einer solchen Klausel können Sie sich vorbehalten, den Arbeitnehmer später anders einzusetzen. Zur Vorbereitung einer späteren Änderung der Arbeitszeit lässt sich ebenfalls ein Änderungsvorbehalt vereinbaren.

Beispiel

Eine einfache Versetzungsklausel, mit der Sie die fachlichen Einsatzmöglichkeiten flexibel halten können, kann lauten: »Der Arbeitnehmer ist nach den betrieblichen Bedürfnissen verpflichtet, auch andere zumutbare Arbeiten ohne Entgeltminderung zu verrichten. Auch durch eine längere Beschäftigung mit bestimmten Arbeiten wird der Vorbehalt nicht gegenstandslos.«

Allerdings unterliegen formularmäßig verwendete Arbeitsverträge einer Inhaltskontrolle nach dem Recht der allgemeinen Geschäftsbedingungen (§§ 305 bis 310 BGB). Diese Inhaltskontrolle führt aber nicht von vornherein zur Unzulässigkeit einer Versetzungsklausel. Folgende Grundsätze sollten Sie jedoch bei Verwendung derartiger Klauseln nicht aus den Augen verlieren:

• Eine Klausel darf den Arbeitnehmer nicht entgegen den Geboten von Treu und Glauben unangemessen benachteiligen (§ 307 Abs. 1 S. 1 BGB).

• Inhalt und Grenzen des über die Versetzungsklausel vertraglich erweiterten Direktionsrechts sollten so genau wie möglich umschrieben werden (Transparenzgebot, § 307 Abs. 1 Satz 2 BGB).

Juristisch betrachtet handelt es sich beim Weisungsrecht um ein Leistungsbestimmungsrecht des Arbeitgebers (§ 315 BGB), woraus sich weitere Einschränkungen ergeben. Die Leistungsbestimmung muss *billigem Ermessen* entsprechen. Dies stellt eine gesetzgeberische Aufforderung an Sie als Ausübenden des Direktionsrechts dar, vor Erteilung einer Weisung die wesentlichen Umstände des Einzelfalls abzuwägen und die Interessen von Arbeitgeber und Arbeitnehmer bei der Ermessensausübung angemessen zu berücksichtigen.

Das Direktionsrecht kann durch die verfassungsrechtlich geschützte Glaubens- und Gewissenfreiheit und die Freiheit des religiösen und weltanschaulichen Bekenntnisses begrenzt sein (Art. 4 Abs. 1 GG). Mit diesen Grenzen hatten wir Sie oben am Beispiel der ein Kopftuch tragenden muslimischen Verkäuferin vertraut gemacht. Sie dürfen das billige Ermessen nur so ausüben, dass die grundrechtlich geschützten Rechte des Arbeitnehmers weitestmöglich gewahrt bleiben.

Für den betrieblichen Alltag ist es meistens ausreichend, wenn Sie erhöhte Sensibilität an den Tag legen, sofern Sie Anhaltspunkte dafür haben, dass die Ausführung von Anweisungen einen Arbeitnehmer in Gewissensnöte bringt oder in Konflikt mit seinen religiösen oder weltanschaulichen Überzeugungen. Als Faustformel können Sie in einer solchen Situation davon ausgehen, dass Ihr Weisungsrecht überschritten sein kann, wenn

- der Arbeitnehmer mit einer solchen Weisung bei Abschluss des Arbeitsverhältnisses nicht rechnen konnte,
- keine dringenden betrieblichen Erfordernisse bestehen, gerade diesen Arbeitnehmer für die Ausführung der Anweisung einzusetzen.

Konkretisierung

Ihr Direktionsrecht kann nicht nur, wie oben bei der Versetzungsklausel erläutert, erweitert werden. Es kann sich auch auf eine bestimmte Tätigkeit des Arbeitnehmers oder eine bestimmte Art und Weise der Ausübung der Tätigkeit konkretisieren. Juristisch handelt es sich bei einer solchen Konkretisierung um eine explizite oder auch stillschweigende Änderung des Arbeitsvertrages. Ihr Weisungsrecht beschränkt sich dann auf das, was nicht bereits durch Konkretisierung zum Inhalt des Arbeitsvertrages geworden ist.

Aus der Praxis

Herr Quandt ist gemäß Arbeitvertrag als Arbeiter eingestellt, wird als Maschinenführer angelernt und in den nächsten Jahren ausschließlich an einer Maschine beschäftigt. Wenn der Arbeitgeber ihn jetzt im Lager einsetzen möchte, kann er dies nicht kraft seines Direktionsrechts tun, es sei denn, der Arbeitsvertrag enthält einen entsprechenden Vorbehalt.

Wenn Sie eine Konkretisierung vermeiden möchten und der Arbeitsvertrag keinen Vorbehalt enthält, tun Sie gut daran, nach außen zu dokumentieren, dass nicht nur die zunächst zugewiesene Tätigkeit vertraglich geschuldet sein soll – entweder durch Zuweisung wechselnder Tätigkeiten oder durch einen entsprechenden Vorbehalt bei der Zuweisung.

Checkliste: Weisungsrecht

Wenn Sie Zweifel haben, ob eine Weisung von Ihrem Direktionsrecht gedeckt ist, können Sie anhand der nachfolgenden Fragenliste eine Vorprüfung vornehmen. Wenn Sie etwas für sich nicht sicher beantworten können, haben Sie immer noch die Möglichkeit, einen Ansprechpartner in der Personalabteilung zu finden:

✓ Ist die Weisung von den Vorgaben des Arbeitsvertrages gedeckt?
✓ Gibt es entgegenstehende gesetzliche Vorschriften oder Regelungen in Tarif- und/oder Betriebsvereinbarungen?
✓ Ist das billige Ermessen (§ 315 BGB) gewahrt?
✓ Wird die Gewissens- oder Glaubensfreiheit des Arbeitnehmers berührt?
✓ Ist eine Konkretisierung eingetreten?

Jenseits des Weisungsrechts
Welche rechtlichen Möglichkeiten haben Sie, etwas von einem Mitarbeiter zu verlangen, was Ihr Direktionsrecht überschreiten würde?

Im Einverständnis mit dem Arbeitnehmer können Sie eine Änderungsvereinbarung treffen – ohne Einverständnis könnten Sie nur eine Änderungskündigung aussprechen. Mehr zur Änderungskündigung erfahren Sie in Abschnitt 6.9.

Ein Wort zum Rechtsschutz des Arbeitnehmers: Wenn Sie die Grenzen Ihrer Weisungsbefugnis überschreiten, kann der Arbeitnehmer die zugewiesene Tätigkeit verweigern. Der betroffene Arbeitnehmer könnte im Wege einer allgemeinen Feststellungsklage klären lassen, ob die Weisung unwirksam ist. Diese Lösung ist allerdings brisant für den Arbeitnehmer, denn er trägt dann das Risiko einer Fehleinschätzung. Besser wäre es für ihn, einer Weisung, die er für unzulässig hält, in Anlehnung an die Regelung bei der Änderungskündigung (§ 2 KSchG) unter dem Vorbehalt der gerichtlichen Klärung zunächst nachzukommen. Der Rechtsschutz in diesem Bereich ist im Grunde wenig effizient. Wer Sorge um seinen Arbeitsplatz hat, wird wenig Neigung verspüren, das Arbeitsgericht bei einer Überschreitung des Direktionsrechts anzurufen. Aber wer Direktiven bekommt, die er für unzulässig hält, wird sich möglicherweise in die innere Kündigung begeben.

2.2.6 Vorgehen bei Klärung einer Rechtsfrage

Sollten sich aus dem Arbeitsverhältnis mit einem Mitarbeiter Ihres Verantwortungsbereichs Fragen oder Schwierigkeiten ergeben, werden Sie in der Personal- und Rechtsabteilung Ihres Betriebes – so es eine gibt – kompetente Ansprechpartner finden, die für Klärung sorgen können. Wenn Sie spezielle arbeitsrechtliche Fragen selbst klären, werden Sie hierfür vermutlich mehr Zeit aufwenden als ein routinierter Bearbeiter aus der Personalabteilung, und Sie setzen sich der Gefahr von unter Umständen folgenschweren Fehlern aus. Allerdings kann Ihnen eine inhaltliche Auseinandersetzung mit arbeitsrechtlichen Themen in angemessenem Umfang, zum Beispiel eine Beschäftigung mit Umfang und Grenzen des Direktionsrechts, mehr Wissen und in der Folge auch mehr Souveränität im Umgang mit dem Weisungsrecht und weisungsgebundenen Mitarbeitern bringen.

Wie Sie eine Prüfung angehen können

Angenommen, einer Ihrer Mitarbeiter teilt Ihnen mit, dass seine Tochter an einem Werktag heiraten wird und er an diesem Tag der Arbeit fernbleiben will. Erholungsurlaub möchte er dafür aber auch nicht nehmen. Müssen Sie ihn bezahlt freistellen? Erster Anknüpfungspunkt für Überlegungen ist immer der Einzelarbeitsvertrag. Viele Fragen können Sie schon durch einen Blick in ihn lösen. Dabei können Sie von der Faustformel ausgehen: Kennen Sie einen Vertrag, kennen Sie alle. Jeder Betrieb hat ein Interesse daran, die Arbeitsbedingungen so weit wie möglich für alle Arbeitnehmer gleich zu gestalten. Insofern kann auch Ihr eigener Arbeitsvertrag erste Anhaltspunkte liefern.

Allerdings werden Sie nicht selten sogar zu wesentlichen Arbeitsbedingungen im Arbeitsvertrag nichts finden. Diese sind vielmehr im einschlägigen Tarifvertrag geregelt. Der Begriff einschlägig bringt hierbei zum Ausdruck: Die Geltung eines Tarifvertrages für das Arbeitsverhältnis wird vorausgesetzt. Ob Sie von dieser Voraussetzung ausgehen dürfen, werden Sie erst einmal prüfen müssen. Näheres dazu finden Sie in Abschnitt 4.2. Wenn Sie im einschlägigen Tarifvertrag nicht fündig geworden sind, sollten Sie weiter klären, ob möglicherweise zu diesem Fragenkreis eine Betriebsvereinbarung existiert. Wenn Sie zu der Frage nichts im Arbeitsvertrag, Tarifvertrag oder einer Betriebsvereinbarung gefunden haben, können Sie immer noch nicht davon ausgehen, dass keine vertragliche Regelung existiert.

Der Arbeitsvertrag kann geändert oder ergänzt sein durch eine so genannte *Gesamtzusage*. Eine solche ist gegeben, wenn der Arbeitgeber mündlich, durch Rundschreiben oder Aushang gegenüber allen Betriebsangehörigen einseitige Versprechen abgibt. In diesem Fall wird eine stillschweigende Annahme eines Angebots auf Vertragsänderung durch die Arbeitnehmer angenommen werden können. Bei der *Gesamtzusage* geht es um eine nachträgliche Änderung des Arbeitsverhältnisses zugunsten der Arbeitnehmer.

Der Arbeitsvertrag kann auch durch *betriebliche Übung* gestaltet und geändert worden sein. Dabei geht es – im Gegensatz zur Gesamtzusage – nicht um in Worten ausgedrückte Zusagen, sondern um eine tatsächliche regelmäßige Wiederholung gleichförmiger Verhaltensweisen im Betrieb. Näheres dazu finden Sie in Abschnitt 4.3.2.

Ist eine vertragliche Regelung nicht eindeutig, fehlt sie ganz und existiert keine Regelung in einem Tarifvertrag oder einer Betriebsvereinbarung und fehlt es auch an einer gesetzlichen Regelung, zu der der Sachverhalt passt, muss der Vertrag ausgelegt werden. Das ist eine klassische Aufgabe von Juristen, weshalb Sie mit derartigen Schwierigkeiten in der Rechts- und Personalabteilung Ihres Unternehmens gut aufgehoben sind oder bei einem externen Spezialisten für Arbeitsrecht.

Bei dem obigen Beispiel handelt sich um einen Fall der vorübergehenden Arbeitsverhinderung aus persönlichen Gründen (§ 616 Abs. 1 BGB). Diese gesetzliche Regelung kann durch vertragliche Vereinbarungen geändert und auch ganz abbedungen werden. Häufig enthalten Tarifverträge eine Regelung, die abschließend die Situationen aufzählen, in denen der Arbeitgeber zur Freistellung von der Arbeit unter Fortzahlung des Entgeltes verpflichtet ist. Dazu gehört meist auch die Eheschließung von Kindern. Näheres dazu können Sie in Abschnitt 5.9 lesen.

2.3 Einige arbeitsrechtliche Grundbegriffe

Nachfolgend möchten wir Sie mit einigen wesentlichen Begriffen des Arbeitsrechts näher vertraut machen, die hilfreich für das weitere Verständnis der Materie sind.

2.3.1 Arbeitgeber

Arbeitgeber ist, wer mindestens einen Menschen gegen Bezahlung in abhängiger Arbeit beschäftigt. Neben natürlichen Personen sind Arbeitgeber aber auch Personen- und Vermögensgesamtheiten, ohne dass es auf die Rechtsform ankommt. Arbeitgeber kann zum Beispiel auch eine Gesellschaft bürgerlichen Rechts sein, eine offene Handelsgesellschaft, eine Gesellschaft mit beschränkter Haftung, eine Stiftung oder eine Aktiengesellschaft. Bei den juristischen Personen und Personengesamtheiten erfolgt eine funktionale Aufspaltung des Arbeitgebers.[4] Vertragspartner des Arbeitnehmers ist die juristische Person oder die Personengesamtheit. Die Weisungsbefugnis üben bei den juristischen Personen natürliche Personen als deren Organe oder Organmitglieder aus. Bei Personengesellschaften sind weisungsbefugt die geschäftsführungs- und vertretungsberechtigten Gesellschafter, die gemäß Gesetz, Satzung oder Gesellschaftsvertrag dazu berufen sind. Insoweit sind diese natürlichen Personen arbeitsrechtlich Arbeitgeber und keine Arbeitnehmer.

Aus der Praxis

Wird Ihnen die Position des Geschäftsführers einer GmbH angetragen und Sie nehmen an, genießen Sie *nicht* den allgemeinen Kündigungsschutz nach Kündigungsschutzgesetz (§ 14 Abs. 1 KSchG). Arbeitsrechtlich haben Sie die Seite gewechselt. Die Gesellschafter der GmbH können sich recht einfach von Ihnen trennen. Wenn Sie hier einen gewissen Ausgleich zu Ihrer Absicherung schaffen wollen, was anzuraten ist, kommt der Gestaltung des Geschäftsführervertrages eine besondere Bedeutung zu. Hierbei sollten Sie eine rechtliche Beratung in Erwägung ziehen.

2.3.2 Arbeitnehmer

Arbeitnehmer ist, wer aufgrund eines Arbeitsverhältnisses unselbstständige, fremdbestimmte Arbeit leistet. Wesentlich ist die Weisungsgebundenheit. Die Arbeitnehmereigenschaft ist entscheidend für die Anwendbarkeit des Arbeitsrechts, also in erster Linie der arbeitsrechtlichen Schutzvorschriften wie zum Beispiel des Kündigungsschutzes und der Regelungen über die Entgeltfortzahlung im Krankheitsfall. Tarifvertragliche Regelungen werden – beiderseitige Tarifgebundenheit vorausgesetzt – Inhalt des Arbeitsverhältnisses.

Anhand des Arbeitnehmerbegriffs können Sie die Abgrenzung gegenüber der selbstständigen Arbeit vornehmen. Arbeitnehmer ist nicht, wer aufgrund eines Dienstvertrages oder Werkvertrages als

Selbstständiger Arbeit leistet. Die Klärung der Frage, ob jemand Arbeitnehmerstatus hat oder nicht, kann im Einzelfall manchmal auch Experten Schwierigkeiten bereiten.

Diese Frage kann auch für Sie praktische Bedeutung gewinnen, wenn zum Beispiel jemand als freier Mitarbeiter im Rahmen eines Werkvertrages oder Dienstvertrages Leistungen in Ihrem Verantwortungsbereich erbringen soll. Hier kann es wichtig für Sie sein, zu beherzigen: Nicht nur die Vertragsgestaltung mit dem freien Mitarbeiter, sondern auch die praktische Durchführung des Vertrages hat so zu erfolgen, dass der Status als freier Mitarbeiter gewahrt wird. Wenn nicht an der Vertragsgestaltung, so doch an der Durchführung werden Sie Ihren Anteil haben. Weiteres dazu können Sie in Abschnitt 3.8 lesen.

Wird der freie Mitarbeiter wie ein weisungsgebundener Beschäftigter in die betriebliche Organisation eingegliedert und damit wie ein Arbeitnehmer behandelt und eingesetzt, kann er als Scheinselbstständiger qualifiziert werden mit unangenehmen Folgen für Ihren Betrieb:

• Sozialversicherungsbeiträge und Lohnsteuer müssen nachentrichtet werden.
• Der freie Mitarbeiter kann Ihr Unternehmen auf Feststellung verklagen, dass tatsächlich ein Arbeitsverhältnis und eben kein freies Mitarbeiterverhältnis besteht. Wenn das Gericht dies auch so sieht, können Sie das Vertragsverhältnis mit ihm nur durch Kündigung unter Beachtung des Kündigungsschutzes beenden, oder die Trennung kostet Ihren Betrieb Geld.

Arbeitnehmer können Sie herkömmlich unterscheiden in Angestellte und Arbeiter. Die Unterscheidung erfolgt danach, ob es sich um geistige oder körperliche Arbeit handelt und wo das Schwergewicht der Tätigkeit liegt, die der Arbeit das Gepräge gibt. Diese traditionelle Unterscheidung verliert an Bedeutung, weil die Regelungen, die an die Angestellteneigenschaft oder Arbeitereigenschaft anknüpfen, in den Rechtsfolgen aneinander angeglichen worden sind oder die Unterteilung in neueren Regelungen gar nicht mehr aufgegriffen wird. Dies gilt im Individualarbeitsrecht zum Beispiel für die Kündigungsfristen und bei der Entgeltfortzahlung. In der Rentenversicherung, in Personalvertretungsgesetzen und auch in Tarifverträgen lebt die Begrifflichkeit allerdings noch fort.

2.3.3 Leitende Angestellte

Wenn Sie leitender Angestellter sind, sitzen Sie innerhalb des Betriebes ein wenig zwischen den Stühlen. Sie sind auf der einen Seite Arbeitnehmer und stehen zum Arbeitgeber in einem Arbeitsverhältnis. Sie nehmen aber auf der anderen Seite Arbeitgeberfunktionen wahr und stehen zur Unternehmensleitung in einem besonderen Vertrauensverhältnis.

Eine allgemeingültige Definition des Begriffs des leitenden Angestellten existiert nicht. Er taucht in verschiedenen Arbeitsgesetzen auf, ohne dort einheitlich verwendet zu werden. Nach allgemeinem Sprachgebrauch gibt es jedenfalls wesentlich mehr leitende Angestellte als nach juristischem, und nur vom Letzteren soll hier die Rede sein.

Um festzustellen, ob Sie arbeitsrechtlich *leitender Angestellter* sind, können Sie das Betriebsverfassungsgesetz zu Rate ziehen (§ 5 Abs. 3 BetrVG). Danach sind Sie ein solcher, wenn Sie nach Arbeitsvertrag *und* Stellung im Betrieb (also nicht nur auf dem Papier!)

- berechtigt sind, Arbeitnehmer selbstständig einzustellen und zu entlassen,
- Generalvollmacht oder Prokura besitzen und die Prokura auch tatsächlich ausüben,
- regelmäßig Aufgaben wahrnehmen, die für Bestand und Entwicklung des Unternehmens von Bedeutung sind, deren Erfüllung besondere Erfahrungen und Kenntnisse voraussetzen, und Sie dabei Entscheidungen im Wesentlichen frei von Weisungen treffen oder diese maßgeblich mit beeinflussen.

Verkürzt gesagt sind Sie in der Regel leitender Angestellter auch dann, wenn Sie Abteilungsleiter oder Projektleiter sind und hierbei in rechtlicher und in tatsächlicher Hinsicht einen erheblichen Entscheidungsspielraum haben oder aber der Entscheidungsträger an Ihren Vorgaben nicht vorbeikommt. Die oben genannte Regelung des Betriebsverfassungsgesetzes ist detaillierter als hier wiedergegeben und enthält noch weitere Kriterien, die hilfsweise herangezogen werden können, wie zum Beispiel Zugehörigkeit zur Leitungsebene innerhalb des Unternehmens sowie die Höhe des Jahreseinkommens. Bei Bedarf können Sie die Regelung einmal näher anschauen. Ihre rechtliche Zuordnung als leitender Angestellter lässt sich im Zweifels- oder Streitfalle auch durch ein Gerichtsverfahren klären. Ein solches Verfahren beim Arbeitsgericht können Arbeitgeber, Betriebsrat oder Sie selbst einleiten. Welche Besonderheiten gelten für Sie, wenn Sie leitender Angestellter sind?

- Die Regelungen des Betriebsverfassungsgesetzes finden auf Sie keine Anwendung (§ 5 Abs. 3 BetrVG), mit einigen kleinen Ausnahmen, die ausdrücklich im Gesetz erwähnt sind (§§ 105, 107 und 108 BetrVG). Sie gehören eben aufgrund Ihrer Nähe zur Geschäftsleitung nicht zu der vom Betriebsrat repräsentierten Belegschaft. Deswegen hat der Betriebsrat bei personellen Einzelmaßnahmen gegenüber leitenden Angestellten auch nicht mitzubestimmen. Hinsichtlich aller Regelungen des Betriebsverfassungsgesetzes, in denen es auf die Betriebsgröße und Anzahl der Arbeitnehmer ankommt, werden Sie nicht mitgezählt. Sie sind bei der Wahl des Betriebsrates weder aktiv noch passiv wahlberechtigt.
- Sie haben über den Sprecherausschuss betriebliche Mitwirkungsrechte. Diese sind im Sprecherausschussgesetz (SprAuG) geregelt, allerdings im Vergleich zu den Rechten des Betriebsrats wesentlich schwächer ausgestaltet. Der Sprecherausschuss repräsentiert die leitenden Angestellten und wird in Betrieben mit in der Regel mindestens zehn leitenden Angestellten gewählt. Vor der Kündigung eines leitenden Angestellten ist der Sprecherausschuss zu hören (§ 31 Abs. 1 S. 2 SprAuG).
- Als ehrenamtlicher Richter bei den Arbeits- und Sozialgerichten dürften Sie nur auf Arbeitgeberseite fungieren (§ 22 Abs. 2 Nr. 2 ArbGG).
- Die Schutzvorschriften des Arbeitszeitgesetzes finden auf Sie keine Anwendung (§ 18 Abs. 1 Nr. 1 ArbZG). Ihre Arbeitszeit beschränkt sich nicht auf achtundreißigeinhalb Stunden in der

Woche, Sie dürfen auch an Sonn- und Feiertagen sanktionslos arbeiten. Dafür werden Sie (hoffentlich) auch überdurchschnittlich bezahlt. Diese Mehrarbeit ist abgegolten, es sei denn, Sie haben arbeitsvertraglich anderes vereinbaren können.

• Der Geltungsbereich von Tarifverträgen erstreckt sich nicht auf Ihren Arbeitsvertrag; ebensowenig sind Betriebsvereinbarungen für Sie relevant. Die Regelung des Betriebsverfassungsgesetzes, die unmittelbare und zwingende Geltung von Betriebsvereinbarungen anordnet (§ 77 Abs. 4 BetrVG), gelangt auf leitende Angestellte nicht zur Anwendung (§ 5 Abs. 3 S. 1 BetrVG). Allerdings können Sie die Anwendung auf Ihr Arbeitsverhältnis vertraglich vereinbaren.

Der Kündigungsschutz des leitenden Angestellten
Ein wichtiges Thema sind die Besonderheiten beim Kündigungsschutz. Auch für Sie als leitenden Angestellten gilt das Kündigungsschutzgesetz (§ 14 Abs. 2 KSchG) – allerdings mit einer Schlechterstellung gegenüber anderen Arbeitnehmern. Das Kündigungschutzgesetz verschafft dem leitenden Angestellten keinen Bestandsschutz des Arbeitsverhältnisses, sondern mehr einen Abfindungsschutz.

Bitte beachten Sie zunächst, dass der im Kündigungsschutzgesetz zugrunde gelegte Begriff des leitenden Angestellten enger ist als der oben skizzierte nach Betriebsverfassungsgesetz. Nach Kündigungsschutzgesetz wird ein Status gefordert, der dem eines Geschäftsführers oder eines Betriebsleiters zumindest ähnlich ist. Deswegen kann es sein, dass Sie nach Betriebsverfassungsgesetz als leitender Angestellter gelten, nach Kündigungsschutzgesetz als normaler Angestellter, was für den Fall einer Ihnen gegenüber ausgesprochenen Kündigung für Ihre Rechtsposition nicht unbedingt schlecht sein muss.

Erleichterte Beendigungsmöglichkeiten
Aufgrund Ihrer Einbeziehung in den unternehmerischen Entscheidungsprozess haben Sie als leitender Angestellter höhere Treuepflichten gegenüber dem Arbeitgeber als ein normaler Arbeitnehmer. Bei einem Vertrauensverlust soll der normalerweise bestehende Bestandsschutz des Arbeitsverhältnisses den Arbeitgeber nicht zwingen, Sie weiter zu beschäftigen. Deswegen werden sowohl an personen- und

verhaltensbedingte Gründe bei einer ordentlichen Kündigung als auch an den wichtigen Grund für eine außerordentliche Kündigung geringere Anforderungen durch die Rechtsprechung gestellt als bei normalen Arbeitnehmern.

Eine weitere bedeutsame Schlechterstellung gegenüber normalen Arbeitnehmern: Wenn Sie sich gegen die Kündigung wehren, kann im Kündigungsschutzprozess der Arbeitgeber *ohne Begründung* eine Auflösung des Arbeitsverhältnisses gegen Zahlung einer Abfindung verlangen, sofern das Arbeitsgericht die angefochtene Kündigung für unwirksam hält. Das Gericht setzt dann die Höhe der Abfindung fest. Normalerweise benötigt der leitende Arbeitgeber für einen Auflösungsantrag gute Gründe, warum eine den Betriebszwecken dienliche weitere Zusammenarbeit zwischen Arbeitgeber und Arbeitnehmer nicht zu erwarten ist (§ 9 Abs. 1 S. 2 KSchG).

Sie können sich für diese Situation verdeutlichen, dass Sie – insbesondere bei einem kurz währenden Arbeitsverhältnis – keine sehr gute Ausgangsposition besitzen, eine überdurchschnittliche Abfindung herauszuschlagen. Wenn Sie Ihre Position im Kündigungsschutzverfahren verbessern wollen, werden Sie bereits bei der Gestaltung des Arbeitsvertrages ansetzen müssen.

Zum einen könnten Sie auf die Aufnahme einer Regelung hinwirken, wonach Ihnen bei Beendigung des Arbeitsverhältnisses eine Abfindung zusteht, die betragsmäßig über der Summe liegt, die vom Arbeitsgericht bei Stellung eines Auflösungsantrages durch den Arbeitgeber festgesetzt würde. Allerdings werden Sie dann damit rechnen müssen, dass Sie eine solche bereits im Vertrag vereinbarte Abfindung als Arbeitsentgelt voll versteuern müssen. Argumentationsansatz des Finanzamtes: Es handelt sich um Arbeitsentgelt, dessen Fälligkeit auf das Ende des Arbeitsverhältnisses gelegt ist, und eben nicht um eine Abfindung, die privilegierte steuerfreie Einnahme im Sinne des Einkommensteuergesetzes ist (§ 3 Nr. 9 EStG).

Zum anderen können Sie bei Vertragsverhandlungen an die den leitenden Angestellten schlechter stellende Regelung des Kündigungsschutzgesetzes (§ 14 Abs. 2 in Verbindung mit § 9 KSchG) anknüpfen. Sie könnten mit Ihrem Arbeitgeber vertraglich vereinbaren, dass er darauf verzichtet, sich auf die Vorschrift zu berufen. Damit dürfte Ihr Arbeitgeber keinen Auflösungsantrag stellen. Ob er sich darauf einlässt, ist natürlich eine andere Frage. Eine abgeschwächte Form wäre, wenn Sie eine vertragliche Abrede aushandeln, wonach Ihrem Arbeitgeber nur die Stellung eines Auflösungsantrages ohne Begründung untersagt ist, während die Stellung eines Auflösungsantrages mit Begründung zulässig bleibt. Ein gut beratener Arbeitgeber wird allerdings immer versuchen, möglichst gute Gründe für den Auflösungsantrag vorzutragen, weil er damit die vom Gericht in angemessener Höhe festzusetzende Abfindung nach unten beeinflussen kann.

2.3.4 AT-Angestellte

An dieser Stelle möchten wir Ihnen auch noch die so genannten AT-Angestellten kurz vorstellen. Die Abkürzung steht für außertarifliche Angestellte, also solche, die nicht dem Geltungsbereich eines Tarifvertrages unterliegen. Dieser Angestelltengruppe sind regelmäßig Leitungsaufgaben übertragen, weshalb sie auch häufig übertariflich bezahlt ist. Aber: Ein AT-Angestellter ist deswegen nicht mit einem leitenden Angestellten gleichzusetzen. Ob er auch leitender Angestellter ist, bestimmt sich allein nach den oben aufgeführten Kriterien.

2.3.5 Betrieb, Unternehmen und Konzern

Betrieb ist die organisatorische Einheit, mit der ein Unternehmer mit materiellen und immateriellen Mitteln unter Einsatz menschlicher Arbeitskraft einen bestimmten arbeitstechnischen Zweck fortgesetzt unmittelbar verfolgt.[5] Drei Merkmale sind für die Annahme eines Betriebes maßgeblich:

- die organisatorische Einheit, gebildet durch den Arbeitgeber unter einheitlicher Leitung;
- der bestimmte arbeitstechnische Zweck;
- die Belegschaft.

Der Begriff ist damit ziemlich weit gefasst. Eine Arztpraxis oder ein Bauernhof können genauso darunter fallen wie eine Speicherchip-Fabrik. Die Rechtsform spielt für die Einordnung keine Rolle.

Wichtig ist der Begriff einfach deshalb, weil an die Organisationseinheit Betrieb viele arbeitsrechtliche Regelungen anknüpfen. Gegenüber dem Betrieb ist der arbeitsrechtliche Unternehmensbegriff weiter. Mit der organisatorischen Einheit Unternehmen erfüllt der Unternehmer entferntere wirtschaftliche oder ideelle Zwecke, keinen arbeitstechnischen wie bei der Organisationseinheit Betrieb. Wenn dem Unternehmen ein Betrieb dient, dann sind die Begriffe weitgehend deckungsgleich. Das Unternehmen kann aber auch aus mehreren Betrieben bestehen, die zur Verfolgung desselben Zwecks organisatorisch als Unternehmen zusammengefasst sind. Während für den Betrieb die Rechtsform ohne Bedeutung ist, muss das Unternehmen einen Rechtsträger haben, sei es eine natürliche oder eine juristische Person. Der Unternehmensbegriff spielt im Arbeitsrecht eine geringere Rolle als der Begriff des Betriebs.

Ein Konzern schließlich ist ein Verbund mehrerer Unternehmen. Er ist Anknüpfungspunkt für die Mitbestimmung in Betrieb und Unternehmen.

➤ **Literaturtipp**

Söllner, Alfred/Waltermann, Raimund: *Grundriss des Arbeitsrechts*, 13. Auflage, Studienreihe Jura, Verlag Vahlen, München 2003.

2.4 Arbeitsschutzrecht

Wir geben Ihnen nachfolgend einen kleinen Überblick über das Arbeitsschutzrecht und erläutern, warum eine Grundkenntnis der für Ihren Verantwortungsbereich einschlägigen Vorschriften für Sie als betrieblicher Vorgesetzter von Bedeutung sein kann.

2.4.1 Überblick

Das Arbeitsschutzrecht ist an den Arbeitgeber adressiert und gehört zum öffentlichen Recht. Der Arbeitgeber ist aber nicht nur gegenüber dem Staat verpflichtet, die Regelungen zum Arbeitsschutz einzuhalten, sondern gemäß Arbeitsvertrag auch gegenüber den einzelnen Arbeitnehmern.

Es bestehen Regelungen zum Arbeitszeitschutz, betrieblichen Arbeits- und Gefahrenschutz, Entgeltschutz, Datenschutz und Regelungen zum besonderen Schutz für Jugendliche, Frauen und Schwerbehinderte. Der *technische Arbeitsschutz* soll Gefahren für Leben und Gesundheit der Arbeitnehmer ausgehend von Arbeitsmitteln, Produktionsabläufen, Arbeitsstoffen, der Gestaltung von Arbeitsplätzen und ähnlichen betrieblichen Einwirkungen abwenden. Der *medizinische Arbeitsschutz* hat das Ziel einer gesunden Arbeitsumgebung. Der *soziale Arbeitsschutz* besteht aus dem Arbeitszeitrecht und aus Regelungen für besonders schutzbedürftige Arbeitnehmergruppen. Nachfolgend nennen wir Ihnen einige wichtige Gesetze:

- Arbeitsschutzgesetz (ArbSchG),
- Arbeitsplatzschutzgesetz (ArbPlSchG),
- Gesetz über Betriebsärzte, Sicherheitsingenieure und andere Fachkräfte für Arbeitssicherheit (Arbeitssicherheitsgesetz [ASiG]),
- Gewerbeordnung (GewO),
- Zivilprozessordnung §§ 850–850h (ZPO),
- Arbeitszeitgesetz (ArbZG),
- Ladenschlussgesetz (LadSchlG),
- Mutterschutzgesetz (MuSchG),
- Heimarbeitsgesetz (HAG),
- Arbeitnehmerüberlassungsgesetz (AÜG),
- Sozialgesetzbuch, Neuntes Buch (SGB IX – Schwerbehindertenrecht),
- Jugendarbeitsschutzgesetz (JArbSchG),
- Beschäftigtenschutzgesetz (BSchutzG).

Dies ist keine erschöpfende Aufzählung, und dazu kommen noch Rechtsverordnungen und Richtlinien. Neben dem Staat wachen auch noch die Berufsgenossenschaften vor allem im Bereich Unfallverhütung und technischer Sicherheit über den Arbeitsschutz und erlassen Unfallverhütungsvorschriften, zugeschnitten auf einzelne Gewerbezweige und sogar auf einzelne Arbeiten. Auch in Tarifverträgen und Betriebsvereinbarungen werden Regelungen zum Arbeitsschutz getroffen.

2.4.2 Unternehmerverantwortlichkeit?

Es ist für Sie durchaus sinnvoll, einmal einen Überblick darüber zu bekommen, welche Arbeitsschutzvorschriften existieren und für Ihren Verantwortungsbereich von besonderer Bedeutung sein können. Hinsichtlich des Arbeitsschutzes und der Unfallverhütung können Sie als Vorgesetzter für die Einhaltung der Vorschriften in Ihrem Verantwortungsbereich zuständig sein.

Grundsätzlich muss der Arbeitgeber die organisatorischen Voraussetzungen für den Arbeitsschutz schaffen und die Arbeitsschutzmittel zur Verfügung stellen, und er hat die Durchführung des Arbeitsschutzes zu überwachen (§ 3 ArbSchG). Eine bestimmte Größe eines Unternehmens bringt die Verteilung von Verantwortlichkeiten mit sich. Hiervon geht auch das Arbeitsschutzgesetz aus (§ 13 ArbSchG). Danach tragen neben dem Arbeitgeber dort definierte Personen bereits kraft Gesetzes die Verantwortung für die Erfüllung der Pflichten nach dem Arbeitsschutzgesetz; das betrifft die Personen der obersten Führungsebene.

Daneben kann der Arbeitgeber zuverlässige und fachkundige Personen schriftlich damit beauftragen, ihm obliegende Aufgaben nach dem Arbeitsschutzgesetz in eigener Verantwortung wahrzunehmen (§ 13 Abs. 2 ArbSchG). Diese Beauftragung betrifft die Delegierung von Unternehmerpflichten auf die obere und mittlere Führungsebene. Die Beauftragung muss nicht ausdrücklich schriftlich erfolgen. Bereits ausreichend kann eine entsprechende Arbeitsplatz- oder Stellenbeschreibung sein. Ein Grund mehr für Sie, da einmal hineinzuschauen. Wenn Sie in Ihrem Verantwortungsbereich das arbeitgeberseitige Weisungsrecht ausüben, spricht einiges dafür, dass Sie im gleichen Umfang für diesen Bereich auch die Unternehmerverantwortung für Arbeits- und Gesundheitsschutz tragen.

2.4.3 Staatliche Durchsetzung des Arbeitsschutzes

Der Arbeitgeber kann staatlicherseits durch die zuständigen Behörden mit Zwangsmaßnahmen zur Einhaltung der Regelungen des Arbeitsschutzrechts angehalten werden. Die Nichtbeachtung von Arbeitsschutzvorschriften ist mindestens ordnungswidrig und kann mit einer Geldbuße geahndet werden. Unter den jeweils in den einzelnen Vorschriften geregelten Voraussetzungen können Verstöße auch strafbar sein. Bitte beachten Sie, dass strafrechtliche Ermittlungsverfahren bei Verdacht einer Straftat nicht gegen den Betrieb, sondern gegen verantwortliche Personen innerhalb des Betriebes gerichtet werden. Hierzu können auch Sie zählen, wenn Ihnen betriebsintern die Überwachung der Einhaltung derartiger Vorschriften übertragen ist.

2.4.4 Wie Sie Informationen über die einschlägigen Vorschriften erhalten

Sie haben verschiedene Möglichkeiten, sich über relevante Arbeitsschutzvorschriften zu informieren:

Zum einen sind wichtige Arbeitsschutzgesetze wie zum Beispiel das Arbeitszeitgesetz, das Mutterschutzgesetz und die Arbeitsstättenverordnung aushangpflichtig. Dazu kommen noch die betriebsspezifischen Angaben, für die ebenfalls Aushangpflichten bestehen. Dazu gehören zum Beispiel die für den Betrieb maßgeblichen Tarifverträge und Betriebsvereinbarungen sowie die Unfallverhütungsvorschriften.

Zum anderen können Ihnen auch die betrieblichen Ansprechpartner Informationen geben und Unterstützung leisten:

In Betrieben mit mehr als 20 Arbeitnehmern muss der Arbeitgeber *Sicherheitsbeauftragte* bestellen (§ 22 SGB VII). Diese müssen sich auch um den Unfall- und Gesundheitsschutz kümmern. Weiter ist der Arbeitgeber verpflichtet, für den einzelnen Betrieb Betriebsärzte und Fachkräfte für Arbeitssicherheit zu bestellen, die beratende und unterstützende Funktion haben (§ 1 ASiG). Die Berufsgenossenschaften geben für einzelne Gewerbezweige die Anzahl der Betriebsärzte vor. Die Betriebsärzte haben beim Arbeitsschutz und bei der Unfallverhütung in allen Fragen des Gesundheitsschutzes zu unterstützen, die Fachkräfte für Arbeitssicherheit in allen Fragen der Arbeitssicherheit.

Auch in der Personal- und Rechtsabteilung werden Sie regelmäßig einen kompetenten Ansprechpartner finden und Hinweise zu den einschlägigen Vorschriften erhalten beziehungsweise diese einsehen können.

Außerbetrieblich können Sie Informationen bei der zuständigen Berufsgenossenschaft erhalten, die über die Einhaltung der Unfallverhütungsvorschriften in Ihrem Betrieb wacht.

Checkliste: Arbeitsschutzrecht

Die nachfolgenden Fragen können Ihnen bei Überlegungen zur Einhaltung des Arbeitsschutzrechts in Ihrem Bereich weiterhelfen:

✓ Inwieweit bin ich verantwortlich für die Einhaltung von Arbeitsschutzvorschriften?
✓ Welche einschlägigen Vorschriften gibt es für meinen Bereich zu beachten?
✓ Fällt mir etwas auf, was ich nicht selbst abstellen kann und was ich für ein Sicherheitsrisiko halte?
✓ Muss ich aufgrund besonderer Gefahrgeneigtheit Mitarbeiter in meinem Bereich unterweisen?
✓ Wo kann ich innerbetrieblich oder außerbetrieblich Unterstützung bei der Klärung von arbeitsschutzrechtlichen Fragen erhalten?

3.
So wählen Sie Ihre Mitarbeiter mit aus

In diesem Abschnitt möchten wir Sie dabei unterstützen, bei der Personalauswahl für Mitarbeiter Ihres Verantwortungsbereichs so viel Einfluss zu nehmen wie möglich und, wenn Sie es tun, die rechtlichen Fallstricke dabei zu vermeiden. Dabei folgt der Kapitelaufbau dem Weg der Einstellung eines neuen Mitarbeiters von der Personalplanung (Abschnitt 3.1) über die Stellenausschreibung (Abschnitt 3.2) und die Informationsbeschaffung (Abschnitt 3.3 bis 3.5) bis zum Vorstellungsgespräch (Abschnitt 3.6). Nach Klärung einiger Besonderheiten bei der Einstellung von Ausländern (Abschnitt 3.7) und das Arbeiten mit nicht betriebszugehörigem Personal (Abschnitt 3.8) können Sie im letzten Abschnitt noch einiges über Ihre Aufgaben und Pflichten am Tag der Arbeitsaufnahme eines neuen Mitarbeiters erfahren.

3.1 Was in Unternehmen vor der Einstellung neuer Mitarbeiter passiert (oder auch nicht)

Innerhalb des Unternehmens werden Sie auch an der Leistung Ihrer Mitarbeiter gemessen. Sie sind für das Arbeitsergebnis verantwortlich. Dafür sind Sie auf qualifizierte und motivierte Mitarbeiter angewiesen. Ergibt sich die Notwendigkeit der Neubesetzung oder Neuschaffung einer Stelle, ist es für Sie von Vorteil, Ihre Möglichkeiten zu kennen und zu nutzen, um Einfluss zu nehmen.

3.1.1 Personalplanung

Jedes Unternehmen muss ständig Überlegungen dazu anstellen, ob zur Bewältigung der gegenwärtigen und zukünftig erwartbaren Aufgaben die Anzahl der vorhandenen Mitarbeiter ausreichend ist oder Änderungsbedarf besteht. Diese Überlegungen werden Sie als betriebliche Führungskraft für Ihren Bereich ebenfalls anstellen. Personalplanung ist Unternehmensführung. In manchen Unternehmen beschäftigen sich ganze Abteilungen damit, in anderen Unternehmen niemand so richtig.

Ohne die Informationen der Fachabteilungen kann keine Personalabteilung ordentlich arbeiten. Die Personalabteilung erstellt einen Stellenplan und eine Stellenbeschreibung nebst Anforderungsprofil. Der Stellenplan weist die Gesamtheit der im Betrieb benötigten Stellen und des zu beschäftigenden Personals aus. Die Stellenbeschreibung bestimmt den Aufgabenbereich, beschreibt die Aufgaben des Stelleninhabers bis zu den im Einzelnen zu verrichtenden Tätigkeiten, dessen Kompetenzen und seine Einordnung in die betriebliche Hierarchie. Das Anforderungsprofil erfasst die für die Ausfüllung der Stelle erforderlichen Fähigkeiten, Kenntnisse, Ausbildung und Berufserfahrung.

Machen Sie sich einmal mit den Beschreibungen für die Stellen innerhalb Ihres Verantwortungsbereichs vertraut und prüfen Sie diese dabei auch auf Aktualität. Die Personalorganisation wird bei Ausschreibungen auf die Stellenbeschreibung und das Anforderungsprofil zurückgreifen. Nicht selten ist bei neu zu besetzenden Stellen die technische oder betriebliche Entwicklung an der Beschreibung spurlos vorübergegangen. Manchmal werden Sie vielleicht bestimmte Anforderungen ergänzen wollen.

3.1.2 Beteiligung des Betriebsrats

Wenn Sie nicht überwiegend mit Personalplanung betraut sind, wird auch die Unterrichtung des Betriebsrates nicht zu Ihren Aufgaben gehören. Nachfolgend erhalten Sie einige knappe Informationen dazu.

Das Betriebsverfassungsgesetz gewährt dem Betriebsrat – so es einen gibt – ein Unterrichtungs- und Beratungsrecht bei der Personalplanung (§ 92 BetrVG). Der Arbeitgeber hat den Betriebsrat von einer Personalplanung zu unterrichten. Dazu sind ihm die hierzu vom Arbeitgeber erstellten Unterlagen auszuhändigen. Darüber hinaus ist der Arbeitgeber verpflichtet, über die nach der Personalplanung erforderlichen Maßnahmen und über die Vermeidung von Härten mit dem Betriebsrat zu beraten (§ 92 Abs. 1 S. 2 BetrVG). Der Betriebsrat kann auch von sich aus Vorschläge zur Personalplanung machen.

Kommt der Arbeitgeber seiner Unterrichtungs- und Beratungspflicht gegenüber dem Betriebsrat nicht nach, hat das zwar keinen Einfluss auf spätere Maßnahmen aufgrund dieser Personalplanung. Der Arbeitgeber kann sich aber bei Verstößen ein Bußgeld bis zu 10 000 € einhandeln (§ 121 BetrVG). Entsprechendes gilt, sofern die Unterrichtung wahrheitswidrig, verspätet oder unvollständig erfolgt.

3.2 Vermeiden Sie Fehler bei der Ausschreibung

Um die Stellenausschreibung kümmert sich in der Regel die Personalorganisation, wenn es eine gibt. Falls dies einmal zu Ihren Aufgaben gehören sollte, erhalten Sie nachfolgend Informationen, wie Sie eine rechtlich unangreifbare Ausschreibung durchführen können.

3.2.1 Interne Ausschreibung

Eine Stellenanzeige ist wahrscheinlich eine der letzten Möglichkeiten, eine offene Stelle zu besetzen. Zunächst werden Sie bei einer Stellenbesetzung wahrscheinlich eher an potenzielle Bewerber denken, zu denen Sie bereits einen persönlichen Bezug haben, sei es unmittelbar durch persönliche Bekanntschaft wie bei Betriebsangehörigen, sei es mittelbar über andere Personen, deren Einschätzung Sie Vertrauen schenken.

Nach dem Gesetz besteht im Grundsatz keine Verpflichtung, eine interne Stellenausschreibung durchzuführen. Damit die Belegschaft von freien Arbeitsplätzen erfährt, kann der Betriebsrat allerdings verlangen, dass Arbeitsplätze, die besetzt werden sollen, allgemein oder für bestimmte Arten von Tätigkeiten vor ihrer Besetzung innerhalb des Betriebes ausgeschrieben werden (§ 93 BetrVG). In der Praxis geschieht dies häufig. Zumindest in größeren Betrieben verlangt der Betriebsrat regelmäßig die interne Ausschreibung. Sie sind aber nicht daran gehindert, gleichzeitig neben der innerbetrieblichen Bewerbersuche eine außerbetriebliche Suche einzuleiten.

Bei betrieblicher und außerbetrieblicher Ausschreibung sollten Sie auf Deckungsgleichheit achten: Die Ausschreibungen müssen nicht wortgleich sein, aber die angegebene Tätigkeitsbeschreibung und das Anforderungsprofil in interner und externer Ausschreibung müssen übereinstimmen. Manchmal fehlt aber eine solche Übereinstimmung, wie in folgendem Fall:

Aus der Praxis

Ein Zeitungsverlagsunternehmen schrieb eine Stelle in der Personalabteilung intern aus. Die interne Ausschreibung enthielt folgende Formulierung: »*Voraussetzung* sind Kenntnisse über Tarife der Druckindustrie und Tageszeitungsverlage«; es erfolgte keine Bewerbung. Bei der außerbetrieblichen Ausschreibung lautete die Formulierung: »Kenntnisse über Tarife der Druckindustrie und Tageszeitungsverlage sind *wünschenswert*«. Auf die externe Ausschreibung hat sich ein Bewerber gemeldet. Der Betriebsrat hat die Zustimmung zur Einstellung verweigert.

Der Arbeitgeber hat hier intern höhere Anforderungen gestellt als im Rahmen der externen Ausschreibung. Es fehlte an einer ordnungsgemäßen internen Ausschreibung, und der Betriebsrat konnte die Zustimmung zur Einstellung zu Recht verweigern (§ 99 Abs. 2 Nr. 5 BetrVG).

Bei der Suche nach leitenden Angestellten muss keine interne Ausschreibung erfolgen. Bitte beachten Sie aber etwaige Auswahlrichtlinien des Betriebes – so es sie gibt. Dazu später mehr im Abschnitt 3.2.3.

3.2.2 Zustimmungsverweigerung des Betriebsrats zur Einstellung

In der Begrifflichkeit des Betriebsverfassungsgesetzes ist die Beteiligung des Betriebsrates an der Einstellung eine personelle Einzelmaßnahme (§ 99 Abs. 1 BetrVG). Der Betriebsrat hat in diesen Fällen aber nicht nur ein Unterrichtungsrecht, sondern kann bei Vorliegen ganz bestimmter, im Gesetz abschließend genannter Gründe seine Zustimmung verweigern (§ 99 Abs. 2 BetrVG). Das gilt aber nur dann, wenn im Unternehmen in der Regel mehr als 20 wahlberechtigte Arbeitnehmer beschäftigt sind.

Die Verweigerung der Zustimmung kann für den Arbeitgeber gravierende Folgen haben. Angenommen, im obigen Beispiel des Zeitungsvertriebsunternehmens ist bereits ein Arbeitsvertrag unterschrieben worden. Der ist dann einerseits wirksam, andererseits darf es wegen der Verweigerung der Zustimmung nicht zur tatsächlichen Eingliederung des Arbeitnehmers in den Betrieb kommen. Der Arbeitgeber unterliegt einem Beschäftigungsverbot. Für den Arbeitgeber ein arbeitsrechtlicher Gau: Der Arbeitnehmer kann das Arbeitsentgelt verlangen, er muss aber nicht arbeiten. Es ist allein das Problem des Arbeitgebers, dass ihn ein Beschäftigungsverbot trifft. Aus diesem Dilemma hilft ihm ohne Mitwirkung des Arbeitnehmers dann nur die Kündigung. Weiteres zur Mitwirkung des Betriebsrats bei personellen Einzelmaßnahmen erfahren Sie in Abschnitt 7.5.2.

3.2.3 Auswahlrichtlinien

Im Falle einer Ausschreibung kann es hilfreich für Sie sein, zu wissen, ob in Ihrem Betrieb Auswahlrichtlinien existieren und welche Vorgaben diese für das Verfahren machen.

Jedes Unternehmen kann sich intern im Rahmen der Gesetze Regelungen unterwerfen, wie eine Bewerberauswahl durchzuführen ist. Auswahlrichtlinien (§ 95 BetrVG) sind Grundsätze, die allgemein oder für bestimmte Arten von Tätigkeiten oder für Arbeitsplätze festlegen, welche Voraussetzungen für die Ausübung oder Besetzung vorliegen müssen. Inhalt können nicht nur Grundregelungen zu fachlichen und persönlichen Voraussetzungen sein, sondern auch Gesichtspunkte sozialer Art. Solche Regelungen können gerade bei größeren Unternehmen dazu beitragen, personelle Maßnahmen sachlich zu strukturieren und damit für die Belegschaft transparenter zu machen.

In Betrieben mit einer Anzahl von bis zu 500 Beschäftigten muss es keine Auswahlrichtlinien geben. Entscheidet sich allerdings der Arbeitgeber, Richtlinien aufzustellen, bedarf es der Zustimmung des Betriebsrates. Bei Betrieben mit mehr als 500 Mitarbeitern sind die Rechte des Betriebsrates erweitert. Er kann selbst die Aufstellung verlangen.

3.2.4 Externe Ausschreibung / Stellenanzeige

Normalerweise führt die Personalorganisation die Ausschreibung und die Schaltung von Anzeigen durch. Es ist aber durchaus sinnvoll, wenn Sie bereits bei den Überlegungen zum Anforderungsprofil des zukünftigen Mitabeiters und der Formulierung der Ausschreibung Einfluss nehmen. In der Regel können Sie die fachlichen Anforderungen an den Bewerber am besten einschätzen und haben präzise Vorstellungen von der Stelle. Eine umsichtige Personalorganisation wird sich vor der Ausschreibung mit Ihnen über die Inhalte absprechen, wobei das allerdings auch von der Qualifikation des zu suchenden Bewerbers abhängen wird. Je höher die Qualifikation ist, desto intensiver sollte der Austausch zwischen der Personalabteilung und dem zukünftigen Vorgesetzten sein.

Eine informative Stellenanzeige enthält die folgenden Angaben:

• Informationen über das Unternehmen: zum Beispiel Branche, Größe, Produkte beziehungsweise Dienstleistungen, die Kunden und Vertragspartner, Mitarbeiterzahl, Marktposition, Führungsstil, Betriebsklima, Standort, präzise Berufsbezeichnung;
• wenn möglich, eine Stellenbeschreibung: Angaben über Aufgabenbereich, Stellung in der Organisationsstruktur, Entwicklungsmöglichkeiten, Arbeitsbedingungen;

- fachliche und persönliche Anforderungen an den gesuchten Mitarbeiter: Ausbildung, Fachkenntnisse, Berufserfahrung, Alter, Angaben über Bezahlung, Tarifgruppe, Zulagen, besondere betriebliche Leistungen;
- Besetzungstermin;
- Angaben über den Bewerbungsweg, über telefonische Vorabinformationen und etwaige Ansprechpartner.

3.2.5 Geschlechtsneutrale Ausschreibung

Sollten Sie für die Ausschreibung eines Arbeitsplatzes verantwortlich sein, achten Sie auf die geschlechtsneutrale Beschreibung der Stelle (§ 611b BGB). Die Stelle ist geschlechtsneutral beschrieben, wenn das Stellenangebot sowohl an Frauen als auch an Männer gerichtet ist. Eine Ausnahme gilt für solche Jobs, bei denen ein bestimmtes Geschlecht unverzichtbare Voraussetzung für die auszuübende Tätigkeit ist (§ 611a BGB). So darf zum Beispiel die politische Partei, die eine Frauenreferentin sucht, den Kreis der Bewerber in der Anzeige durchaus auf Frauen beschränken.

Wenn Sie sich mit der Schreibweise der jeweiligen Endungen schwer tun (Mitarbeiter/Mitarbeiterin oder MitarbeiterIn?), können Sie auch einen gesonderten Schlusssatz in der Anzeige verwenden, wonach für die Stelle sowohl weibliche als auch männliche Bewerber infrage kommen.

Die Ablehnung eines Bewerbers unter Bezug auf sein Geschlecht stellt eine Einladung an ihn zur Geltendmachung eines Entschädigungsanspruchs dar (§ 611a Abs. 2, 3 BGB). Der Arbeitgeber müsste dann beweisen, dass er den Bewerber nicht wegen seines Geschlechts benachteiligt hat, wenn der Arbeitnehmer seinerseits Tatsachen glaubhaft macht, die eine solche Benachteiligung vermuten lassen. Dazu gehört auch eine nicht geschlechtsneutrale Stellenausschreibung. Bei dieser Rechtslage sollten Sie Folgendes beherzigen:

- Eine Stelle ist grundsätzlich geschlechtsneutral auszuschreiben; damit allein ist es aber nicht getan – das gesamte Auswahlverfahren bis zur Unterschrift unter den Arbeitsvertrag darf nicht durch Geschlechtsdiskriminierung beeinflusst sein.

• Die Auswahlkriterien für eine Entscheidung zugunsten eines bestimmten Bewerbers sollten Sie schriftlich festhalten.

• Die Ablehnung eines Bewerbers mit einer geschlechtsbezogenen Begründung sollten Sie generell vermeiden.

3.2.6 Teilzeitgeeignetheit, Eignung für Schwerbehinderte

Seit In-Kraft-Treten des Gesetzes über Teilzeitarbeit und befristete Arbeitsverträge haben Sie einen Arbeitsplatz auch als Teilzeitarbeitsplatz auszuschreiben, wenn er sich dafür eignet (§ 7 TzBfG). Dies muss in einer Anzeige entsprechend berücksichtigt werden.

Wenn sich der ausgeschriebene Arbeitsplatz auch für schwerbehinderte Menschen eignet, haben Sie das Sozialamt darüber zu informieren (§ 81 Abs. 1 SGB IX). Andernfalls kann sich eine Entschädigungspflicht zulasten des Arbeitgebers ergeben.

3.2.7 Zusagen in Stellenanzeigen

Wenn Sie ein Stellenangebot in eine Zeitung setzen oder in das Internet stellen, haben Sie noch kein Vertragsangebot gemacht. Es fehlt am Geschäftsbindungswillen. Entscheidend für den Inhalt des Arbeitsvertrages ist daher auch nicht der Text der Stellenanzeige, sondern das Ergebnis der Vertragsverhandlungen. Der Arbeitnehmer kann eine Leistung nur beanspruchen, wenn er sie ausdrücklich mit dem Arbeitgeber vereinbart hat oder sie in einer kollektivvertraglichen Regelung (Tarifvertrag oder Betriebsvereinbarung) enthalten ist.

Dennoch sollten Sie die Arbeitsbedingungen in einer Stellenanzeige nach Möglichkeit nicht übertrieben darstellen. Ein Bewerber könnte darauf vertrauen, dass ihm solche in Aussicht gestellten Bedingungen auch tatsächlich angeboten und eingeräumt werden. Das kann zu vermeidbaren Schwierigkeiten führen.

3.3 So checken Sie ein Arbeitszeugnis

Sie werden vermutlich schon einmal für sich selbst Bewerbungsunterlagen zusammengestellt haben und mit den Formalien vertraut sein. Wenn Sie jetzt am anderen Ende des Tisches sitzen, werden Sie als Vorgesetzter den Schwerpunkt Ihrer Aufmerksamkeit auf die fachliche und persönliche Eignung des Bewerbers richten können, wie sie sich nach den Ihnen vorliegenden Unterlagen darstellt. Dabei sind neben dem Anschreiben und dem Lebenslauf Arbeitszeugnisse ein äußerst interessanter, weil aufschlussreicher Bestandteil der Bewerbungsunterlagen. Die nachfolgenden Ausführungen können Ihnen auch Hilfestellung geben, wenn Sie selbst einmal ein Zeugnis formulieren müssen.

3.3.1 Allgemeines

Im Zeugnis äußert sich ein früherer Arbeitgeber, bei dem der Bewerber unter Umständen geraume Zeit gearbeitet hat. Die auf den ersten Blick regelmäßig positive Grundtendenz eines Zeugnisses darf Sie nicht darüber hinwegtäuschen, dass sich hinter dieser scheinbar positiven Fassade für einen aufmerksamen Zeugnisleser sehr differenzierte Angaben und Beurteilungen verbergen können. Für die Zeugnissprache, den Aufbau und den Inhalt gibt es eine gefestigte Praxis, für einzelne Komplexe des Zeugnisses Standardformulierungen, deren Kenntnis für das Lesen eines Zeugnisses notwendig sind.

Darüber hinaus soll es noch einen Geheimcode der Zeugnissprache geben, mit dem Zeugnisschreiber bestimmte Informationen und Bewertungen weitergeben wollen, ohne den von der Fürsorgepflicht für den Arbeitnehmer (und den Arbeitsgerichten!) vorgegebenen Pfad eines von Wohlwollen getragenen Zeugnisses zu verlassen. Eine solche Praxis ist schlicht gesetzeswidrig.

Der Arbeitnehmer hat laut Gesetz bei Beendigung des Vertragsverhältnisses Anspruch auf ein Zeugnis über das Arbeitsverhältnis und dessen Dauer (einfaches Zeugnis). Das Zeugnis ist auf Verlangen auf die Leistung und Führung zu erstrecken (qualifiziertes Zeugnis).

Das Gesetz schreibt weiter vor, dass das Zeugnis klar und verständlich formuliert sein muss und keine Merkmale oder Formulierungen enthalten darf, die den Zweck haben, eine andere als aus der äußeren Form oder aus dem Wortlaut ersichtliche Aussage über den Arbeitnehmer zu treffen (§ 109 Abs. 2 GewO).

3.3.2 Grundsätze des Arbeitszeugnisses für den Arbeitgeber

Jedes Zeugnis muss in seiner Aussage objektiv richtig sein. Ein qualifiziertes Zeugnis hat alle für die Gesamtbeurteilung des Arbeitnehmers wesentlichen Tatsachen und Bewertungen zu enthalten, sodass Sie sich als Leser ein zutreffendes Bild machen können. Weder Wortwahl, Satzstellung noch Auslassungen dürfen dazu führen, dass bei Ihnen der Wahrheit nicht entsprechende Vorstellungen entstehen.

Jeder Arbeitgeber hat eine Fürsorgepflicht für den Arbeitnehmer, woraus folgt, dass das Zeugnis von verständigem Wohlwollen getragen sein muss. Zweck der Zeugniserteilung ist, dem beruflichen Fortkommen des Arbeitnehmers dienlich zu sein.

Allerdings kann es auch zu einem Konflikt zwischen Wahrheitsgebot und Wohlwollensgebot kommen. Die regelmäßig vorsichtig freundliche Grundtendenz der Zeugnissprache können Sie als Ausdruck des Ringens um Harmonisierung dieser an sich widerstreitenden Interessen ansehen. Wahrscheinlich werden Sie diesen Konflikt ebenfalls spüren, sobald Sie einmal in die Situation kommen, ein Zeugnis für einen durchschnittlichen oder gar unterdurchschnittlichen Mitarbeiter schreiben zu müssen. Es ist grundsätzlich einfacher, Zeugnisse für gute Mitarbeiter zu schreiben.

Was an Angaben zur Leistung und Führung in das Zeugnis aufzunehmen ist, richtet sich natürlich nach der jeweiligen Arbeitsaufgabe und ist Sache des Arbeitgebers beziehungsweise Sache des Vorgesetzten. Sie entscheiden, welche positiven oder negativen Leistungen und Eigenschaften Sie mehr hervorheben wollen als andere, solange die Angaben nur vollständig sind. Dies ist Ausdruck Ihres Beurteilungsspielraums. Innerhalb dessen sind Sie frei. Die Grenzen sind Willkür, Einbeziehung von sachfremden Erwägungen und überzogene, nicht allgemeingültige Bewertungsmaßstäbe. Hinsichtlich der Einhaltung der Grenzen des Beurteilungsspielraums besteht eine gerichtliche Nachprüfbarkeit.

3.3.3 Form des Arbeitszeugnisses

Das Gesetz schreibt Schriftform vor. Es ist als Zeugnis zu kennzeichnen, auf dem für Geschäftskorrespondenz verwendeten Briefpapier maschinenschriftlich zu schreiben und in deutscher Sprache zu verfassen, sofern deutsches Recht zur Anwendung gelangt. Der Arbeitgeber hat auf die Verkehrssitte Rücksicht zu nehmen. Deshalb sind Sie verpflichtet, die in der Praxis gebräuchlichen Formulierungen zu verwenden und zu beachten, wenn Sie selbst ein Zeugnis verfassen müssen. Die äußere Form des Zeugnisses muss dem Inhalt entsprechen, um es nicht zu entwerten. Außerdem muss das Zeugnis den Aussteller und dessen betrieblichen Rang erkennen lassen sowie handschriftlich mit dem ausgeschriebenen Namen unterzeichnet sein. Im Text darf nichts unterstrichen, kursiv oder fett gedruckt sein. Ausrufezeichen, Frage- und Anführungszeichen sind ebenso wenig zulässig.

3.3.4 Inhalt eines qualifizierten Zeugnisses

Nachfolgend stellen wir Ihnen die standardisierte Struktur eines qualifizierten Zeugnisses vor:

- *Überschrift:* Schlusszeugnis, Zwischenzeugnis, Ausbildungszeugnis, Praktikantenzeugnis.
- *Personalien:* Aufzunehmen sind Name und Vorname einschließlich eines etwaigen akademischen Grades.
- *Angaben zur Dauer des Arbeitsverhältnisses:* Hier ist nicht nur die Angabe eines Zeitraums, sondern auch die Angabe von Daten erforderlich.
- *Angaben zur Art der Tätigkeit:* Diese umfasst zunächst eine Beschreibung der Aufgaben, die nach Art und Umfang so ausführ-

lich und vollständig zu erfolgen hat, dass sich ein zukünftiger Arbeitgeber ein Bild machen kann. Dazu gehören eine Beschreibung des Unternehmens, der Branche, des Aufgabengebietes und der Art der Tätigkeit, der Stellung in der betrieblichen Hierarchie (Kompetenzen, Verantwortung), des Berufsbildes sowie der berufliche Entwicklung.

• *Angaben zur Leistung und Bewertung*: Die Leistungsbeurteilung umfasst Ausführungen zur Arbeitsbefähigung (Können), Arbeitsweise (Einsatz), Arbeitsbereitschaft (Wollen), Arbeitserwartung (Potenzial), zum Arbeitsergebnis (Erfolg) und zum Arbeitsvermögen (Ausdauer). Dazu können gegebenenfalls noch Angaben über herausragende Erfolge oder Ergebnisse kommen. Der Bereich schließt in der Regel mit einer zusammenfassenden Leistungsbewertung.

• *Bewertung der Führung (bei Führungskräften)*: Mit Führung ist das allgemeine Verhalten, die Fähigkeit, mit anderen zusammenzuarbeiten, die Vertrauenswürdigkeit, Verantwortungsbereitschaft und die Beachtung der betrieblichen Ordnung angesprochen.

• *Beurteilung des Sozialverhaltens*: Verhalten zu Vorgesetzten, Gleichgestellten, Untergebenen und zu Externen (Kunden, Mandanten).

• *Ausscheidensgrund*: Die Angabe des Grundes für das Ausscheiden ist kein zwingender Zeugnisinhalt, sondern darf im Gegenteil nur angegeben werden, wenn der Arbeitnehmer dies wünscht.

• *Schlussformel*: Diese ist zwar allgemein üblich, ein Anspruch auf eine solche besteht aber nicht; eine Schlussformel gehört eben nicht zum gesetzlich bestimmten Mindestinhalt eines Zeugnisses. Eine fehlende Schlussformel deutet auf Spannungen zwischen Bewerber und altem Arbeitgeber hin. Eine Schlussformel besteht aus

– Dankesformel, mit der der Arbeitgeber für die Zusammenarbeit dankt;

– Bedauernsformel, mit der der Arbeitgeber das Ausscheiden bedauert;

– Zukunftswünschen, mit denen der Arbeitgeber Gutes für den

weiteren Berufsweg wünscht, manchmal auch einer Einstellungsempfehlung.

3.3.5 Die gebräuchlichen Formulierungen nach Zeugnisnoten

Sowohl für die Gesamtbeurteilung als auch für die Führungsbeurteilung haben sich Formulierungen eingebürgert, die alles andere als stilistisch gelungen, aber nichtsdestoweniger Standard sind. Wenn Sie ein Zeugnis schreiben, sollten Sie auf diese gebräuchlichen Formulierungen zurückgreifen. Wir haben Ihnen nachfolgend die wesentlichen Formulierungen aufgeführt.

Führungsbeurteilung

- *sehr gut*: »stets vorbildlich«,
- *gut*: »vorbildlich«,
- *voll befriedigend*: »stets einwandfrei«,
- *befriedigend*: »einwandfrei«,
- *ausreichend*: »ohne Tadel«,
- *mangelhaft*: »gab zu keiner Klage Anlass«,
- *ungenügend*: »über ... ist nichts Nachteiliges bekannt«.

Statt »einwandfrei« ist auch die Formulierung »korrekt« möglich, statt »stets« werden auch die Begriffe »jederzeit« und »immer« verwendet.

Gesamtbeurteilung

- *sehr gut*: »Er hat die ihm übertragenen Aufgaben zu unserer vollsten Zufriedenheit erledigt und unseren Erwartungen in jeder Hinsicht entsprochen«; »Er hat die ihm übertragenen Aufgaben stets zu unserer vollsten Zufriedenheit erledigt«; »Mit den Leistungen waren wir in jeder Hinsicht sehr zufrieden«.
- *gut*: »Sie hat die ihr übertragenen Aufgaben stets zu unserer vollen Zufriedenheit erledigt«; »Sie hat die ihr übertragenen Aufgaben jederzeit zu unserer vollen Zufriedenheit erledigt«; »Ihre Leistungen waren überdurchschnittlich«.

- *befriedigend*: »Er hat die ihm übertragenen Aufgaben zu unserer vollen Zufriedenheit erledigt«; »Er hat die ihm übertragenen Aufgaben stets zu unserer Zufriedenheit erledigt«.
- *ausreichend*: »Sie hat die ihr übertragenen Aufgaben zu unserer Zufriedenheit erledigt«.
- *mangelhaft*: »Er hat die ihm übertragenen Aufgaben im Großen und Ganzen zu unserer Zufriedenheit erledigt«.
- *ungenügend:* »Sie hat sich bemüht, die Arbeiten zu unserer Zufriedenheit zu erledigen«; »Sie hat stets versucht, uns zufrieden zu stellen«; »Sie führte die übertragene Aufgabe mit großem Fleiß und Interesse durch«; »Sie zeigte für ihre Arbeit Verständnis«.

Die Abstufungen können erfolgen durch die Abstufung des Zufriedenheitsgrades von »vollst zufrieden« bis »insgesamt zufrieden«, außerdem durch den Zeitfaktor, ausgedrückt durch »stets«, »jederzeit« oder »immer«.

Checkliste: Umgang mit Bewerbungen

Nachfolgend sind in der Reihenfolge des Aufbaus einige Fragestellungen aufgeworfen, die Ihnen den Zugang zur näheren Beschäftigung mit dem Inhalt eines Zeugnisses erleichtern sollen. Nicht zu Ihrer Zufriedenheit beantwortete Fragen oder Unklarheiten im Zeugnis können Sie vermerken und sowohl den Zeugnisaussteller als auch den Bewerber im Gespräch dazu befragen.

Aufgabenbeschreibung
In der Regel werden die Aufgaben in der Reihenfolge ihrer Bedeutsamkeit aufgezählt. Stimmt die Reihenfolge der Aufzählung mit Ihrer eigenen Gewichtung der Bedeutung der einzelnen Aufgaben zueinander überein?

Leistungsbeurteilung
Inwieweit sind die einzelnen im Abschnitt zum Zeugnisinhalt aufgeführten Komplexe der Beurteilung angesprochen? Gibt es Lücken? Welche Leistungen aus der obigen Aufstellung – oder

sonstige – erachten Sie selbst für die zu vergebende Position als besonders wichtig? Trifft das Zeugnis hierzu Aussagen?

Führungsbeurteilung
Bei der Führungsbeurteilung sind zunächst die gleichen Fragen zu stellen. Üblich ist die Abhandlung in der oben aufgezählten Reihenfolge. In welcher Reihenfolge werden Ausführungen über die einzelnen Gruppen gemacht? Wird eine Gruppe ausgelassen?

Gesamtbeurteilung (zusammenfassende Zufriedenheitsaussage)
Passt die Gesamtbeurteilung zu den einzelnen Beurteilungen?

Schlussformel
Enthält das Zeugnis eine Schlussformel? Passt die Schlussformel zu der Gesamtbeurteilung im Zeugnis? Wenn das Zeugnis eine Schlussformel enthält, dann muss sie von der Wertung her mit der Gesamtbeurteilung übereinstimmen.

3.3.7 Wenn Sie selbst ein Zeugnis schreiben

Die Erläuterungen in den vorhergehenden Abschnitten können Ihnen nicht nur im Rahmen Ihrer Prüfung bei der Einstellung weiterhelfen, sondern auch dann, wenn Sie einmal in die Situation kommen, selbst ein Zeugnis formulieren zu müssen, das wahr, floskelfrei und unangreifbar ist. Wir beschränken uns nachfolgend auf einige ergänzende Hinweise.

In einem Zeugnis haben im Rahmen der Leistungsbeurteilung Angaben zum Gesundheitszustand und einmalige, nicht repräsentative Vorfälle nichts zu suchen. In die Führungsbeurteilung gehören keine Hinweise zur Mitgliedschaft im Betriebs- und Personalrat oder auf gewerkschaftliche Betätigung.

Hüten Sie sich vor der Erteilung von Gefälligkeitszeugnissen. Nach dem Gesetz ist das Zeugnis bei Beendigung des Arbeitsverhältnisses zu erteilen. Der Arbeitnehmer benötigt das Zeugnis aber oft vorher, wenn er sich anderweitig bewerben will. Nach der Rechtsprechung kann der Arbeitnehmer ein Zeugnis jedenfalls dann verlangen, wenn der Zeitpunkt der Beendigung des Arbeitsverhältnisses feststeht. Dann ist aber häufig die Drei-Wochen-Frist zur Erhebung der Kündigungsschutzklage nicht abgelaufen.

Der Arbeitgeber, der hier zum Beispiel auch bei verhaltensbedingter Kündigung ein Zeugnis erteilt, das wesentlich freundlicher ausfällt, als es Leistung und Führung des Arbeitnehmers hergeben, kann in einem Kündigungsschutzverfahren ohne Not in Not kommen: Der Arbeitnehmer kann dem Arbeitgeber die Beurteilung, die er im Zeugnis erhalten hat, später entgegenhalten. Ein Gefälligkeitszeugnis kann in einem Prozess die Wirksamkeit der ausgesprochenen Kündigung torpedieren.

Neben dem Prozessrisiko droht bei wissentlich falschen Angaben im Zeugnis, die zu einer Schädigung des neuen Arbeitgebers führen, ein Schadensersatzanspruch gegen den Zeugnisaussteller.

Aus der Praxis

Ein Arbeitnehmer, der wegen Unterschlagung beim alten Arbeitgeber verurteilt und deshalb fristlos entlassen worden ist, begeht das gleiche Delikt beim neuen Arbeitgeber. Das Arbeitszeugnis hatte tadelloses Verhalten bescheinigt. Der alte Arbeitgeber ist zur Zahlung von Schadensersatz verurteilt worden.

3.4 Ihre Pflichten im Vorfeld des Vertragsschlusses

Wenn ein Bewerber mit Ihnen aufgrund einer Stellenanzeige in Kontakt tritt oder Sie mit ihm, befinden Sie sich nicht in einem rechtlichen Vakuum. Bereits in diesem Anbahnungsstadium bestehen gegenseitige Rücksichtspflichten zur Vermeidung von vorvertraglichen Schädigungen (§§ 311 Abs. 2, 242 Abs. 2 BGB). Dies ist auch nicht nur Theorie: Bei Verletzung solcher Pflichten können sich Schadensersatzansprüche des Bewerbers ergeben.

Aufklärungspflichten

Wenn Sie sich um den Bewerber und seine Bewerbung kümmern, sind Sie verpflichtet, den Bewerber über alle wesentlichen Umstände aufzuklären, die beim Abschluss des Arbeitsvertrages erkennbar von wesentlicher Bedeutung sind. Dazu gehören zum Beispiel besondere vom Normalfall abweichende Arbeitsbedingungen wie

- Umgang mit möglicherweise gesundheitsgefährdendem Material,
- überdurchschnittliche Anforderungen hinsichtlich des körperlichen oder zeitlichen Einsatzes.

Ferner haben Sie den Arbeitnehmer über besondere Umstände hinsichtlich des Arbeitsplatzes oder des ganzen Unternehmens aufzuklären, die für den Bewerber nicht erkennbar, aber wesentlich sein können, wie zum Beispiel Liquiditätsprobleme des Unternehmens, eine Änderung oder Einstellung der Produktion oder ein geplanter Betriebsübergang.

Außerdem sind Sie verpflichtet, über solche Umstände aufzuklären, die einem Vertragsabschluss entgegenstehen können, wie zum Beispiel anderweitige Besetzung der Stelle, eine etwa erforderliche behördliche Genehmigung zur Aufnahme der Tätigkeit, das Erfordernis einer Arbeitserlaubnis.

Schutzpflichten

Ferner sind Sie im Bewerbungsstadium verpflichtet,

- eingereichte Papiere sorgfältig aufzubewahren und pfleglich zu behandeln; allerdings bestehen keine Sorgfaltspflichten in Bezug auf unverlangt zugesandte Unterlagen (zum Beispiel Initiativbewerbung);
- persönliche Informationen über den Bewerber, die Sie in Zusammenhang mit der Bewerbung erhalten haben, gegenüber Dritten nicht zu offenbaren.

Der Bewerber kann bei schuldhaften Verstößen gegen die hier aufgeführten Pflichten den Arbeitgeber auf Ersatz eines ihm etwa daraus entstandenen Schadens in Anspruch nehmen (§§ 280 Abs. 1, 311 Abs. 2 BGB). Auch den Bewerber treffen im Anbahnungsverhältnis Aufklärungspflichten, die Sie im Abschnitt 3.6.2 abgehandelt finden.

3.5 Wie Sie weitere Informationen über Bewerber erhalten

Die Bewerbungsunterlagen und das Vorstellungsgespräch müssen nicht Ihre einzigen Informationsquellen hinsichtlich des Bewerbers sein. Wir stellen Ihnen nachfolgend die wichtigsten weiteren vor.

3.5.1 Der direkte Draht: Rufen Sie beim ehemaligen Chef des Bewerbers an

Der frühere oder der bisherige Arbeitgeber eines Bewerbers ist eine gute Quelle für Informationen. Gerade wenn das Zeugnis Ungereimtheiten aufweist, unklar ist oder Sie noch etwas interessiert, was nicht im Zeugnis selbst steht: Scheuen Sie sich nicht, einmal den früheren Arbeitgeber anzurufen. Fragen kostet nichts. Oft erfahren Sie mündlich einfach mehr als durch ein wohlabgewogenes Zeugnis.

Allerdings können Sie diese Quelle nicht unbeschränkt anzapfen. Zunächst gibt es im Verhältnis zwischen dem Bewerber und Ihnen Beschränkungen beim Recht, Auskünfte einzuholen. Die Beschränkungen hängen davon ab, ob sich der Bewerber in einem ungekündigten Arbeitsverhältnis befindet oder bereits gekündigt hat. Bei gekündigtem Arbeitsverhältnis können Auskünfte ohne Zustimmung des Bewerbers eingeholt werden. Besteht dagegen ein ungekündigtes Arbeitsverhältnis, sollten Sie den derzeitigen Arbeitgeber nicht ohne Zustimmung des Bewerbers fragen. Mögliche negative Auswirkungen einer Nachfrage auf das bestehende Arbeitsverhältnis liegen dann auf der Hand.

Weitere Beschränkung: Ihr Fragerecht gegenüber dem früheren Arbeitgeber geht nur so weit, wie das Fragerecht gegenüber dem Bewerber selbst in einem Vorstellungsgespräch gehen würde. Näheres ist in Abschnitt 3.6.3 abgehandelt. Sie müssen allerdings eher selten mit Sanktionen rechnen, wenn Sie die zulässigen Grenzen überschreiten sollten, ohne dass dieser Praxis hier Vorschub geleistet werden soll.

Der frühere Arbeitgeber muss zur Auskunft bereit sein. Zwingen können Sie ihn nicht. Sofern der Bewerber es ausdrücklich wünscht, kann den früheren Arbeitgeber aus seiner – nachwirkenden – Fürsorgepflicht allerdings eine Pflicht zur Auskunftserteilung treffen. Der Arbeitnehmer übrigens kann von seinem früheren Arbeitgeber verlangen, dass ihm der Inhalt der erteilten Auskunft bekannt gegeben wird.

3.5.2 Erteilung von Informationen über frühere Mitarbeiter

Es wird Ihnen irgendwann vielleicht selbst einmal passieren, dass Sie angerufen und um Auskünfte zu einem früheren Arbeitnehmer gebeten werden. Bitte vergegenwärtigen Sie sich, dass Sie keine Auskünfte erteilen müssen, es sei denn, der Arbeitnehmer bittet Sie darum. Insofern können Sie sich immer hinter die fehlende Zustimmung des Arbeitnehmers zurückziehen. Wenn Sie Auskünfte erteilen, tun Sie es nicht spontan, sondern bereiten Sie sich vor. Das gilt insbesondere, wenn es sich um einen durchschnittlichen oder unterdurchschnittlichen Arbeitnehmer gehandelt hat. Inhaltlich darf sich die Auskunft nur auf die Leistung und das Verhalten des Arbeitnehmers im Arbeitsverhältnis beziehen. Darüber hinausgehende Informationen, wie zum Beispiel über den Inhalt des Arbeitsvertrages oder gar die Überlassung der Personalakte, sind unzulässig. Wenn Sie in einem Unternehmen mit Personalorganisation arbeiten, können Sie sich vorher dort informieren oder auch schlicht an diese verweisen.

3.5.3 Personalfragebogen

Als Personalfragebogen bezeichnet man die formularmäßig zusammengestellten Fragen des Arbeitgebers an den Bewerber zur fachlichen Qualifikation, persönlichen Eignung und gesundheitlichen Verfassung. Dazu gehören sowohl die Fragebögen, die Bewerber zur Vorbereitung eines Vorstellungsgesprächs zum Ausfüllen zugesandt erhalten, als auch die Checklisten, die in Bewerbungsgesprächen zur Strukturierung und Auswertung des Gesprächs zum Einsatz kommen, aber nicht vom Bewerber ausgefüllt werden. Für den Fragebogen gelten die gleichen Beschränkungen des Fragerechts wie im Vorstellungsgespräch selbst.

Ein Personalfragebogen kann Ihnen die Arbeit wesentlich erleichtern: Die relevanten Personaldaten des Bewerbers werden erfasst. Sie können keine wichtigen Fragen zu einem Punkt vergessen, die der Arbeitgeber fragen darf, zu denen der Bewerber aber ungefragt von sich aus keine Auskunft geben muss. Zum Beispiel dürfen Sie einen Bewerber fragen, ob er schwerbehindert ist. Die Kenntnis einer Schwerbehinderung ist für den Arbeitgeber regelmäßig von Bedeutung. Der Bewerber ist aber nicht verpflichtet, dies von sich aus ungefragt mitzuteilen.

Wenn es um die Neueinführung oder die Änderung eines Personalfragebogens geht, hat der Betriebsrat ein Mitbestimmungsrecht (§ 94 Abs. 1 BetrVG). Daraus ergibt sich eine gewisse Kontrollfunktion des Betriebsrats, dass der Bogen keine unzulässigen Fragen beinhaltet.

3.5.4 Einstellungsuntersuchung

Eine *vor* der Einstellung erfolgende Einstellungsuntersuchung ist eine vernünftige Maßnahme. Vor der Einstellung von Jugendlichen (§§ 2 Abs. 2, 32 ff. JArbSchG) ist sie sogar Pflicht. Personen, die im Lebensmittelbereich tätig sind, benötigen zwingend ein Gesundheitszeugnis. Auch Tarifverträge können Pflichten zur Untersuchung enthalten.

Bei der Untersuchung darf es aber nur um Klärung gehen, ob der gesundheitliche Zustand des Bewerbers ihn als geeignet für den Arbeitsplatz erscheinen lässt. Die Kosten muss der Arbeitgeber tragen. Zu einer solchen Untersuchung ist der Bewerber – mit Ausnahme der oben angeführten Fälle – nicht verpflichtet. Er muss einwilligen und kann seine Einwilligung auch jederzeit zurückziehen. Allerdings ist die Annahme naheliegend, dass sich seine Einstellungschancen dadurch nicht verbessern werden.

Für den Umfang der Einstellungsuntersuchung und die Weitergabe daraus gewonnener Erkenntnisse gelten Beschränkungen: Der Arzt darf nicht mehr fragen, als der Arbeitgeber im Vorstellungsgespräch fragen dürfte. Auch wenn der Arzt aufgrund der Untersuchung weitere Erkenntnisse ziehen sollte, haben Sie keinen Anspruch auf Mitteilung solcher Erkenntnisse. Der Arzt darf vielmehr nur mitteilen, ob der Bewerber für den ausgeschriebenen Arbeitsplatz geeignet ist oder nicht, nicht aber einzelne Befunde. Die ärztliche Schweigepflicht gilt auch für den Betriebsarzt (§ 8 Abs. 1 S. 3 ASiG).

3.5.5 Sonstige Erkenntnisquellen

Tests und grafologische Gutachten sind weitere Erkenntnisquellen, die zulässig sind, wenn der Bewerber einwilligt und der Arbeitgeber ein berechtigtes und schutzwürdiges Interesse daran hat. Es gibt verschiedenste Formen von Tests. Dazu gehören zum Beispiel psychologische Eignungstests und Assessment-Center.

Unzulässig sind Tests des Intelligenzquotienten, da ihnen regelmäßig der konkrete Bezug zu einer ausgeschriebenen Stelle fehlt. Auch so genannte Stress-Interviews, bei denen der Bewerber bewusst unter Druck gesetzt wird, um seine Reaktionen auf Belastungen zu testen, sind unzulässig.

3.6. So gestalten Sie das Vorstellungsgespräch

In Unternehmen mit einer Personalorganisation dürfte es weniger wahrscheinlich sein, dass Sie für Vorstellungsgespräche die alleinige Verantwortung tragen. Dies gehört zum Aufgabenbereich der Personalabteilung. Dagegen kann eine Teilnahme an einem Gespräch vorkommen und sollte auch von Ihnen angestrebt werden. Möglicherweise werden Sie auch Gespräche mit Bewerbern, beschränkt auf das Ziel einer Einschätzung ihrer fachlichen Qualifikation, zu führen haben.

3.6.1 Vorbereitung des Vorstellungsgesprächs

Dem Vorstellungsgespräch geht immer eine Vorauswahl auf Grundlage der von Bewerbern eingereichten Unterlagen voraus. Diese Vorauswahl trifft die Personalorganisation, die anhand der vordefinierten Kriterien (Anforderungsprofil) ungeeignete Bewerber aussiebt. Im nächsten Schritt wird die Personalorganisation aus der Anzahl der verbleibenden Bewerber diejenigen auswählen, die zu einem Vorstellungsgespräch eingeladen werden sollen. Spätestens an diesem Punkt sollten Sie als betrieblicher Vorgesetzter in das Auswahlverfahren einbezogen werden. Wenn nicht, werden Sie aktiv.

Sie sollten mitbestimmen, wer eingeladen wird, und Wert darauf legen, auch an den Vorstellungsgesprächen teilzunehmen. Sie kennen als Führungskraft die erforderlichen Fachkenntnisse in dem Bereich am besten und können daher auch am besten einschätzen, ob der Bewerber darüber auch verfügt. Schließlich haben Sie so die Gelegenheit eines persönlichen Eindrucks. Der Bewerber sollte ja auch sonst in die Abteilung hineinpassen. Sie ersparen sich und dem neuen Mitarbeiter Ärger und Enttäuschung, wenn Sie sich möglichst frühzeitig einschalten und die Auswahlentscheidung mitbestimmen.

Zur Vorbereitung eines Bewerbungsgesprächs gehört, dass Sie sich vorher mit den Bewerbungsunterlagen vertraut gemacht haben. Schriftliche Notizen zu fehlenden Informationen und Fragen, die Sie noch zur Einschätzung benötigen, helfen im Gespräch weiter. Mitarbeiter der Personalorganisation, die Bewerbungsgespräche führen, arbeiten gern mit Checklisten, damit Sie nichts vergessen. Wenn Sie das Gespräch mit einem Mitarbeiter der Personalorganisation führen, wird dieser in der Regel für die Strukturierung des Gesprächs sorgen.

In Gesprächen mit Bewerbern sollten Sie sich in Vorsicht und Zurückhaltung üben, wenn es um Verdienstmöglichkeiten, Aufstiegsmöglichkeiten, besondere Leistungen des Unternehmens oder sonstige Bonbons geht. Es kann auch in Ihrem Interesse liegen, den Bewerber möglichst frühzeitig darüber zu informieren, wer im

Unternehmen letztlich die Einstellungsentscheidung trifft und befugt ist, den Arbeitsvertrag abzuschließen. Vermeiden Sie, Zusagen für den Fall der Einstellung zu machen, die Sie nicht selbst verwirklichen können, wobei es dabei auch um die Vermeidung eines entsprechenden Anscheins geht. Solange keine abschließende Entscheidung über die Einstellung des Bewerbers getroffen ist, versuchen Sie Bemerkungen zu vermeiden, die den Bewerber veranlassen könnten, ein bisher bestehendes Arbeitsverhältnis im Vertrauen auf eine Einstellung zu kündigen. Denn auch wenn Sie nur Möglichkeiten in Aussicht gestellt haben: Bitte bedenken Sie, dass ein Bewerber möglicherweise nicht in der Lage ist, zwischen einer verbindlichen Zusage und einer vagen Aussicht zu unterscheiden – schon weil er im Bewerbungsgespräch nervös sein wird und mit den innerbetrieblichen Strukturen gar nicht vertraut ist. Missverständnisse werden verkleinert und die Beweislage im Streitfall verbessert, wenn Sie das Gespräch nicht alleine führen.

3.6.2 Offenbarungspflichten des Arbeitnehmers

Offenbarungspflichten des Arbeitnehmers sind eher selten. Das Besondere an ihnen ist: Offenbarungspflichtige Umstände muss der Arbeitnehmer ungefragt von sich aus mitteilen. Das sind Umstände, die ihn an der Erbringung der Arbeitsleistung überhaupt hindern oder zum avisierten Arbeitsbeginn hindern oder sonst für die zu besetzende Stelle erkennbar von wesentlicher Bedeutung für den Arbeitgeber sind. Im Übrigen gilt das Prinzip: Ohne Frage keine Antwort. Das mag noch einmal die Bedeutung einer guten Vorbereitung auf das Gespräch sowie die Bedeutung von Personalfragebögen unterstreichen.

Beispiele:

Offenbarungspflichtige Umstände können sein:

- Der Bewerber unterliegt einem Wettbewerbsverbot zu seinem früheren Arbeitgeber und darf eine konkurrierende Tätigkeit über den avisierten Beginn des Arbeitsverhältnisses hinaus noch nicht ausüben.

- Der Bewerber ist wegen Antritts einer Kur oder Antritts einer Freiheits-
  strafe nicht in der Lage, die Arbeit zum avisierten Termin aufzunehmen.
- Der Bewerber soll LKW fahren, hat aber nur eine Fahrerlaubnis für
  PKW.

3.6.3 Fragerecht des Arbeitgebers

Das Ziel des Vorstellungsgesprächs kann nur sein, über die zuge-
sandten Bewerbungsunterlagen hinaus möglichst viel über die fachliche und persönliche Eignung des Bewerbers herauszufinden. Sie
möchten ja nicht die Katze im Sack kaufen. Das Instrument dazu ist
die Frage. Dagegen steht das Interesse des Bewerbers, einerseits die
ausgeschriebene Stelle zu erhalten, sich andererseits dafür aber nicht
zum gläsernen Menschen machen zu müssen. Dies ist ein verfassungsrechtlich geschütztes Interesse des Bewerbers (allgemeines Persönlichkeitsrecht) und schränkt Ihr Fragerecht ein.

   In diesem Spannungsverhältnis zwischen Arbeitgeberinteresse
und Arbeitnehmerinteresse gibt es deshalb zulässige und unzulässige
Fragen als Ergebnis einer Abwägung der gegenseitigen Interessen.
Die Unterscheidung ist wichtig für die Folgen, wenn sich im Nach-
hinein herausstellen sollte, dass ein Arbeitnehmer eine Frage unrich-
tig beantwortet hat. Grundsätzlich dürfen Sie nur solche Fragen
stellen, die einen konkreten Bezug zum Arbeitsverhältnis haben und
geeignet sind, das für den Arbeitgeber in einem Arbeitsvertrag liegende Risiko zu erhöhen. Die Frage muss das allgemeine Persönlichkeitsrecht des Erwerbers wahren und darf ihn nicht diskriminieren.
Zahlreiche Fragen sind schon Gegenstand gerichtlicher Entscheidungen geworden, woraus sich ein Katalog zulässiger sowie proble-
matischer und unzulässiger Fragen gebildet hat. Im folgenden Abschnitt stellen wir Ihnen wichtige Fragen davon schlagwortartig vor.

3.6.4 Zulässige und unzulässige Fragen

In der Regel werden Sie sich bei einer Teilnahme an einem Vorstellungsgespräch im weniger gefährlichen Terrain der fachlichen Qua-

lifikation und des beruflichen Werdegangs bewegen und die heikleren Bereiche der persönlichen Eignung und der gesundheitlichen Verfassung dem Mitarbeiter der Personalorganisation überlassen können. Wenn mit einem Personalfragebogen gearbeitet worden ist, sind viele Fragen ohnehin schon beantwortet. Falls Sie in die Situation kommen, allein ein Bewerbungsgespräch führen zu müssen, können Sie sich bei der Personalorganisation nach einer Checkliste erkundigen, die Ihnen bei der Strukturierung des Gespräches und der Vermeidung unzulässiger Fragen hilft. Nachfolgend geben wir Ihnen schlagwortartig Hinweise zu typischen Fragen:

- *Ausbildung, beruflicher Werdegang*: zulässig, da berufsbezogen und bedeutsam für die fachliche Einschätzung.
- *Bisherige Gehaltshöhe*: zulässig nur, wenn die bisherige Vergütung für die neue Stelle Aussagekraft hat oder der Bewerber sie als Mindestvergütung fordert:»Ich möchte mich nicht schlechter stellen« oder ähnliche Äußerungen des Bewerbers stellen demnach die Einladung zur Frage dar; andernfalls kann die Frage mit dem Hinweis versehen werden, dass das Gehaltsangebot sich nach der bisherigen Vergütung orientieren wird (wenn es denn so ist).
- *Gewerkschaftszugehörigkeit*: grundsätzlich unzulässig.
- *Wettbewerbsverbot*: zulässig, da entscheidend für die Möglichkeit der Arbeitsaufnahme und der Art der Tätigkeit des Bewerbers.
- *Familienverhältnisse*: zulässig.
- *Geplante Heirat, Kinderwunsch*: unzulässig.
- *Schwangerschaft*: unzulässig wegen Geschlechtsdiskriminierung (§ 611a BGB); ausnahmsweise zulässig, wenn sie objektiv dem gesundheitlichen Schutz der Bewerberin und des ungeborenen Kindes dient. Sie können also dann fragen, wenn die zu besetzende Stelle auch tatsächlich Gesundheitsgefahren für Mutter und Kind mit sich bringen kann.
- *Schwerbehinderung*: zulässig.
- *Vorstrafen*: nur beschränkt zulässig, wenn die Vorstrafe für das konkrete Arbeitsverhältnis von Bedeutung ist (einschlägige Vorstrafe).

- *Religionszugehörigkeit*: unzulässig, es sei denn, der zukünftige Arbeitgeber ist eine kirchliche Organisation.
- *Parteizugehörigkeit*: unzulässig.
- *Krankheit*: nur beschränkt zulässig; Sie dürfen nach chronischen Krankheiten fragen, die die auszuübende Tätigkeit nicht unerheblich beeinträchtigen; die Frage nach einer HIV-Infektion ist nur bei konkreter Ansteckungsgefahr (bloßer Kontakt nicht ausreichend) zulässig; die Frage nach einer Aids-Erkrankung ist zulässig, weil der Krankheitsverlauf mit hoher Wahrscheinlichkeit zu Arbeitsausfällen führen wird.

3.6.5 Was tun bei falscher Beantwortung von Fragen?

Wenn Sie eine unzulässige Frage gestellt haben und der Bewerber darauf falsch geantwortet hat, können Sie ihm daraus keinen Strick drehen. Die Rechtsprechung gestattet dem Bewerber auch eine unrichtige Anwort, weil im Falle einer schlichten Verweigerung der Antwort seine Chancen im Bewerbungsverfahren sinken würden – denn eine Antwortverweigerung ist auch eine Antwort.

Anders sieht es aus, wenn der Bewerber eine zulässige Frage falsch beantwortet hat – sei es im Vorstellungsgespräch oder im Personalfragebogen. Hier können Sie an eine fristlose Kündigung oder eine Anfechtung des Arbeitsvertrages denken. Dabei sollten Sie auch die Beweissituation im Auge behalten. Ein Vorstellungsgespräch unter vier Augen mit falscher Beantwortung einer zulässigen Frage ist auch unter diesem Gesichtspunkt nicht optimal. Besser sind schriftlich zu beantwortende Personalfragebögen oder mindestens zwei Gesprächsteilnehmer auf Arbeitgeberseite.

Für die fristlose Kündigung benötigen Sie einen wichtigen Grund, für die Anfechtung einen Anfechtungsgrund. Die falsche Beantwortung einer zulässig gestellten Frage in einem Gespräch oder einem Personalfragebogen kann ein solcher Grund sein. Wenn Sie Konsequenzen ziehen wollen, ist es hier sehr wichtig, möglichst kurzfristig fachkundigen Rat einzuholen.

Die Anfechtung ist eine einseitige Erklärung gegenüber dem Arbeitnehmer. Sie hat gegenüber der Kündigung den Vorteil, dass die gesetzlichen Kündigungsverbote nicht zum Tragen kommen und eine Anhörung des Betriebsrates nicht erforderlich ist. Wenn Sie erst eine fristlose Kündigung veranlassen und später noch eine Anfechtungserklärung abgeben wollen, kann die Anfechtung scheitern. Wer eine fristlose Kündigung ausspricht, dokumentiert, dass er das Arbeitsverhältnis als bestehend ansieht. Er hat damit seinen Bestätigungswillen bekundet (§ 144 Abs. 1 BGB).

Als Anfechtungsgründe kommen der Irrtum über eine verkehrswesentliche Eigenschaft (der Person des Arbeitnehmers) und die arglistige Täuschung in Betracht (§ 119 Abs. 2 BGB, § 123 BGB). Die bewusste Falschbeantwortung einer Frage kann aber nur dann eine arglistige Täuschung darstellen, wenn die Frage zulässig war, das Verschweigen einer Tatsache nur dann, wenn der Arbeitnehmer die Tatsache von sich aus hätte mitteilen müssen (Offenbarungspflicht). Zu Offenbarungspflichten finden Sie mehr in Abschnitt 3.6.2.

Wenn Sie Überlegungen dazu anstellen wollen, ob die unrichtige Beantwortung einer Frage eine Anfechtung des Arbeitsvertrages wegen arglistiger Täuschung eröffnet, können Sie das anhand folgender Fragen tun:

- Erfolgte die unrichtige Angabe als Antwort auf eine Frage, die zulässig war?
- Hat der Arbeitnehmer die Frage bewusst falsch beantwortet?
- Konnte der Arbeitnehmer erkennen, dass die verschwiegene oder vorgespiegelte Tatsache für den Abschluss des Arbeitsvertrages von wesentlicher Bedeutung war?
- Hätten Sie bei Kenntnis der verschwiegenen oder vorgespiegelten Tatsache den Arbeitsvertrag nicht oder jedenfalls nicht so abgeschlossen?

Achtung: Lassen Sie sich nicht zu viel Zeit, wenn Sie etwas über den Arbeitnehmer erfahren haben, was einen Anfechtungsgrund darstellen könnte! Sie sollten dann sofort die Personalorganisation über den Sachverhalt informieren oder einen rechtlichen Berater einschalten. Denn bei der Anfechtung wegen Irrtums sollten Sie ohne schuldhaftes Zögern (*unverzüglich*), nachdem Sie von dem Anfechtungsgrund Kenntnis erlangt haben, die Anfechtung erklären (§ 121

Abs. 1 BGB). Spätestens *zwei Wochen* nach Kenntnisnahme des Anfechtungsgrundes muss die Erklärung dem Arbeitnehmer zugegangen sein.

Bei der arglistigen Täuschung durch den Arbeitnehmer haben Sie zwar nach dem Gesetz ein Jahr Zeit (§ 124 BGB). Trotzdem sollten Sie auch hier vorsichtshalber die zwei Wochen als Frist für eine Entscheidung über das weitere Vorgehen ins Auge fassen. Je länger Sie nämlich mit der Anfechtung warten, desto größer ist die Gefahr, dass das Gericht im Falle eines Rechtsstreits das Recht zur Anfechtung als verwirkt ansehen könnte. Verwirkung heißt: Die Ausübung eines grundsätzlich bestehenden Rechts ist nach Treu und Glauben unzulässig, weil der Verpflichtete in seinem Vertrauen darauf, das das Recht nicht ausgeübt wird, schutzwürdig ist.

3.6.6 Mitwirkung des Betriebsrats bei der Einstellung

Der Betriebsrat hat ein Beteiligungsrecht bei der Einstellung von Bewerbern (§ 99 BetrVG). Das geht aber nicht so weit, dass er ein Mitauswahlrecht hätte oder bei den Vorstellungsgesprächen anwesend sein muss. Ihm sind aber zwecks Unterrichtung die Bewerbungsunterlagen aller Bewerber auszuhändigen. Der Betriebsrat hat ein Auskunftsrecht gegenüber dem Arbeitgeber hinsichtlich des Bewerbers, auch hinsichtlich des zukünftigen Arbeitsplatzes und der vorgesehenen Eingruppierung. Neben dem Informationsrecht besteht in bestimmten vom Gesetz aufgeführten Fällen auch noch ein Zustimmungsverweigerungsrecht (siehe Abschnitt 3.2.2).

Sollte es einmal vorkommen, dass der Ablauf der Frist für die Zustimmung des Betriebsrates nicht eingehalten werden kann oder der Betriebsrat zu der Einstellung seine Zustimmung verweigert, könnten Sie ausnahmsweise auch eine vorläufige Einstellung veranlassen (§ 100 BetrVG). Dies muss aber aus sachlichen Gründen dringend erforderlich sein. Über die vorläufige Einstellung haben Sie den Betriebsrat unverzüglich zu unterrichten. Wenn der Betriebsrat die dringende Erforderlichkeit bestreitet, hat der Arbeitgeber innerhalb von drei Tagen das Arbeitsgericht anzurufen. Über das weitere Ver-

fahren können Sie in der genannten Regelung des Betriebsverfassungsgesetzes Näheres lesen.

3.6.7 Ein Wort zu den Vorstellungskosten

Wenn Sie einen Bewerber zu einem Vorstellungsgespräch einladen
und keine Vereinbarung über die Erstattung von Kosten treffen, setzen Sie das Unternehmen der Gefahr aus, dem Bewerber die notwendigen Vorstellungskosten erstatten zu müssen. Wenn Sie eine
Beschränkung oder einen Ausschluss der Kostenerstattung wünschen, sollten Sie das nachweisbar mit dem Bewerber vereinbaren.
Andernfalls kann der Bewerber Kostenerstattung verlangen. Sie
können ihn zum Beispiel im Einladungsschreiben zum Vorstellungsgespräch darauf hinweisen.

3.7 Einstellung von Ausländern

Wenn Sie Ausländer einstellen möchten, sollten Sie einige Besonderheiten beachten, wobei zwischen Staatsangehörigen von Mitgliedsstaaten der Europäischen Union und anderen Ausländern zu unterscheiden ist. Sie benötigen immer:

- Pass oder Passersatz (§ 4 AuslG),
- Aufenthaltsgenehmigung (§ 3 AuslG).

Darüber hinaus ist eine Arbeitserlaubnis Voraussetzung (§ 284 SGB
III), es sei denn, es gibt eine besondere zwischenstaatliche Vereinbarung. Angehörige von EU-Mitgliedstaaten benötigen keine Arbeitserlaubnis (§ 284 Abs. 1 Nr. 1 SGB III).

Es wäre keine gute Idee, einen Arbeitsvertrag abzuschließen, solange keine Arbeitserlaubnis beigebracht ist. Der Arbeitsvertrag ist
wirksam, aber den Arbeitgeber trifft ein Beschäftigungsverbot
(§ 284 Abs. 1 SGB III). Außerdem stellt dies eine Ordnungswidrig-
keit dar. Deswegen sollten Sie dafür Sorge tragen, dass der Antrag
auf jeden Fall vor Beginn der Beschäftigung bei dem Arbeitsamt ge-

stellt wird, in dessen Bezirk die zukünftige Arbeitsstelle des Ausländers liegt. Bei Unklarheiten und Fragen können Sie sich auch beim Arbeitsamt erkundigen.

3.8 Beschäftigung von Fremdpersonal

Nicht alle Mitarbeiter müssen fest angestellte Arbeitnehmer Ihres Betriebes sein. Viele Unternehmen lassen Tätigkeiten auch im Organisationsbereich des Unternehmens selbst durch betriebsfremde Personen erledigen. Meist geht es dabei um die Einsparung von Personalkosten sowie einen flexibleren Personaleinsatz. Bei tarifgebundenen Unternehmen mag auch die Flucht aus dem Tarifvertrag eine Rolle spielen. Nachfolgend geben wir Ihnen eine Übersicht über die Möglichkeiten und Gefahren des Einsatzes von betriebsfremden Personen.

3.8.1 Überblick

Für Sie kann es bedeutsam sein, mit den rechtlichen Grundlagen der Beschäftigung Betriebsfremder in Ihrem Arbeitsbereich vertraut zu sein. Denn davon hängen Ihre Möglichkeiten und rechtlichen Grenzen ab, den Betriebsfremden nach Ihren Vorstellungen einzusetzen, und vor allem das Bestehen Ihres Weisungsrechtes. Außerdem kommt es für die Einstufung eines Vertragsverhältnisses durch Gerichte und Sozialversicherungsträger nicht nur darauf an, wie der jeweilige Vertrag gestaltet ist. Entscheidend ist auch, wie das Vertragsverhältnis in der täglichen betrieblichen Praxis durchgeführt wird.

Beispiel

Wenn Sie einen freien Mitarbeiter, der ein spezielles Softwareprogramm zur Nutzung in Ihrer Abteilung schreiben soll, aus Gründen der Praxisnähe auffordern, das in den Räumen Ihrer Abteilung zu tun, ihm Anweisungen erteilen, wie und wann er arbeiten soll, ihn – weil er gerade schon mal da ist – mit der Lösung anderweitiger Computerprobleme beschäftigen und ihn ins Team eigener Mitarbeiter einbinden, wäre das problematisch. Dann hätten Sie den Vertrag mit dem freien Mitarbeiter konterkariert, weil Sie ihn faktisch wie einen Arbeitnehmer Ihres Betriebes behandelt haben.

Folgende Möglichkeiten der Beschäftigung Fremder im Unternehmen möchten wir Ihnen näher vorstellen:

• Der Betriebsfremde erbringt aufgrund eines Werk- oder Dienstvertrags Leistungen als freier Mitarbeiter.

• Tätigkeiten werden an Fremdunternehmen aufgrund eines Werkoder Dienstvertrages vergeben, die wieder eigene Arbeitnehmer im Organisationsbereich des Betriebes einsetzen.

• Ihr Unternehmen entleiht Fremdpersonal aufgrund eines Arbeitnehmerüberlassungsvertrages von einem anderen Unternehmen – gewerbsmäßige Arbeitnehmerüberlassung (Leiharbeit oder Zeitarbeit).

Der Einsatz von Fremdfirmen oder freien Mitarbeitern im räumlichen Bereich des Betriebs kann sinnvoll eigentlich nur solche Aufgaben betreffen, die fest umrissen sind und weitgehend selbstständig erledigt werden können, ohne dass betriebliche Führungskräfte Ihres Unternehmens den Mitarbeitern der Fremdfirma ständig Weisungen erteilen müssen. Eine Ausnahme bilden hier allerdings die aufgrund des Arbeitnehmerüberlassungsgesetzes entliehenen Arbeitnehmer. Diesen Arbeitnehmern gegenüber können Sie auch das Weisungsrecht Ihres Arbeitgebers als Entleiher ausüben, ohne dass dies zu Komplikationen führt.

3.8.2 Freie Mitarbeiter

Freie Mitarbeiter arbeiten nicht kraft eines Arbeitsvertrages für den Betrieb, sondern aufgrund eines Werkvertrages oder eines Dienstvertrages. Bei einem *Werkvertrag* verpflichtet sich der Werkunternehmer gegenüber Ihrem Arbeitgeber als dem Besteller zur Herstellung eines Werkes oder zur Herbeiführung eines bestimmten Erfolges. Dagegen ist der *Dienstvertrag* weniger erfolgsorientiert, sondern erschöpft sich in einer konkret bestimmten geschuldeten Tätigkeit des Dienstverpflichteten, die er aber in eigener Verantwortung, eigener Zeiteinteilung, ohne Einordnung in die Organisation und ohne Weisungsgebundenheit gegenüber Ihrem Arbeitgeber selbstständig durchführt. Die fehlende Weisungsgebundenheit ist der wesentliche Unterschied zum Arbeitnehmer und zum Arbeitsvertrag. Den Arbeitsvertrag kann man als Unterfall des Dienstvertrags ansehen.

Freie Mitarbeiter sind selbstständige Unternehmer. Ihr Betrieb führt für sie keine Sozialversicherungsbeiträge und keine Lohnsteuer ab. Sie unterliegen auch dann, wenn sie im räumlichen Bereich des Betriebes ihre Dienste oder ihre Werkleistung erbringen, keinem Weisungsrecht. Arbeitsrecht gelangt gegenüber solchen freien Mitarbeitern nicht zur Anwendung.

Bei der Frage, ob es sich um einen freien Mitarbeiter oder einen Arbeitnehmer handelt, kommt es allerdings nicht nur darauf an, wie der Vertrag mit Ihrem Unternehmen ausgestaltet und überschrieben ist, der dem Tätigwerden zugrunde liegt. Wichtig ist auch, wie das Vertragsverhältnis faktisch durchgeführt wird. Wer vom auftraggebenden Betrieb wie ein Arbeitnehmer behandelt wird, kann damit als Arbeitnehmer des Betriebs qualifiziert werden mit allen sozialversicherungsrechtlichen und lohnsteuerlichen Konsequenzen.

3.8.3 Einschaltung von Fremdfirmen

Die Einschaltung von Fremdfirmen kann in Form eines Werk- oder Dienstvertrages geschehen oder als Arbeitnehmerüberlassung.

Werkvertrag
Wenn Ihr Arbeitgeber den Werkvertrag oder Dienstvertrag nicht mit einer einzelnen Person abschließt, sondern mit einem Unternehmen, und dieses Unternehmen sich dann zur Vertragserfüllung eigener Mitarbeiter bedient, gilt Ähnliches wie bei den Ausführungen zum einzelnen freien Mitarbeiter. Beim Einsatz von Fremdpersonal steht

wohl der Werkvertrag gegenüber dem Dienstvertrag im Vordergrund. Die Vertragsgestaltung und die Durchführung müssen deutlich machen, dass das Fremdunternehmen als Werkunternehmer die Arbeit seiner Leute in Ihrem Betrieb selbst zu organisieren hat. Der Fremdunternehmer bleibt in vollem Umfang Inhaber des Arbeitgeberweisungsrechts.

Wichtig ist weiter, dass die Tätigkeit der Mitarbeiter des Werkunternehmers organisatorisch von der Tätigkeit Ihrer eigenen Mitarbeiter getrennt bleibt. Wenn Sie den Arbeitnehmern des Werkunternehmers Weisungen erteilen und deren Einsatz steuern können, ist das zwar ein schöner Ausdruck Ihrer Autorität, rechtlich aber problematisch, weil Sie den Vertrag damit in Richtung Schein-Werkvertrag konterkarieren.

Checkliste: Werkvertrag

Wenn Sie bei der Gestaltung, aber auch der für Sie vermutlich relevanteren praktischen Durchführung eines Vertragsverhältnisses einen Schein-Werkvertrag vermeiden wollen, kann es hilfreich sein, die Kriterien des Werkvertrages im Blick zu haben. Folgende Fragen können Ihnen bei der Einordnung als Werkvertrag helfen, wenn Sie sie mit »ja« beantworten können:

✓ Ist der Leistungsgegenstand des Werkvertrages, das Werk, im Vertrag konkret beschrieben?

✓ Hat der Werkunternehmer die Disposition über den Ablauf und die zeitliche und örtliche Einteilung der Arbeiten in Ihrem Betrieb? Kann er über die Anzahl der von ihm zur Vertragserfüllung eingesetzten Mitarbeiter entscheiden?

✓ Wird das Personal des Werkunternehmers ausschließlich zur Erfüllung des Werkvertrages und nicht für andere Arbeiten im Betrieb eingesetzt und arbeitet es auch nicht mit Mitarbeitern des Betriebes arbeitsteilig zusammen?

✓ Übt der Werkunternehmer das Weisungsrecht über seine Mitarbeiter aus?

✓ Ist eine am Werkerfolg orientierte Vergütung vereinbart?

Beim Werkvertrag besteht weiter das Risiko, dass aufgrund der Ausgestaltung oder der faktischen Durchführung des Vertrages eine – illegale – Arbeitnehmerüberlassung vorliegt. Die Folgen wären weniger drastisch, wenn der Werkunternehmer gleichzeitig eine Überlassungserlaubnis nach Arbeitnehmerüberlassungsgesetz (AÜG) hätte. Wenn Sie auch bei einem Werkvertrag von dem Werkunternehmer vorsorglich die Vorlage einer Überlassungserlaubnis verlangen, kann das eine hilfreiche Prävention sein.

Arbeitnehmerüberlassung

Keine Probleme mit dem Weisungsrecht haben Sie bei der Arbeitnehmerüberlassung kraft eines Arbeitnehmerüberlassungsvertrages. Wer Fremdpersonal aufgrund eines Arbeitnehmerüberlassungsvertrages entleiht, hat ein eigenes Arbeitgeberweisungsrecht, mit dem er den Arbeitseinsatz des Fremdpersonals lenken kann. Die gesetzlichen Grundlagen finden Sie im Arbeitnehmerüberlassungsgesetz.

Das Verleihunternehmen hat mit den Leiharbeitnehmern einen Arbeitsvertrag, Ihr Arbeitgeber als Entleihunternehmen einen Überlassungsvertrag mit dem Verleihunternehmen. Der überlassene Arbeitnehmer muss gegenüber dem Entleiher die Arbeitsleistung erbringen. Das Entleihunternehmen kann ihn wie einen eigenen Arbeitnehmer behandeln. Die Arbeitgeberpflichten und die Risiken trägt im Übrigen das Verleihunternehmen. Die Grenzziehung zwischen Arbeitnehmerüberlassung und werkvertraglichem Fremdpersonaleinsatz kann manchmal schwierig sein.

Der Verleiher benötigt eine Erlaubnis der Bundesanstalt für Arbeit. Hat er sie nicht oder entfällt sie nach der Überlassung, ist die Folge für Ihren Arbeitgeber als Entleihunternehmen, dass es so behandelt wird, als habe es mit dem Leiharbeiter ein normales Arbeitsverhältnis (§ 10 AÜG). Außerdem ist das Ganze noch ordnungswidrig und kann in bestimmten Fällen auch strafbar sein. Ihr Unternehmen haftet mit für rückständige Sozialversicherungsbeiträge sowie Lohnsteuer für den Zeitraum des erlaubnislosen Einsatzes des Leiharbeitnehmers.

Erlaubnisrisiken minimieren

Wenn Sie die Erlaubnisrisiken möglichst klein halten wollen, sollten Sie Folgendes beachten:

- Verlassen Sie sich nicht auf eine Erklärung des Verleihunternehmens, man habe eine Erlaubnis (§ 12 Abs. 1 AÜG). Lassen Sie sich die Erlaubnis im Original zeigen. Wenn Sie das Verleihunternehmen noch nicht kennen, können Sie sich über die Existenz einer Erlaubnis auch beim zuständigen Landesarbeitsamt erkundigen.
- Eine Überlassungserlaubnis kann befristet erteilt werden. Es kann sinnvoll sein, wenn Sie die Frist vermerken und sich die Erlaubnis gegebenenfalls erneut vorlegen lassen. Sie haben auch die Möglichkeit, beim Landesarbeitsamt nachzufragen. Bitte beachten Sie auch, dass eine Überlassungserlaubnis widerrufen und zurückgenommen werden kann (§ 2 AÜG). In diesen Fällen besteht eine Abwicklungsfrist von einem Jahr (§ 2 Abs. 4 S. 4 AÜG).

Nach den letzten Änderungen durch das Job-AQTIV-Gesetz sind für Verträge ab dem 01.01.2004 Überlassungen an dasselbe Entleihunternehmen zeitlich unbegrenzt möglich. Der Verleiher hat Leiharbeitnehmern nach einer Einarbeitungszeit (sechs Wochen) allerdings auch die im Entleihbetrieb für vergleichbare Tätigkeiten gezahlte Vergütung zu gewähren (§ 3 Abs. 1 Nr. 3 AÜG), sofern nicht ein Tarifvertrag die Arbeitsbedingungen regelt. Das wird die Arbeitnehmerüberlassung verteuern.

Sie sollten die Fristen für die Beendigung des Arbeitnehmerüberlassungsvertrages überwachen, wenn keine Personalorganisation sich darum kümmert. Die Fristen richten sich nach der vertraglichen Vereinbarung und können unterschiedlich sein.

3.9 So führen Sie einen neuen Mitarbeiter richtig ein

Als betrieblicher Vorgesetzter können Sie einen wesentlichen Beitrag dazu leisten, dass ein neuer Mitarbeiter einen guten Einstieg findet und sich möglichst schnell wohlfühlt. Im nachfolgenden Abschnitt geben wir Ihnen dazu einige Hinweise.

3.9.1 Die Vorbereitungsphase

Es ist ratsam, wenn Sie als Vorgesetzter möglichst frühzeitig die Mitarbeiter informieren, dass ein neuer Mitarbeiter eingestellt wird, und die organisatorischen Konsequenzen erörtern. Es ist immer besser, wenn die Mitarbeiter das von Ihnen geordnet erfahren, als wenn Informationen aus anderen Quellen durchsickern und vielleicht für vermeidbare Unruhe sorgen.

Weiterhin können rechtzeitige Überlegungen für die Vorbereitung und Herrichtung eines Arbeitsplatzes hilfreich sein. Sofern der Arbeitsplatz vorher besetzt war, gehört auch die vollständige Räumung durch den Vorgänger dazu. Geräte, Einrichtung und sonstiges Material sollten in funktionsfähigem Zustand vorhanden sein. Der neue Mitarbeiter kann durch diese Maßnahmen idealerweise das Gefühl bekommen, sofort loslegen zu können.

Zur Planung der Einarbeitungsphase wird gehören, dass Sie sich auch Gedanken über die Heranführung des Neuen an die Tätigkeit machen. Welche Kenntnisse muss er noch erwerben? Welche Informationen sind wichtig? Weiterhin können Sie Überlegungen dazu anstellen, ob Sie selbst die Einarbeitung praktisch übernehmen wollen oder ob Sie einen anderen Mitarbeiter der Abteilung ausdrücklich damit betrauen. Wenn Sie einen Mitarbeiter damit betrauen, muss klar sein, dass dieser dafür hinreichend motiviert ist und selbst eine positive Einstellung zum Unternehmen und der Tätigkeit hat.

Für den ersten Tag sollten Sie etwas Zeit einplanen sowohl für den Neuen selbst als auch für seine Vorstellung innerhalb der Abteilung. Auch eine Unterweisung in den Arbeitsbereich und ein Rundgang durch das Unternehmen wäre einzuplanen und zu organisieren. Der neue Mitarbeiter freut sich sicherlich über ein persönliches Begrüßungsschreiben, mit dem ihm der Weg zum Betrieb, der Weg in den Betrieb hinein und der Weg durch den Betrieb zu seinem zukünftigen Arbeitsplatz erleichtert wird.

Um den Arbeitsvertrag kümmert sich im Regelfall die Personalorganisation. Zum Zeitpunkt der Arbeitsaufnahme sollten Sie auf einen beiderseits unterschriebenen Arbeitsvertrag Wert legen.

Checkliste: Vorbereitung auf neue Mitarbeiter

Die Beschäftigung mit den nachfolgenden Fragen kann Ihnen bei der Vorbereitung des ersten Tages eines neuen Mitarbeiters helfen:

✓ Sind die übrigen Mitarbeiter rechtzeitig und ausreichend über den neuen Mitarbeiter informiert?

✓ Ist der zukünftige Arbeitsplatz vorbereitet?

✓ Was muss dem Neuen an Kenntnissen vermittelt werden? Wer kümmert sich während der Einarbeitungsphase um ihn?

✓ Haben Sie am ersten Tag ausreichend Zeit eingeplant für die Vorstellung des Neuen und die Informationen über den Arbeitsplatz, die Sicherheitsbelehrung und die betrieblichen Abläufe?

✓ Hat der neue Mitarbeiter eine verbindliche schriftliche Vorinformation erhalten, wo er sich wann einzufinden hat?

✓ Ist ein Arbeitsvertrag erstellt und beiderseits unterschrieben worden?

3.9.2 Der Tag der Arbeitsaufnahme

Neben der psychologisch wichtigen freundlichen und gut vorbereiteten Begrüßung des Neuen am ersten Tag und den bereits oben angesprochenen Punkten betreffen den Arbeitgeber – und damit im Zweifel Sie als betrieblichen Vorgesetzten – auch einige rechtliche Pflichten:

• Pflicht zur Unterrichtung über den Arbeitsplatz,
• Pflicht zur Belehrung über die Unfall- und Gesundheitsgefahren.

Sie haben den Arbeitnehmer über dessen Aufgabe und Verantwortung sowie über die Art seiner Tätigkeit und ihre Einordnung in den Arbeitsablauf des Betriebes zu unterrichten (§ 81 Abs. 1 S. 1 BetrVG).

Dazu gehören zum Beispiel die Besichtigung des Arbeitsplatzes, die Erläuterung der Funktionsweise von Geräten und Maschinen, Erklärungen zu Arbeitsmaterialien, Produktionsabläufen, Maßnahmen bei Störungen, die Unterrichtung über die Einordnung der Tätigkeit in den Arbeitsablauf, aber auch allgemeine Informationen wie Lage der Kantine, Toiletten, Inhalte der Betriebsordnung.

Außerdem sind Sie gehalten, den Arbeitnehmer über Unfall- und Gesundheitsgefahren, denen dieser bei der Beschäftigung ausgesetzt ist, sowie über die Maßnahmen und Einrichtungen zur Abwehr dieser Gefahren intensiv aufzuklären (§ 81 Abs. 1 S. 2 BetrVG). Das gilt auch für Veränderungen in dem Arbeitsbereich des Arbeitnehmers, über die er rechtzeitig zu unterrichten ist (§ 81 Abs. 2 BetrVG). Dazu gehören Erläuterungen der Gefahren am Arbeitsplatz durch Geräte, Maschinen, gesundheitsgefährdende Stoffe, der Schutzmaßnahmen dagegen und der Schutzeinrichtungen, des betrieblichen Umweltschutzes, der relevanten Unfallverhütungsvorschriften. Ferner gehört dazu die Benennung des betrieblichen Ansprechpartners für Sicherheitsfragen, Erläuterung von Warnsignalen sowie Verhaltensanweisungen bei Gefahreneintritt und Unfall. Informieren Sie den Arbeitnehmer auch darüber, wer im Betrieb für Maßnahmen der Ersten Hilfe, der Brandbekämpfung und Evakuierung zuständig ist.

Sie müssen weder die Unterrichtung über den Arbeitsplatz noch die Sicherheitsbelehrung selbst vornehmen. Häufig wird aber innerhalb der betrieblichen Organisation für Ihren Bereich die arbeitgeberseitige Verantwortung dafür an Sie delegiert sein. Diese können Sie auch weiterdelegieren. In größeren Betrieben stehen Ihnen die Fachkraft für Arbeitssicherheit, der Sicherheitsbeauftragte und auch der Betriebsarzt dabei unterstützend zur Seite, beziehungsweise diese Betriebsangehörigen können die Sicherheitsbelehrung vornehmen.

4.

Was im Arbeitsvertrag machbar ist und was nicht

In diesem Abschnitt geben wir Ihnen Informationen zum Arbeitsvertrag, wobei wir mit Erläuterungen zum Vertragsabschluss, zur Form und zum Arbeiten mit Vertragsmustern beginnen (Abschnitt 4.1). Im Abschnitt 4.2 stellen wir Ihnen Kernpunkte des Tarifvertragsrechts vor. Abschnitt 4.3 ist der Änderung des Arbeitsvertrages gewidmet. In Abschnitt 4.4 können Sie Näheres über befristete Arbeitsverhältnisse sowie Probe- und Teilzeitarbeitsverhältnisse lesen.

4.1 Abschluss, Form, Inhalt

Nachdem die Entscheidung für einen Bewerber gefallen ist, können Sie zum Abschluss eines Arbeitsvertrages schreiten. Wenn diese Aufgabe nicht von der Personalorganisation wahrgenommen wird, werden Sie im Rahmen der Vorbereitung des Vertragsschlusses auch für die Unterrichtung des Betriebsrates (§ 99 BetrVG) Sorge tragen müssen. In vielen Unternehmen ist auch noch eine ärztliche Eignungs- und Einstellungsuntersuchung obligatorisch. Auch darum kümmert sich normalerweise die Personalorganisation. Zuletzt sollten Sie noch die Erstellung des Arbeitsvertrages im Blick haben. Dazu erfahren Sie im folgenden Abschnitt mehr.

4.1.1 Arbeitsverträge vorbereiten

Wenn Sie in einem Unternehmen mit eigener Personalorganisation tätig sind, werden Sie sich bei der Erstellung des Arbeitsvertrages auf diese verlassen können und sollten das auch tun. Maßnahmen im Zusammenhang mit dem Abschluss und der Beendigung von Arbeitsverhältnissen setzen im Hinblick auf die Folgen genaue und aktuelle arbeitsrechtliche Kenntnisse voraus und sind daher fehlerträchtig. Fehler kosten meistens Geld.

Sofern Sie dennoch selbst – aus welchen Gründen auch immer – in die Situation kommen sollten, einen Arbeitsvertrag erstellen zu müssen, tun Sie gut daran, mit einem Vertragsmuster zu arbeiten. Auch die Mitarbeiter der Personalorganisation erfinden Arbeitsvertragstexte nicht jeweils neu, sondern arbeiten mit Mustern aus Formularsammlungen, die sie unter Berücksichtigung der einschlägigen Tarifverträge an die betrieblichen Besonderheiten sowie das einzelne Arbeitsverhältnis anpassen. Derartige Muster existieren nicht nur für den Abschluss von Arbeitsverträgen, sondern auch als Hilfsmittel zur Bewältigung vielfältiger arbeitsrechtlicher Alltagssituationen von der Anbahnung bis zur Beendigung des Arbeitsverhältnisses. Sie sind zu finden in Formularbüchern zum Arbeitsrecht, von denen wir Ihnen einige ohne Anspruch auf Vollständigkeit am Kapitelende nennen.

Formularbücher mit CD-ROM sind äußerst praktisch, da Sie die gespeicherten Vertragsmuster unproblematisch in die eigene Textverarbeitung übernehmen und dort dann anpassen können. Je konkreter die Vertragsmuster an Ihre betriebliche Situation angepasst sind, desto besser. Daher sei ergänzend darauf hingewiesen, dass die Arbeitgeberverbände sowie Fach- und Berufsverbände an ihre Mitglieder Vertragsmuster herausgeben. Es macht Sinn, wenn Sie sich dann dieser Muster bedienen, weil die Wahrscheinlichkeit hoch ist, dass zum Beispiel auch branchenspezifische Besonderheiten und die maßgeblichen Tarifverträge berücksichtigt sind. Bei den Arbeitgeberverbänden finden Sie im Zweifel auch juristisch versierte Ansprechpartner, die in der Lage sind, rechtliche Hinweise zu geben und einen Mustervertrag zu überlassen.

4.1.2 Über das Arbeiten mit Vertragsmustern

Bei der Verwendung von Mustern vermeiden Sie Fehler, wenn Sie sich zunächst Klarheit darüber verschaffen, welcher Art das Rechtsverhältnis ist, für das Sie ein Muster suchen. Dabei kann das Inhaltsverzeichnis eines Formularbuchs eine wertvolle Hilfe sein, wenn Sie kein Vertragsmuster Ihres Arbeitgeberverbandes zur Verfügung haben.

Checkliste: Auswahl von Vertragsmustern

Folgende Fragen können Ihnen die Suche erleichtern:

✓ Geht es wirklich um die Begründung eines Arbeitsverhältnisses? (Andere Vertragsformen sind zum Beispiel der Werkvertrag, der Dienstvertrag oder der Arbeitnehmerüberlassungsvertrag.)
✓ Soll der Vertragspartner Arbeitnehmer, leitender Angestellter, Aushilfskraft oder vielleicht freier Mitarbeiter werden?
✓ Besteht Tarifgebundenheit oder nicht?
✓ Soll es ein befristetes oder unbefristetes Arbeitsverhältnis sein?
✓ Soll es ein Vollzeit- oder Teilzeitarbeitsverhältnis sein?

Vermeiden Sie die Verwendung von Mustern, bei denen Sie nicht erkennen können, für welche Art von Rechtsverhältnis sie entworfen sind. Bitte verwenden Sie auch möglichst aktuelle Formulare, damit sichergestellt ist, dass neuere Rechtsprechung und Gesetzesänderungen berücksichtigt sind. Häufig sind alternative Regelungsvorschläge in den Mustertexten enthalten, sodass Sie auf jeden Fall Streichungen vornehmen müssen.

Sie werden eine Unterscheidung zwischen Arbeitsverträgen ohne Tarifbindung und solchen mit beiderseitiger Tarifbindung treffen müssen. Tarifverträge können Regelungen enthalten, die den Inhalt des Arbeitsverhältnisses bestimmen. Wenn beide Vertragspartner tarifgebunden sind, können Sie keine Regelungen vereinbaren, die für den Arbeitnehmer ungünstiger sind als die tariflichen. Sie kommen in diesen Fällen nicht darum herum, sich Klarheit über den Inhalt des Tarifvertrages zu verschaffen. Die darin getroffenen Regelungen sind gewissermaßen Mindestarbeitsbedingungen. In welchen Fällen eine Tarifgebundenheit (oder eine Allgemeinverbindlichkeit des Tarifvertrages) vorliegt, können Sie im Abschnitt 4.2 erfahren.

Wenn kein Tarifvertrag Anwendung findet, sind Sie bei der Gestaltung des Vertragsverhältnisses im Rahmen des gesetzlich Zulässigen frei. Sie sind natürlich auch so frei, dass Sie im Arbeitsvertrag durch Verweisung auf einen Tarifvertrag dessen Geltung ganz oder teilweise vereinbaren können. Diese Möglichkeit können Sie in Betracht ziehen, wenn Ihr Unternehmen tarifgebunden ist, Arbeitsverhältnisse mit gewerkschaftsangehörigen Arbeitnehmern bestehen und es um den Abschluss eines Arbeitsvertrages mit einem Arbeitnehmer geht, der keiner Gewerkschaft angehört. Es ist nämlich kaum möglich, Arbeitnehmer eines Betriebes in Abhängigkeit davon, ob Sie gewerkschaftlich organisiert sind oder nicht, unterschiedlich zu behandeln. Sie können das bei Vorbereitung und Abschluss des Arbeitsvertrages häufig auch gar nicht wissen.

4.1.3 Abschluss des Arbeitsvertrages

Einen Arbeitsvertrag können Sie formfrei, also auch mündlich schließen – sofern Sie Vollmacht zum Abschluss von Arbeitsverträgen für Ihr Unternehmen haben. Ernsthaft in Erwägung ziehen sollten Sie das aber nicht. Ein mündlich abgeschlossener Arbeitsvertrag oder mündlich vereinbarte Änderungen eines Arbeitsvertrages sind ein Hort von unerfreulichen Beweisschwierigkeiten im Streitfall, die Sie weitgehend vermeiden können durch schriftliche Arbeitsverträge und Vertragsänderungen.

Außerdem besteht die Vorgabe durch das Nachweisgesetz, wonach der Arbeitgeber spätestens einen Monat nach dem vereinbarten Beginn des Arbeitsverhältnisses die wesentlichen Vertragsbedingungen schriftlich niederzulegen, die Niederschrift zu unterzeichnen und dem Arbeitnehmer auszuhändigen hat (§ 2 NachwG). Das Gleiche gilt für wesentliche Änderungen der Vertragsbedingungen (§ 3 NachwG). Vorsicht: Diese vom Nachweisgesetz statuierte Pflicht zur nachträglichen Niederschrift *nur* durch den Arbeitgeber genügt immer dort nicht, wo durch andere Gesetze ausdrücklich Schriftform gefordert wird. Zur Erfüllung der Schriftform muss ein Arbeitsvertrag vorliegen, der von Arbeitgeber *und* Arbeitnehmer unterschrieben worden ist (§ 126 Abs. 2 BGB).

Das Beste ist daher immer, wenn Sie möglichst kurzfristig unter Einhaltung der Formalitäten (Betriebsratsbeteiligung, Einstellungsuntersuchung) den Abschluss eines schriftlichen Arbeitsvertrages veranlassen, der auch die Anforderungen des Nachweisgesetzes (§ 2 Abs. S. 2 NachwG) erfüllt. Dann sparen Sie sich die gesonderte schriftliche Niederlegung der Vertragsbedingungen nach dem Nachweisgesetz (§ 2 Abs. 4 NachwG). Bei einem aktuellen Vertragsmuster dürfen Sie davon ausgehen, dass die Regelungen des Nachweisgesetzes berücksichtigt sind.

Für etwaige Auseinandersetzungen verschaffen Sie sich mit einem unterschriebenen Arbeitsvertrag immer die bessere Position: Eine von beiden Parteien unterschriebene Vertragsurkunde hat die Vermutung der Richtigkeit und Vollständigkeit auf ihrer Seite.

So vermeiden Sie auch jegliche Fallstricke, die sich daraus ergeben können, dass einerseits ein Arbeitsvertrag zwar formlos abgeschlossen werden kann, andererseits aber für bestimmte Vereinbarungen Schriftform vorgeschrieben ist. Wichtige Fälle des Schriftformerfordernisses sind

• befristete Arbeitsverträge (§ 14 Abs. 4 TzBfG),
• Wettbewerbsverbote (§ 74 Abs. 1 HGB) und
• Aufhebungsverträge (§ 623 BGB).

Auch ein Tarifvertrag kann ein Schriftformerfordernis vorsehen.

4.1.4 Vertragsinhalt und Inhaltskontrolle

Beim Abschluss und der inhaltlichen Gestaltung des Arbeitsvertrages können Sie zunächst einmal vom Grundsatz der Vertragsfreiheit ausgehen. Aber gilt dieser Grundsatz auch uneingeschränkt? Gibt es Ausnahmen, die beachtet werden müssen? Sie können zwar frei entscheiden, ob Sie überhaupt jemanden einstellen wollen. Bei der Frage, wen Sie einstellen, sollten Sie allerdings schon ein wenig vorsichtig sein: Ihre Auswahlentscheidung darf sich nicht als Benachteiligung von anderen Bewerbern wegen ihres Geschlechts (§ 611a BGB) oder wegen ihrer Eigenschaft als nichtdeutsche Angehörige eines anderen EU-Staates darstellen. Eine weitere Einschränkung der Abschlussfreiheit besteht in Form der Verpflichtung jedes Arbeitgebers mit mehr als 20 Beschäftigten, auf wenigstens 5 Prozent der Arbeitsplätze schwerbehinderte Menschen zu beschäftigen (§§ 71 ff. SGB IX). Wer das nicht will, muss eine Ausgleichsabgabe zahlen (§ 77 SGB IX).

Bei der inhaltlichen Gestaltung des Arbeitsvertrages selbst unterliegen Sie zugunsten des Arbeitnehmers vielfältigen Einschränkungen durch zwingende Schutzgesetze, durch Tarifverträge sowie Betriebsvereinbarungen. Etwas pointierter wird es in einem Standardwerk zum Arbeitsrecht formuliert: »Das Arbeitsrecht lässt sich begreifen als einziges großes Kontrollsystem gegenüber der Vertragsfreiheit (...).«[6] Bei genauerer Betrachtung ist es auch mit dem Ausverhandeln der Vertragsbedingungen häufig nicht weit her: »Der ›richtige‹ Vertragsinhalt ergibt sich zumeist nicht aus dem Verhandlungsprozess der Parteien, sondern aus dem Abgleich der vorformulierten Vertragsbedingungen mit der Rechtsprechung der Arbeitsgerichte. Das wichtigste ›Gegenüber‹ ist damit nicht der Arbeitnehmer, sondern das zwingende Arbeitsschutzrecht und die Rechtsprechung des Bundesarbeitsgerichts.«[7]

Deswegen ist es nur konsequent, auch den Arbeitsvertrag, was seit dem 01.01.2002 der Fall ist, einer verschärften Inhaltskontrolle zu unterwerfen, wie sie der Gesetzgeber für so genannte allgemeine Geschäftsbedingungen vorsieht, um eine unangemessene Benachteiligung des Arbeitnehmers zu verhindern. Das frühere Gesetz zur Regelung des Rechts der allgemeinen Geschäftsbedingungen ist zwischenzeitlich in das Bürgerliche Gesetzbuch (§§ 305–310 BGB) eingefügt worden. Im gleichen Zug hat der Gesetzgeber angeordnet, dass diese Regelungen in Zukunft auch auf Arbeitsverträge Anwendung finden – wobei allerdings die »im Arbeitsrecht geltenden Besonderheiten angemessen zu berücksichtigen« sind (§ 310 Abs. 4 BGB). Was arbeitsrechtliche Besonderheiten sind, hat er allerdings nicht verraten, sodass Rechtsprechung und Wissenschaft diese Frage bezogen auf Einzelfälle in der Zukunft werden beantworten müssen.

4.1.5 Wesentliche Vertragsbedingungen nach dem Nachweisgesetz

Der Regelungsinhalt eines Arbeitsvertrages kann vielgestaltig sein und hängt von der Branche, betrieblichen Besonderheiten, der Tätigkeit, der Person des Arbeitnehmers, der Tarifgebundenheit und weiteren Faktoren ab. Was der Gesetzgeber für wesentliche Vertragsbedingungen hält, hat er im Nachweisgesetz verraten. Dort befindet sich ein Katalog der nachfolgend aufgeführten zehn Punkte, die der Arbeitgeber mindestens schriftlich niederlegen, unterschreiben und dem Arbeitnehmer aushändigen muss (§ 2 Abs. 1 NachwG). Insofern ist es ratsam, wenn Sie mindestens zu diesen Punkten Regelungen im Arbeitsvertrag treffen:

- der Name und die Anschrift der Vertragsparteien;
- der Zeitpunkt des Beginns des Arbeitsverhältnisses;
- bei befristeten Arbeitsverhältnissen: die vorhersehbare Dauer des Arbeitsverhältnisses;
- der Arbeitsort oder, falls der Arbeitnehmer nicht nur an einem bestimmten Arbeitsort tätig sein soll, ein Hinweis darauf, dass der Arbeitnehmer an verschiedenen Orten beschäftigt werden kann;
- eine kurze Charakterisierung oder Beschreibung der vom Arbeitnehmer zu leistenden Tätigkeit;
- die vereinbarte Arbeitszeit;
- die Dauer des jährlichen Erholungsurlaubs;
- die Fristen für die Kündigung des Arbeitsverhältnisses;
- ein in allgemeiner Form gehaltener Hinweis auf die Tarifverträge, die Betriebs- oder Dienstvereinbarungen, die auf das Arbeitsverhältnis anzuwenden sind.

4.1.6 Wo Sie bei den eigenen Vertragsverhandlungen ansetzen können

Wenn Sie selbst einen Arbeitsvertrag unterschreiben, ist es empfehlenswert, sich intensiver mit dem Inhalt auseinander zu setzen und dabei gegebenenfalls auch rechtliche Beratung in Anspruch zu nehmen. Mit Nachfragen zu Passagen des Vertragsentwurfs oder auch Änderungsvorschlägen zeigen Sie Initiative und können möglicherweise Ihre vertragliche Position verbessern.

Unter Verweis auf die obigen Ausführungen möchten wir aber übersteigerte Erwartungen an eine individuelle Aushandelbarkeit dämpfen. Nach einer Untersuchung von über 900 verschiedenen Arbeitsverträgen von Preis[8] in den Jahren 1988 und 1989 sind individuelle Vertragsabreden eher selten. Die Gründe dürften laut Preis in einer rationalisierten Personalarbeit und dem Bestreben der Unternehmen nach Gleichbehandlung der Arbeitnehmer zu suchen sein. Häufiger sind allerdings einmalige Vergünstigungen zu Beginn des Arbeitsverhältnisses, wobei verständlich ist: Je spezieller Ihr Fachwissen und je dringender das Unternehmen auf Ihre Dienste angewiesen ist, umso mehr wird es Ihnen gelingen, besondere Konditionen zu erreichen. Anliegend erhalten Sie ein paar Anregungen in Stichworten:

- Vereinbarung des allgemeinen Kündigungsschutzes bereits in der Probezeit,
- Übernahme von Umzugskosten bei Ortswechsel,
- Übernahme von Maklergebühren bei einer Wohnungssuche,
- Kosten für etwaige Heimfahrten,
- Übernahme etwaiger Ausgleichszahlungen an den ehemaligen Arbeitgeber.

4.1.7 Einige wichtige Gestaltungsmöglichkeiten

Wettbewerbsverbot
Solange das Arbeitsverhältnis besteht, unterliegt der Arbeitnehmer einem Wettbewerbsverbot gegenüber dem Arbeitgeber, dessen Grundlage die Treuepflicht des Arbeitnehmers ist. Für Handlungsgehilfen

enthält das Handelsgesetzbuch ausdrückliche gesetzliche Regelungen (§§ 60, 61 HGB). Soll während der Dauer des Arbeitsverhältnisses anderes gelten, müssten Sie das vertraglich mit dem Arbeitnehmer vereinbaren.

Nach Beendigung des Vertragsverhältnisses ist es genau umgekehrt. Jeder Arbeitnehmer kann seine rechtmäßig erlangten beruflichen Kenntnisse und Erfahrungen beliebig verwerten und mit seiner Arbeitskraft als Selbstständiger oder Arbeitnehmer eines anderen Unternehmens in Konkurrenz zum früheren Arbeitgeber treten. Wenn Sie diese Konkurrenz für den Arbeitgeber ausschließen wollen, haben Sie die Möglichkeit, ein nachvertragliches Wettbewerbsverbot mit dem Arbeitnehmer zu vereinbaren. Die Vorgaben werden den gesetzlichen Regelungen für den Handlungsgehilfen (§§ 74–83 HGB) entnommen und für alle Arbeitnehmer angewendet.

Erforderlich ist zunächst Schriftform und ein berechtigtes Interesse des Arbeitgebers. Weiterhin dürfen Sie das Verbot nicht über einen längeren Zeitraum als zwei Jahre erstrecken. Zudem kostet ein Wettbewerbsverbot Geld. Die Höhe dieser so genannten Karenzentschädigung zugunsten des Arbeitnehmers beträgt die Hälfte der zuletzt bezogenen vertragsmäßigen Leistungen. Das kann für den Arbeitgeber ganz schön teuer werden. Letztlich wird sich ein Wettbewerbsverbot nur lohnen bei solchen Mitarbeitern, die tatsächlich einen tiefen Einblick in die betrieblichen Interna haben und diese auch für den Fall des Ausscheidens rechtmäßig zum wirtschaftlichen Nachteil des früheren Arbeitgebers verwerten könnten.

Nebentätigkeitsverbot

Um die Überschrift gleich zu relativieren: Sie können einem Arbeitnehmer vertraglich nicht vollständig verbieten, Nebentätigkeiten nachzugehen. Dafür benötigen Sie ein berechtigtes Interesse, das nur dann gegeben ist, wenn das Arbeitsverhältnis durch die Nebentätigkeit beeinträchtigt würde. Das kann zum Beispiel dann der Fall sein, wenn die Nebenbeschäftigung während der Arbeitszeit ausgeübt wird oder wenn es sich um Konkurrenztätigkeit handelt oder wenn unter Berücksichtigung der Nebentätigkeit die gesetzlichen Höchstgrenzen nach dem Arbeitszeitgesetz überschritten würden (§ 3 ArbZG).

Sie können als angemessene Lösung in Erwägung ziehen, die Ausübung der Nebentätigkeit von der Zustimmung des Arbeitgebers abhängig zu machen. Sie können dann bei einem entsprechenden Ersuchen des Arbeitnehmers zunächst einmal prüfen, ob und inwieweit die betrieblichen Interessen beeinträchtigt werden könnten.

Beispiel

So kann ein Zustimmungsvorbehalt vertraglich geregelt sein: »Eine Nebenbeschäftigung ist nur mit vorheriger Zustimmung des Arbeitgebers zulässig. Die Zustimmung kann verweigert oder widerrufen werden, wenn die Nebenbeschäftigung das Arbeitsverhältnis beeinträchtigt.«

Wenn vertraglich nichts geregelt ist, kann der Arbeitnehmer außerhalb seiner Arbeitszeit tun und lassen, was er will, solange er in der Lage ist, seine arbeitsvertraglichen Pflichten zu erfüllen. Insbesondere können Sie ihn ohne vertragliche Vereinbarung nicht verpflichten, überhaupt Auskunft über eine Nebentätigkeit zu erteilen.

Vertragsstrafe

Die unselbstständige Vertragsstrafe stellt eine Möglichkeit dar, eine Vertragspartei zur Einhaltung bestimmter Pflichten zu motivieren und die Verletzung dieser Pflichten zu sanktionieren (§§ 339–345 BGB). Anknüpfungspunkt ist immer eine bestimmte Pflicht, wobei der Verpflichtete im Arbeitsvertrag für den Fall, dass die Pflicht nicht oder nicht in gehöriger Weise erfüllt wird, die Zahlung einer Vertragsstrafe an den Vertragspartner verspricht. Sie können auch eine Vertragsstrafe für den Fall vereinbaren, dass der Verpflichtete etwas unterlassen soll und es dann doch tut.

Beispiel

Eine vertraglich vereinbarte Vertragsstrafe kann lauten: »Sofern der Arbeitnehmer gegen seine Pflicht zur Verschwiegenheit gemäß § 10 des Arbeitsvertrages verstößt, verpflichtet er sich, für jeden Fall des Verstoßes eine Vertragsstrafe in Höhe eines Brutto-Monatsgrundgehalts zu zahlen.«

Häufig vereinbaren die Parteien eine Vertragstrafe für den Fall des Vertragsbruchs des Arbeitnehmers im Arbeitsvertrag. Unter Vertragsbruch werden folgende Sachverhalte gefasst: Der Arbeitnehmer erfüllt schuldhaft seine Arbeitspflicht nicht, weil er aus von ihm zu verantwortenden Gründen eine Stelle entweder nicht antritt oder ohne Einhaltung der Kündigungsfrist oder ganz ohne Kündigung nicht mehr zur Arbeit erscheint.

Beispiel

Eine Vertragsstrafe bei Vertragsbruch kann wie folgt vereinbart werden: »Der Arbeitnehmer ist verpflichtet, dem Arbeitgeber eine Vertragsstrafe zu zahlen, sofern er die Arbeit aus von ihm zu vertretenden Gründen und vertragswidrig nicht oder verspätet aufnimmt, das Arbeitsverhältnis vertragswidrig beendet oder indem er wegen schuldhaft vertragswidrigen Verhaltens Anlass für eine fristlose Kündigung gibt. Als Vertragsstrafe wird für den Fall der verspäteten Aufnahme, der Nichtaufnahme oder der vorübergehenden Arbeitsverweigerung ein Bruttotagesentgelt für jeden Tag der Zuwiderhandlung vereinbart, insgesamt jedoch nicht mehr als das in der gesetzlichen Mindestkündigungsfrist ansonsten erhaltene Arbeitsentgelt. Im Übrigen beträgt die Vertragsstrafe ein Bruttomonatsentgelt. Die Geltendmachung eines weiteren Schadens bleibt vorbehalten. Dem Arbeitnehmer wird nachgelassen, nachzuweisen, dass dem Arbeitgeber kein oder ein geringerer Schaden entstanden ist.«

Nach bisheriger Rechtsprechung des Bundesarbeitsgerichts konnte eine Vertragsstrafe auch dann, wenn sie in vorformulierten Vertragsbedingungen enthalten war, unproblematisch vereinbart werden. Allerdings unterliegen neuerdings auch vorformulierte Arbeitsverträge einer verschärften Inhaltskontrolle. Regelungen, bei denen sich der Verwender der allgemeinen Geschäftsbedingungen für den Fall, dass der andere Teil sich vom Vertrag löst, die Zahlung einer Vertragsstrafe versprechen lässt, sind unwirksam (§ 309 Nr. 6 BGB).

Damit schwebt über allen Vertragsstrafen wegen Vertragsbruchs derzeit das Damoklesschwert der Unwirksamkeit. Wir würden die Vertragsstrafe jedoch, auch bei Vertragsbruch, ungeachtet dieser Unsicherheit bis zu einer höchstrichterlichen Klärung zunächst weiter verwenden: Die Motivationswirkung zu vertragsgemäßem Verhalten bleibt erhalten und Sie können sich in Fällen des Vertragsbruchs den unter Umständen schwierigen Nachweis eines Schadens ersparen. Bitte vereinbaren Sie aber keine Vertragsstrafe mit Auszubildenden. Eine solche wäre auf jeden Fall unwirksam (§ 5 Abs. 2 Nr. 2 Berufsbildungsgesetz).

Regelmäßig hat der Arbeitgeber insbesondere bei Spezialisten und Fachkräften ein Interesse daran, dass diese ihm nicht in der Zeit zwischen Vertragsschluss und Arbeitsbeginn – insbesondere wenn eine längere Zeit dazwischen liegt – wieder von der Schippe springen. Deswegen können Sie in Arbeitsverträgen häufig eine Regelung finden, nach der Kündigungen vor Dienstantritt ausgeschlossen sind und der Nichtantritt mit einer Vertragsstrafe sanktioniert wird. Wenn Sie als betriebliche Führungskraft hier selbst mit einer derartigen Regelung konfrontiert werden, sollten Sie ruhig auf Waffengleichheit achten, also auf eine Regelung, wonach die Kündigung vor Dienstantritt durch *beide* Vertragsparteien ausgeschlossen ist. Bei vereinbarter Vertragsstrafe spricht nichts dagegen, wenn Sie die Aufnahme auch zulasten des Arbeitgebers in den Arbeitsvertrag anregen.

Checkliste: Vertragsinhalt

Wenn Sie Überlegungen zum Regelungsinhalt eines Arbeitsvertrages anstellen wollen, kann Ihnen der nachfolgende Fragenkatalog eine Unterstützung sein. Der Katalog erfasst weder alle denkbaren Regelungsgegenstände, noch müssen Sie zu allen aufgeworfenen Fragen zwingend vertragliche Regelungen treffen:

✓ Sind die Vertragsparteien bezeichnet?
✓ Ist der Beginn des Arbeitsverhältnisses genannt?
✓ Ist eine Probezeit vereinbart? Soll die Probezeit als befristetes Arbeitsverhältnis ausgestaltet werden? Sind Kündigungsmöglichkeiten während der Probezeit vereinbart?
✓ Möchten Sie eine Befristung aufnehmen? Sind die voraussichtliche Dauer und das Fristende geregelt?
✓ Ist der Arbeitsort geregelt? Möchten Sie Versetzungsmöglichkeiten vorsehen?

✓ Ist die Tätigkeit hinreichend bestimmt beschrieben? Wollen Sie die Möglichkeit schaffen, dem Arbeitnehmer auch andere zumutbare Tätigkeiten zuzuweisen?

✓ Sind Regelungen zur Höhe und Zusammensetzung der Vergütung getroffen, zur Zahlung von Sonderzuwendungen und zur Fälligkeit der Vergütung?

✓ Sind Regelungen zur Arbeitszeit getroffen wie Wochenarbeitszeit, Verteilung auf Tage, Beginn, Ende der täglichen Arbeitszeit, Pausenregelungen? Ist ein Änderungsvorbehalt vorgesehen?

✓ Gibt es Regelungen zur Möglichkeit der Anordnung von Überstunden und zur Vergütung von Überstunden?

✓ Sind Regelungen zur Dauer des Erholungsurlaubs getroffen? Bezieht sich die Urlaubsregelung auf Arbeitstage oder Werktage?

✓ Sind Regelungen zu Kündigungsfristen getroffen und gegebenenfalls andere Beendigungstatbestände? Gibt es bei Beendigung Pflichten zur Rückgabe von Betriebseigentum und Unterlagen?

✓ Wollen Sie ein Recht zur Freistellung des Arbeitnehmers bis zur Vertragsbeendigung bei Kündigung aufnehmen?

✓ Gibt es eine Regelung zur Verschwiegenheitspflicht auch nach Vertragsende?

✓ Enthält der Arbeitsvertrag Hinweise auf Gesamtvereinbarungen (Tarifverträge und Betriebsvereinbarungen)?

✓ Soll die Zulässigkeit von Nebentätigkeiten des Arbeitnehmers eingeschränkt werden?

✓ Werden Gehaltsabtretungen und Pfändungen eingeschränkt oder ausgeschlossen?

✓ Soll es eine Regelung zu Dienstwagen und Abrechnung von Fahrtkosten geben?

✓ Sollen Rückzahlungsklauseln hinsichtlich erhaltener Gratifikationen bei Vertragsbeendigung aufgenommen werden?

✓ Ist die Aufnahme eines nachvertraglichen Wettbewerbsverbots gewünscht?

➤ **Literaturtipp**

Formularbücher

- *Vertragshandbuch Arbeitsrecht* mit CD-ROM, Rudolf Haufe Verlag, Freiburg 2002.
- Schaub, Günter: *Arbeitsrechtliche Formularsammlung*, C.H. Beck Verlag, München 1999 (auch als CD-ROM).
- Meisel, Peter G.: *Musterarbeitsverträge – Formulare für das Personalwesen*, Düsseldorfer Schriftenreihe, Düsseldorf 2002.
- Andritzky, Stefan/Marienhagen, Rolf: *Dauerarbeitsverträge mit Angestellten und Arbeitern*, Heidelberger Musterverträge, Heft 3, Recht und Wirtschaft, Heidelberg 2000.

Gestaltung von Verträgen für betriebliche Führungskräfte

- Kopp, Peter: *Arbeitsvertrag für Führungskräfte*, 4. Auflage, Beck'sche Musterverträge, München 2001.

4.2 Wo sind die Grenzen? Tarifvertragsrecht

In den Abschnitten 2.2.4 und 2.2.6 hatten wir Ihnen bereits erste Informationen gegeben, was ein Tarifvertrag ist, aus welchen Teilen er besteht und welche Rolle er als Gestaltungsfaktor für das Arbeitsverhältnis spielen kann. Nachfolgend geben wir Ihnen weitere Informationen über die Tarifgebundenheit sowie den sachlichen, räumlichen und persönlichen Geltungsbereich eines Tarifvertrages. Falls Ihr Betrieb tarifgebunden ist, empfehlen wir Ihnen, sich den Tarifvertrag oder die -verträge einmal zu beschaffen und bei Gelegenheit mit dem Regelungsinhalt im Überblick vertraut zu machen.

4.2.1 Tarifbindung, Geltungsbereich eines Tarifvertrages

Wenn Sie klären wollen, welche Arbeitsverhältnisse ein Tarifvertrag erfasst, werden Sie sich mit den Fragen der Tarifgebundenheit und des Geltungsbereichs des Tarifvertrages beschäftigen müssen.

Tarifgebunden sind die Mitglieder der Tarifvertragsparteien und der Arbeitgeber, der selbst Partei des Tarifvertrages ist (§ 3 Abs. 1 TVG). Auf Arbeitnehmerseite sind tariffähig die Gewerkschaften, auf Arbeitgeberseite sowohl die Verbände als auch der einzelne Arbeitgeber. Wichtig ist: Tarifgebundenheit besteht nur, wenn beide Parteien des Arbeitsverhältnisses Mitglied einer Tarifvertragspartei sind.

Die Frage nach dem Geltungsbereich des Tarifvertrages unterteilt sich in die Frage nach der Art der Betriebe, dem Industriezweig (betrieblicher Geltungsbereich), nach dem Gebiet (räumlicher Geltungsbereich) und den Gruppen von Arbeitnehmern (persönlicher Geltungsbereich). Tarifverträge knüpfen hinsichtlich ihres Geltungsbereichs regelmäßig an den Betriebszweck, zum Beispiel Druckindustrie, an. Der Geltungsbereich erstreckt sich dann auch auf die in dem Druckbetrieb tätigen Arbeitnehmer, die keine Drucker sind. Eine andere Möglichkeit wäre die Anknüpfung an bestimmte Berufe oder Tätigkeitsbilder (fachlicher Geltungsbereich) mit der Folge, dass in einem Betrieb in Abhängigkeit von der Anzahl der Berufsgruppen unterschiedliche Tarifverträge Geltung beanspruchen würden. Ein unerwünschtes Ergebnis!

Der räumliche Geltungsbereich führt zu keinen Problemen. Beim persönlichen Geltungsbereich kann die Geltung eines Tarifvertrages auf Arbeitnehmer mit bestimmten persönlichen Merkmalen beschränkt werden, zum Beispiel Auszubildende.

4.2.2 Allgemeinverbindlichkeit, Geltung kraft Vereinbarung

Neben der Tarifbindung kraft Organisationszugehörigkeit (§ 3 Abs. 1 TVG) haben wir Ihnen noch zwei Möglichkeiten vorzustellen, die zur Geltung eines Tarifvertrages führen können, obwohl mindestens eine Partei des Arbeitsvertrages nicht tarifgebunden ist.

Allgemeinverbindlichkeit
Der Bundesminister für Arbeit und Sozialordnung (so steht er noch im Gesetz) – nach Übertragung die Minister der Länder – kann einen Tarifvertrag auch für allgemeinverbindlich erklären (§ 5 TVG). Ein quartalsweise überarbeitetes Verzeichnis der als allgemeinverbindlich

erklärten Tarifverträge wird auf der Internet-Seite des Ministeriums für Wirtschaft und Arbeit im Bereich Arbeit, Unterbereich Arbeitsrecht, zum Download zur Verfügung gestellt.

Die Allgemeinverbindlichkeit führt dazu, dass der Tarifvertrag sich in seinem normativen Teil hinsichtlich seines Geltungsbereichs auch auf die nicht tarifgebundenen Arbeitsvertragsparteien erstreckt.

Vereinbarung
Die Vertragsparteien können auch durch Vereinbarung ihr Vertragsverhältnis den Rechtsnormen eines Tarifvertrages unterstellen. Dies geschieht am besten durch eine ausdrückliche Bezugnahme auf den Tarifvertrag im Arbeitsvertrag, wobei auch nur auf einzelne Regelungskomplexe Bezug genommen werden kann.

Die vertragliche Vereinbarung ist gar nicht so selten: In tarifgebundenen Betrieben kann die Belegschaft aus gewerkschaftlich organisierten und nicht organisierten Arbeitnehmern bestehen. Mangels Tarifbindung hat der Arbeitgeber zwar gegenüber den nicht organisierten Arbeitnehmern keine Verpflichtung, die tariflichen Leistungen zu gewähren. Praktisch wird er aber auch Nichtorganisierten die tariflichen Mindestarbeitsbedingungen gewähren.

Ein Tarifvertrag kann mittels Verweisung in einer bestimmten Fassung (*statische Verweisung*) oder in seiner jeweiligen Fassung (*dynamische Verweisung)* einbezogen werden. Bei Tarifgebundenheit führt eine Änderung des Tarifvertrages auch zu einer Änderung des Arbeitsvertrages. Eine dynamische Verweisung führt zum gleichen Ergebnis. Eine statische Verweisung legt den Tarifvertrag in der Fassung zum Zeitpunkt des Verweises zugrunde und macht Änderungen nicht mit. Das kann zu Unübersichtlichkeit bei den im Betrieb abgeschlossenen Arbeitsverträgen führen.

Beispiel

Eine Einbeziehungsklausel in einem Arbeitsvertrag kann lauten: »Für das Arbeitsverhältnis gelten der Rahmentarifvertrag vom .... sowie der Gehaltstarifvertrag vom ...., alle abgeschlossen zwischen .... in der Fassung vom .... (statisch) / oder in der jeweils gültigen Fassung (dynamisch).«

4.2.3 Arten von Tarifverträgen

Tarifverträge können Sie unterscheiden nach den vertragschließenden Parteien sowie nach dem Regelungsgegenstand. Auf der Arbeitgeberseite können sowohl Arbeitgeberverbände als auch einzelne Arbeitgeber Tarifverträge abschließen. Im ersteren Fall handelt es sich dann um Flächen- bzw. Verbandstarifverträge, im letzteren Fall um Haus- oder Firmentarifverträge. Über die Berechtigung von Flächentarifverträgen wird seit geraumer Zeit viel diskutiert. Die Kritik knüpft an deren Unflexibilität und die Schwierigkeiten bei der Berücksichtigung der sehr unterschiedlichen Wirtschaftskraft der verbandszugehörigen Unternehmen an. Für die betriebliche Praxis können Sie vom Status quo ausgehen: Es gibt sie.

Nach dem Inhalt können Sie unterscheiden zwischen Rahmen- oder Manteltarifverträgen auf der einen Seite und Einzeltarifverträgen auf der anderen Seite. Erstere regeln inhaltlich allgemeine Arbeitsbedingungen (zum Beispiel Arbeitszeit, Kündigungsfristen, Freistellungen von der Arbeitspflicht, Probezeit und so weiter). Letztere werden gern zur Ergänzung der Rahmentarifverträge abgeschlossen, zum Beispiel Vergütungs- oder Urlaubsregelungen betreffend.

4.2.4 Tarifvertrag und Arbeitsvertrag

Wir hatten bereits erwähnt, dass Regelungen in einem Arbeitsvertrag, die gegen tarifvertragliche Regelungen verstoßen, unwirksam sind (§ 4 Abs. 1 TVG). Mit zwei wichtigen Ausnahmen möchten wir Sie vertraut machen:

• Eine vom Tarifvertrag abweichende arbeitsvertragliche Regelung, die den Arbeitnehmer begünstigt, ist wirksam (*Günstigkeitsprinzip*).

• Eine Abweichung, die im Tarifvertrag ausdrücklich gestattet ist (*Öffnungsklausel*), kann ebenfalls zulässig vereinbart werden (§ 4 Abs. 3 TVG).

Sofern Sie also Überlegungen anstellen, ob eine bestimmte Vereinbarung mit dem Arbeitnehmer im Rahmen der Neubegründung oder Änderung eines Arbeitsverhältnisses möglich ist, werden Sie nicht um eine Klärung herumkommen, ob das Arbeitsverhältnis in den Geltungsbereich eines Tarifvertrages fällt und ob der Regelungsgegenstand Inhalt einer tarifvertraglichen Regelung ist. Entsprechendes gilt, wenn Sie selbst Aufgaben der Personalabteilung wahrnehmen und das richtige Vertragsmuster suchen. Das Vertragsmuster eines Arbeitsvertrages mit Tarifbindung unterscheidet sich von dem eines solchen ohne Tarifbindung.

4.2.5 Sperrwirkung des Tarifvertrages

Für den Arbeitgeber kann es einen Unterschied darstellen, ob er einen Haustarifvertrag oder eine Betriebsvereinbarung abschließt. Tarifvertragspartner ist die Gewerkschaft. Die Betriebsvereinbarung dagegen wird mit dem Betriebsrat abgeschlossen, mit dem ein Verhandeln wegen seiner größeren Nähe zum Betrieb manchmal einfacher sein kann.

Allerdings werden Tarifverträge entwertet, wenn deren Regelungsinhalte auf der betrieblichen Ebene erneut zur Disposition stehen. Das Betriebsverfassungsgesetz schiebt einer unbeschränkten Verlagerung von Regelungsmaterien auf die Ebene der Betriebsvereinbarung einen Riegel vor (§ 77 Abs. 3 S. 1 BetrVG): Arbeitsentgelte und sonstige Arbeitsbedingungen, die durch Tarifvertrag geregelt sind oder üblicherweise geregelt werden, können nicht Gegenstand einer Betriebsvereinbarung sein. In der betrieblichen Praxis ignorieren Unternehmen dieses Verbot allerdings zuweilen.

Checkliste: Tarifvertrag

Folgende Fragen können Ihnen bei der Klärung der Geltung von Tarifnormen und deren Auswirkungen auf den einzelnen Arbeitsvertrag weiterhelfen:

✓ Welche Tarifverträge existieren?

✓ Ist der Tarifvertrag für das Vertragsverhältnis überhaupt einschlägig (räumlicher, betrieblicher, persönlicher Geltungsbereich)?

✓ Liegt Tarifgebundenheit beider Vertragsparteien vor?

✓ Falls nicht: Ist der Tarifvertrag für allgemeinverbindlich erklärt worden?

✓ Falls nicht: Ist der Tarifvertrag einzelvertraglich einbezogen worden oder soll das geschehen? Handelt es sich um eine dynamische oder statische Verweisung? Bezieht sich die Verweisung auf den ganzen Tarifvertrag oder nur auf Teile?

✓ Welche Regelungen enthält der Tarifvertrag?

✓ Von welchen Regelungen darf nach Tarifvertrag abgewichen werden (Öffnungsklausel)?

✓ Sollen Regelungen im Arbeitsvertrag günstiger für den Arbeitnehmer gestaltet werden als nach Tarifvertrag?

✓ Sollen Regelungen über den Tarifvertrag hinaus in dem Vertrag vereinbart werden?

4.3 Änderung des Arbeitsvertrages

Arbeitsverträge schließen Sie nicht nur neu ab, sondern manchmal können und müssen Sie auch eine Änderung von Arbeitsverträgen vornehmen. Die Notwendigkeit einer Vertragsänderung kann sich aus vielerlei Umständen ergeben: zum Beispiel, weil der Arbeitnehmer innerhalb des Betriebes eine andere Tätigkeit ausüben soll, ohne dass eine entsprechende Umsetzungsklausel im Arbeitsvertrag enthalten ist oder weil der Arbeitnehmer seine Arbeitszeit nach dem

Teilzeit- und Befristungsgesetz verringern möchte. Anpassungsbedarf ergibt sich häufig auch schlicht durch Zeitläufte, die dazu führen, dass der Text des schriftlichen Vertragswerks und die tatsächliche inhaltliche Ausgestaltung des Arbeitsverhältnisses auseinander fallen.

4.3.1 Schriftform

Ebenso wie beim Abschluss des Arbeitsvertrages selbst sollten Sie schon aus Beweiszwecken nur schriftliche Vertragsänderungen anstreben. Zudem schreibt auch das Nachweisgesetz schriftliche Mitteilung bei einer Änderung der wesentlichen Vertragsbedingungen an den Arbeitnehmer vor (§ 3 NachwG). In der Regel verlangen dies auch Tarifverträge und der Arbeitsvertrag selbst.

Bitte beachten Sie: Das Schriftformerfordernis im Arbeitsvertrag ist keine eherne Hürde, sondern kann nach allgemeiner Auffassung auch mündlich zum Beispiel im Rahmen einer mündlichen Änderungsvereinbarung wieder abbedungen werden. Das ist nicht wünschenswert, sondern eine Argumentation, mit der Sie im Streitfall um etwaige Abweichungen zwischen schriftlichen Verträgen und tatsächlicher betrieblicher Übung konfrontiert werden können. Solchen möglichen Angriffen beugen Sie am besten vor, wenn Sie dafür Sorge tragen, dass etwaigen Änderungen in der Tätigkeit eines Mitarbeiters immer auch durch eine damit einhergehende schriftliche Änderung des Arbeitsvertrages Rechnung getragen wird.

4.3.2 Fallstrick betriebliche Übung

Eine tückische Form der Vertragsänderung im Arbeitsrecht ist die so genannte betriebliche Übung, die wir bereits in Abschnitt 2.2 als Gestaltungsfaktor des Arbeitsverhältnisses kurz vorgestellt haben. Die betriebliche Übung betrifft vor allem freiwillige Leistungen des Arbeitgebers wie Gratifikationen, Zuschläge oder zum Beispiel in den karnevalsinfizierten Hochburgen des Frohsinns auch die Arbeitsbefreiung am Rosenmontag. Diese werden zuweilen über einen längeren Zeitraum in gleicher Weise vorbehaltlos gewährt, ohne dass dies schriftlich fixiert ist und der Arbeitgeber zu ihrer Erbringung weder durch Gesetz noch Tarifvertrag verpflichtet ist. Damit wird bei den begünstigten Arbeitnehmern ein Vertrauen darauf begründet, dass diese Leistungen auch in Zukunft auf Dauer weiter gewährt werden. Dieses Vertrauen verfestigt sich zu einer rechtlich geschützten Position, indem die tatsächliche betriebliche Übung zum Inhalt des Arbeitsvertrages wird. Den Arbeitnehmern erwächst dann ein vertraglicher Anspruch auf die Leistung.

4.3.3 Betriebliche Übung vermeiden

Von einer betrieblichen Übung kommen Sie nicht mehr ohne weiteres weg, weil das Wegkommen technisch eine Vertragsänderung wäre. Und welcher Arbeitnehmer verzichtet schon gern freiwillig auf gewährte und voller Vertrauen in die eigene Lebensplanung einkalkulierte Leistungen? Ohne einvernehmliche Lösung mit dem Arbeitnehmer bleibt Ihnen dann nur der steinige Weg über eine Änderungskündigung.

Wenn Sie vermeiden wollen, dass Sie an einmal gewährte freiwillige Leistungen oder sonstige Maßnahmen, die eine betriebliche Übung begründen könnten, später vertraglich gebunden sind, dürfen Sie kein Vertrauen der Arbeitnehmer dahin entstehen lassen, dass diese Leistungen auch in Zukunft weiter gewährt werden. Dies geschieht am besten durch einen Vorbehalt schon im Arbeitsvertrag bei zu diesem Zeitpunkt bereits absehbaren Maßnahmen oder freiwilligen Leistungen, sonst bei Gewährung der Leistung selbst. Sie müssen dabei klar zum Ausdruck bringen, dass die Leistung freiwillig erfolgt und Sie für die Zukunft keine Bindung wollen und sich den Widerruf ausdrücklich vorbehalten.

Im Streitfalle ist die Arbeitgeberseite dafür beweispflichtig, dass ein solcher Vorbehalt gemacht worden ist. Insofern sei Ihnen angeraten, den Vorbehalt jeweils schriftlich zu dokumentieren und die Möglichkeit der Kenntnisnahme durch jeden Mitarbeiter sicherzustellen.

4.3.4 Altverträge

Beim Stichwort betriebliche Übung sei auch die inhaltliche Änderung von Arbeitsverhältnissen besonders bei langjährig betriebszugehörigen Arbeitnehmern einmal angesprochen. Viele Arbeitnehmer durchlaufen mit den Jahren der Betriebszugehörigkeit eine betriebsinterne Karriere. Dabei verändern sich nicht selten die Arbeitsbedingungen grundlegend, ohne dass dies auch schriftlich durch eine Änderung des Arbeitsvertrages dokumentiert wird. Dies führt zu vermeidbaren Schwierigkeiten, wenn es einmal darum gehen sollte, darzulegen und im Streitfall zu beweisen, welche Arbeitsbedingungen für das Arbeitsverhältnis maßgeblich sind.

In einem Unternehmen mit Personalorganisation ist es deren Aufgabe, die Arbeitsverträge auf dem aktuellen Stand zu halten. Sollten Sie aber Zweifel haben, ob für die in Ihrem Bereich tätigen Arbeitnehmer die vertraglich fixierte Beschreibung des Tätigkeitsbereichs, der zu erbringenden Leistungen, des Leistungsortes, Entgeltregelungen oder anderes noch mit der betrieblichen Übung übereinstimmen, kann ein Hinweis an die Personalabteilung hilfreich sein.

4.4 Besondere Arten des Arbeitsvertrages

Nicht immer muss das unbefristete Vollzeitarbeitsverhältnis für den in Ihrem Verantwortungsbereich anfallenden Personalbedarf die beste Lösung sein. Zum einen haben Sie ein berechtigtes Interesse daran, herauszufinden, ob der für eine Tätigkeit ausgesuchte neu einzustellende Mitarbeiter die Qualitäten mitbringt, um die Tätigkeit gut zu erledigen. Zum anderen kann es sein, dass eine bestimmte zu erledigende Tätigkeit nur auf Zeit anfällt oder nur ein vorübergehender Personalengpass besteht. Oder es eröffnet sich ein Tätigkeitsfeld neu, das einen Arbeitnehmer nicht im Umfang einer Vollzeitbeschäftigung ausfüllt. Wir stellen Ihnen nachfolgend Alternativen zum unbefristeten Arbeitsverhältnis in Vollzeitbeschäftigung vor.

4.4.1 Probearbeitsverhältnis

Auch wenn ein Bewerber in der Einstellungsphase einen sehr positiven Eindruck hinterlassen hat, stellt sich meistens erst in den ersten Wochen und Monaten seiner Tätigkeit in der Abteilung heraus, ob er fachlich den Aufgaben gewachsen ist und Sie sowie die anderen Mitarbeiter mit ihm klarkommen.

Beide Seiten tun sich keinen Gefallen damit, ein Arbeitsverhältnis fortzusetzen, in dem der Arbeitnehmer fachlich überfordert ist oder die Zusammenarbeit mit ihm nicht funktioniert aus Gründen, die beim Mitarbeiter liegen. Deswegen wird regelmäßig eine Probezeit vereinbart, die vor allem die Beendigung des Arbeitsverhältnisses erleichtert. Die Probezeit können und sollten Sie nutzen, um die Leistungen des Mitarbeiters in regelmäßigen Abständen zu überprüfen, sein Verhalten aufmerksam zu verfolgen und auch die Mitarbeiter zu befragen, die mit ihm zusammenarbeiten.

Vertragliche Gestaltung
Von der Vertragsgestaltung ist denkbar ein unbefristetes Arbeitsverhältnis mit vorgeschalteter Probezeit oder ein befristetes Probearbeitsverhältnis. Meist wird Ersteres vereinbart. Die Probezeit kann auf bis zu sechs Monate festgelegt werden. Länger geht es ausnahmsweise auch, wenn Sie wegen der besonderen Anforderungen des Arbeitsplatzes die Eignung und die Leistung innerhalb der Frist nicht hinreichend beurteilen können. Bitte beachten Sie aber, dass eine Probezeit über sechs Monate hinaus sinnvollerweise nur über eine Befristung des Arbeitsverhältnisses vereinbart werden sollte, weil nach Ablauf der sechs Monate das Probearbeitsverhältnis in den Anwendungsbereich des Kündigungsschutzgesetzes geraten kann. Dann benötigen Sie einen Kündigungsgrund in Form einer sozialen Rechtfertigung für die Kündigung.

Wenn Sie sich für die Gestaltung eines befristeten Probearbeitsverhältnisses entscheiden, denken Sie an die vertragliche Vereinbarung vorzeitiger Kündigung – andernfalls scheidet eine ordentliche Kündigung innerhalb der Probezeit aus (§ 15 Abs. 3 TzBfG) und Sie müssen den Arbeitnehmer bis zum Ablauf der Probezeit weiter beschäftigen. Außerdem besteht – wie bei jedem befristeten Arbeitsverhältnis – bei Fortsetzung über den Fristablauf hinaus die Gefahr einer Verlängerung auf unbestimmte Zeit (§ 15 Abs. 3 TzBfG). Achtung: Bei tarifgebundenen Vertragsparteien hängt die Zulässigkeit und Formulierung einer Vertragsklausel zur Probezeit auch von etwaigen Vorgaben im Tarifvertrag ab. Sollte es ausnahmsweise zur Vereinbarung eines Wettbewerbsverbots mit dem Arbeitnehmer kommen, wäre es ein teurer Fehler, keine Abrede darüber zu treffen, dass dieses bei einer Kündigung oder sonstigen Beendigung während der Probezeit nicht gilt.

Kündigungsfristen

Während der vereinbarten Probezeit (aber nur bei einer solchen bis zu sechs Monaten!) ist die gesetzliche Kündigungsfrist auf zwei Wochen verkürzt (§ 622 Abs. 3 BGB). Bitte nehmen Sie diese gesetzliche Frist aber nicht als letzte Wahrheit, denn durch Tarifvertrag kann die Frist sowohl verlängert als auch verkürzt werden (§ 622 Abs. 4 BGB). Im Arbeitsvertrag selbst ist eine Verlängerung möglich, Verkürzungen nur ganz ausnahmsweise (§ 622 Abs. 5 BGB). Sie können kündigen bis zum letzten Tag der vereinbarten Probezeit, wobei die Kündigung aber an diesem Tag in den Empfangsbereich des Arbeitnehmers gelangt sein muss.

Kein Grund erforderlich

Die Angabe eines Grundes ist arbeitsrechtlich nicht erforderlich, aber fair. Einen überflüssigen Aufwand betreiben Sie damit auch nicht, denn die Anhörung des Betriebsrates im Rahmen seiner Beteiligungsrechte vor der Kündigung muss ebenso ausführlich stattfinden wie sonst auch (§ 102 Abs. 1 S. 2 BetrVG). Die fehlende Begründungsnotwendigkeit liegt nicht am Charakter als Probezeit, sondern daran, dass sie außerhalb des Anwendungsbereichs des Kündigungsschutzgesetzes ausgesprochen wird (§ 1 Abs. 1 KSchG). Das greift nämlich frühestens, wenn das Arbeitsverhältnis mindestens sechs Monate bestanden hat, wobei es noch weitere Voraussetzungen gibt.

Hinweise zur Vertragsbeendigung

Angenommen, ein in Ihrem Verantwortungsbereich zur Probe angestellter Arbeitnehmer hat sich nicht bewährt. Sie möchten veranlassen, dass das Arbeitsverhältnis beendet wird. Hier ist zum einen zu klären, ob es sich um ein unbefristetes Arbeitsverhältnis handelt, innerhalb dessen eine Probezeit vereinbart wurde, oder ein befristetes Probearbeitsverhältnis. Ersteres können Sie während der Probezeit jederzeit kündigen, Letzteres vor Fristablauf eben nur, wenn ordentliche Kündigungsmöglichkeiten während der Befristungsdauer vorgesehen sind. Sofern es in Ihrem Betrieb keine Personalorganisation gibt, werden Sie die Frist im Auge behalten müssen. Gekündigt werden kann bis zum letzten Tag der Probezeit, wobei aber der Zugang innerhalb der Frist erfolgen muss. Absenden genügt nicht. Bei Kündigungsfristen und Existenz eines Betriebsrates müssen Sie dessen Anhörungsfrist in Ihre terminlichen Überlegungen einkalkulieren. Der Betriebsrat hat nach Gesetz eine Woche Zeit zur Stellungnahme (§ 102 Abs. 2 BetrVG). Eine ohne Anhörung des Betriebsrats am letzten Tag der Probezeit ausgesprochene Kündigung wäre unwirksam (§ 101 Abs. 1 S. 3 BetrVG).

4.4.2 Befristeter Arbeitsvertrag

Seit Mitte der neunziger Jahre werden Arbeitsverträge immer häufiger zunächst befristet abgeschlossen und bei Bedarf verlängert. Befristete Verträge sind Instrumente flexibler Personalplanung.

Vorteile von befristeten Verträgen
Für den Arbeitgeber hat die Befristung von Arbeitsverträgen folgende Vorteile:

- Sie müssen sich nicht um Kündigungsfristen kümmern.
- Das Kündigungsschutzgesetz findet keine Anwendung.
- Auch Regelungen über den besonderen Kündigungsschutz bei Schwerbehinderten, Mitgliedern der Arbeitnehmervertretung, Schwangeren finden keine Anwendung.
- Die Anhörung des Betriebsrates entfällt.

Befristungsmöglichkeiten und deren Schranken
Aus genau diesen Gründen schränkt der Gesetzgeber aber auch die Möglichkeiten zur Befristung ein. Die Schranken können Sie dem

Teilzeit- und Befristungsgesetz (TzBfG) entnehmen. Das Gesetz verlangt grundsätzlich einen sachlichen Grund für die Befristung. Eine nicht abschließende Aufzählung möglicher sachlicher Gründe hat es auch im Angebot (§ 14 Abs. 1 S. 2 TzBfG). Besteht ein sachlicher Grund für die Befristung, sind Sie nicht an zeitliche Obergrenzen für die Dauer der Befristung gebunden.

Wenn Sie allerdings einen *neuen* Mitarbeiter nur bis zur Dauer von 2 Jahren einstellen wollen, benötigen Sie auch keinen sachlichen Grund (erleichterte Befristung). Die Betonung liegt aber hier wirklich auf neu, weil jedes auch noch so lang zurückliegende Arbeitsverhältnis mit einem Mitarbeiter eine befristete Einstellung verhindert (Anschlussverbot, § 14 Abs. 2 S. 2 TzBfG). Deshalb sollten Sie hier genau prüfen, ob ein Bewerber früher schon einmal für das Unternehmen gearbeitet hat, und ihn selbst auch dazu befragen. In den ersten vier Jahren nach der Gründung eines Unternehmens ist die kalendermäßige Befristung eines Arbeitsvertrages ohne Vorliegen eines sachlichen Grundes sogar bis zur Dauer von vier Jahren zulässig. Auch die mehrfache Verlängerung eines kalendermäßig befristeten Arbeitsvertrages bis zur Gesamtdauer von vier Jahren ist unter den vorgenannten Voraussetzungen erlaubt (§ 14 Abs. 2a TzBfG).

Sie können auf Zeit kalendermäßig befristen oder zweckbefristen. Eine Zweckbefristung liegt vor, wenn die Dauer des Arbeitsvertrages sich aus Art, Zweck oder Beschaffenheit der Arbeitsleistung ergibt (§ 3 Abs. 1 S. 2 TzBfG).

Eine Zweckbefristung besteht zum Beispiel dann, wenn ein Ingenieurbüro einen Architekten für die Projektleitung an einem Bürohausbau einstellt. Nach Realisierung des Bauprojekts und Abnahme durch den Besteller soll das Arbeitsverhältnis enden. Es liegt eine Befristung des Arbeitsvertrages auf die Dauer des Bauprojekts vor.

Bei der Zweckbefristung sind Sie gesetzlich verpflichtet, den Arbeitnehmer schriftlich über den Zeitpunkt der Zweckerreichung zu unterrichten. Das Arbeitsverhältnis endet nämlich frühestens zwei Wochen nach Zugang der schriftlichen Unterrichtung des Arbeitnehmers (§ 15 Abs. 2 TzBfG).

Achtung, Ablauffrist
Es kann wichtig für Sie sein, die Ablauffrist im Blick zu behalten, wenn dies nicht die Personalorganisation tut. Andernfalls besteht die Gefahr, dass aus dem befristeten ein unbefristetes Arbeitsverhältnis wird. Wird nämlich das Arbeitsverhältnis nach Ablauf der Zeit, für die es eingegangen ist, oder nach Zweckerreichung mit Wissen des Arbeitgebers fortgesetzt, so gilt es als auf unbestimmte Zeit verlängert, wenn der Arbeitgeber nicht unverzüglich widerspricht oder dem Arbeitnehmer die Zweckerreichung nicht unverzüglich mitteilt (§ 15 Abs. 5 TzBfG).

Innerhalb der Frist von zwei Jahren können Sie einen befristeten Vertrag bis zu dreimal verlängern. Insofern hat die Unterscheidung zwischen Verlängerung und Neuabschluss eines Arbeitsverhältnisses eine große Bedeutung. Ein beendetes Arbeitsverhältnis (Fristablauf) können Sie nicht mehr verlängern. Bitte beachten Sie, dass Tarifverträge Einschränkungen der Möglichkeiten zum Abschluss befristeter Arbeitsverträge enthalten können.

Schriftform, unwirksame Befristung
Die Befristung eines Arbeitsverhältnisses bedarf der Schriftform (§ 14 Abs. 4 TzBfG). Wenn Sie einen Arbeitnehmer befristet einstellen wollen, ihn die Arbeit aufnehmen lassen und sich dann später erst um den Abschluss eines schriftlichen Arbeitsvertrages kümmern, der die Befristung enthält, haben Sie ein unbefristetes Arbeitsverhältnis begründet. Wir empfehlen Ihnen hier den Sicherheitsgrundsatz: Keine Arbeitsaufnahme ohne unterschriebenen Arbeitsvertrag.

Die Vorgaben des Teilzeit- und Befristungsgesetzes sollten Sie peinlich genau einhalten. Die Höchststrafe für den Arbeitgeber bei fehlerhafter und damit unwirksamer Befristung ist das Zustandekommen eines auf unbestimmte Zeit geschlossenen Vertragsverhältnisses (§ 16 Abs. 1 TzBfG).

An vertragliche Kündigungsgründe und Probezeit denken
Auch bei einem befristeten Arbeitsverhältnis sollten Sie an die Vereinbarung von ordentlichen Kündigungsmöglichkeiten und an eine Probezeit denken. Andernfalls haben Sie bis zum Fristablauf grundsätzlich keine Möglichkeit, das Arbeitsverhältnis einseitig zu beenden.

4.4.3 Teilzeitarbeitsvertrag

Teilzeitarbeit findet immer weitere Verbreitung in Deutschland. Hierzu hat auch das Teilzeit- und Befristungsgesetz seinen Beitrag geleistet, das seit dem 1. Januar 2001 in Kraft ist. Laut eines Mikrozensus des statistischen Bundesamtes vom Mai 2002 ist die Zahl der Teilzeitbeschäftigten im Jahr 2001 um 320 000 auf 6,8 Millionen gestiegen. Die Teilzeitquote beträgt nunmehr 20,8 Prozent.[9]

Wer ist teilzeitbeschäftigt?
Teilzeitbeschäftigt ist ein Arbeitnehmer, dessen regelmäßige Wochenarbeitszeit kürzer ist als die eines vergleichbaren vollzeitbeschäftigten Arbeitnehmers (§ 2 TzBfG). Teilzeitbeschäftigter ist auch ein geringfügig Beschäftigter, also derjenige, der regelmäßig nicht mehr als 400 Euro monatlich verdient (§ 8 Abs. 1 Nr. 1 SGB IV). Für das Teilzeitarbeitsverhältnis gelten grundsätzlich die gleichen Bestimmungen wie für Vollzeitarbeitsverhältnisse, solange arbeitsvertraglich (oder durch Tarifvertrag) keine abweichenden Regelungen getroffen sind. Diese müssten sachlich begründet sein. Konsequenterweise verbietet das Gesetz, das die Teilzeitbeschäftigung ja gerade fördern will (§ 1 TzBfG), auch die Schlechterbehandlung eines Teilzeitbeschäftigten gegenüber einem Vollzeitbeschäftigten, soweit nicht sachliche Gründe eine unterschiedliche Behandlung rechtfertigen.

Anspruch auf Verringerung der Wochenarbeitszeit
Eine Besonderheit liegt in dem durch das Gesetz eingeräumten Anspruch des Arbeitnehmers auf Verringerung der Wochenarbeitszeit, wenn das Arbeitsverhältnis länger als sechs Monate bestanden hat und der Arbeitgeber in der Regel mehr als 15 Arbeitnehmer beschäftigt (§ 8 Abs. 1, Abs. 4 TzBfG). Wenn ein Arbeitnehmer also einen solchen Wunsch an Sie heranträgt, müssen Sie beziehungsweise die Personalabteilung dies mit ihm erörtern mit dem Ziel, zu einer Vereinbarung zu gelangen. Soweit betriebliche Gründe nicht entgegenstehen, hat der Arbeitgeber der Verringerung der Arbeitszeit zuzustimmen und ihre Verteilung entsprechend den Wünschen des Arbeitnehmers festzulegen.

Das Gesetz nennt beispielhaft entgegenstehende betriebliche Gründe (§ 8 Abs. 4 S. 2 TzBfG) und verrät weiter, dass Ablehnungsgründe auch durch Tarifvertrag festgelegt werden können. Die Entscheidung über die Verringerung der Arbeitszeit und ihre Verteilung hat der Arbeitgeber dem Arbeitnehmer spätestens einen Monat vor dem gewünschten Beginn der Verringerung schriftlich bekannt zu geben. Im Falle einer Ablehnung schreibt das Gesetz keine schriftliche Begründung vor. Bitte berücksichtigen Sie aber, dass der Arbeitnehmer bei Ablehnung der Verringerung oder lediglich fehlender Einigung über die zeitliche Lage der verringerten Arbeitszeit klagen kann. In dem Falle trifft Sie die Darlegungs- und Beweislast für die betrieblichen Gründe, die die Ablehnung tragen. Insofern werden Sie sich sehr genau die entgegenstehenden betrieblichen Gründe überlegen müssen und sollten sie dann auch dem Arbeitnehmer mitteilen – schon um die Akzeptanz gegenüber einer ablehnenden Entscheidung zu erhöhen und damit die Wahrscheinlichkeit einer Klage zu verringern.

Übrigens: Auch Führungskräften soll der Arbeitgeber nach der Intention des Teilzeit- und Befristungsgesetzes Teilzeit ermöglichen (§ 6 TzBfG). Vielleicht wird das ja auch für Sie eines Tages interessant?

➤ Internet-Tipp

www.teilzeit-info.de

5.
Rechte und Pflichten aus dem Arbeitsverhältnis

In diesem Kapitel stellen wir Ihnen die wesentlichen Rechte und Pflichten der Parteien aus dem Arbeitsverhältnis vor, beginnend mit einem kleinen Überblick (Abschnitt 5.1). Danach erläutern wir die Pflichten des Arbeitnehmers (Abschnitt 5.2) und geben einen Überblick, welche Handhabe Ihnen bei Pflichtverletzungen zur Verfügung steht (Abschnitt 5.3). Nach der Darstellung der Arbeitgeberpflichten (Abschnitt 5.4) haben wir einen weiteren Abschnitt unterschiedlichen Fallgruppen gewidmet, in denen der Arbeitnehmer ohne Arbeitsleistung Entgelt erhält, und dabei Krankheit und Urlaub wegen der praktischen Bedeutung für den betrieblichen Alltag in eigenen Abschnitten (Abschnitt 5.6 und 5.8) behandelt. In Abschnitt 5.7 stellen wir Ihnen das Wichtigste zur Arbeitszeit vor und zeigen Gestaltungsmöglichkeiten und -grenzen auf.

5.1 Überblick über die Rechte und Pflichten

Mit dem Abschluss des Arbeitsvertrages wird zwischen Arbeitgeber und Arbeitnehmer ein Arbeitsverhältnis begründet. Dadurch entstehen für beide Seiten Rechte und Pflichten. So schuldet der Arbeitnehmer die Arbeitsleistung und der Arbeitgeber die Zahlung des Entgelts. Dies sind die Hauptleistungspflichten, die jeder Vertragspartner erbringt, damit er die Gegenleistung erhält.

Neben den Hauptleistungspflichten wird das Arbeitsverhältnis noch durch verschiedene Nebenpflichten sowie Rücksichtnahmepflichten beider Seiten mitgeprägt (§ 241 Abs. 2 BGB). Auf Arbeitgeberseite können sie mit der Überschrift *Schutz- und Fürsorgepflichten* versehen werden, auf der Arbeitnehmerseite mit *Treuepflichten*.

5.2 Pflichten des Arbeitnehmers

Die Arbeitspflicht steht bei der Frage, welche Pflichten den Arbeitnehmer aus dem Arbeitsverhältnis treffen, naturgemäß im Vordergrund. Aber auch die Nebenpflichten spielen im betrieblichen Alltag eine große Rolle. Wie die Arbeitsleistung erbracht werden muss und welche Rechte und Pflichten bestehen, stellen wir Ihnen nachfolgend dar.

5.2.1 Arbeitspflicht und Direktionsrecht

Der Arbeitnehmer hat im Betrieb die Tätigkeiten auszuführen, für die er nach Vertrag eingestellt ist. Die Arbeitspflicht ist eine höchstpersönliche (§ 613 S. 1 BGB). Ein Mitarbeiter kann Ihnen also nicht jemand anderen schicken, um die versprochenen Dienste zu leisten (§ 611 Abs. 1 BGB).

Insofern sind die getroffenen arbeitsvertraglichen Vereinbarungen von großer Bedeutung dafür, wie der Arbeitnehmer später fachlich, räumlich und zeitlich eingesetzt werden kann. Nur im Rahmen dieser Vereinbarungen im Arbeitsvertrag sind Sie zulässigerweise in der Lage, dem Arbeitnehmer kraft Ihres Weisungsrechts bestimmte Tätigkeiten oder Arbeitsorte zuzuweisen. Näheres zum Direktionsrecht können Sie im Abschnitt *2.2.5* lesen.

Möchten Sie sich weitere Einsatzmöglichkeiten des Arbeitnehmers offen halten, können Sie sich dies hinsichtlich Tätigkeit, Arbeitsort und/oder Arbeitszeit durch entsprechende Klauseln im Arbeitsvertrag vorbehalten. Ein Beispiel für eine solche Klausel haben wir Ihnen bereits im Abschnitt *2.2.5* gegeben.

Beispiel

Eine Regelung im Arbeitsvertrag kann auch in folgender Weise formuliert sein: »Der Arbeitgeber behält sich vor, dem Arbeitnehmer eine andere zumutbare Tätigkeit innerhalb des Betriebes zuzuweisen, die seinen Vorkenntnissen und Fähigkeiten entspricht, und das Aufgabengebiet aus organisatorischen Gründen zu ändern. Macht er hiervon Gebrauch, so ist die bisherige Vergütung weiterzuzahlen.«

Sie müssen sich allerdings darüber im Klaren sein, dass derartige Vorbehaltsklauseln, die Ihr Direktionsrecht als Vorgesetzter erweitern, auch ihre Kehrseite haben. Die größere Flexibilität bei den Einsatzmöglichkeiten erkaufen Sie mit höheren rechtlichen Anforderungen, wenn Sie das Arbeitsverhältnis mit dem Arbeitnehmer beenden wollen. Im Falle einer beabsichtigten Kündigung werden Sie wegen der arbeitsvertraglich eröffneten Versetzungsmöglichkeit prüfen und im Prozessfall auch dem Arbeitgericht darlegen müssen, aus welchem Grund Sie keine anderweitige Beschäftigungsmöglichkeit für den Arbeitnehmer haben. Bei der Frage der Vergleichbarkeit mit anderen Arbeitnehmern wird es dann auch auf solche ankommen, deren Tätigkeiten der Arbeitnehmer bei Ausübung des Direktionsrechtes wahrnehmen könnte. Dies kann Ihnen im Rahmen der Sozialauswahl bei einer betriebsbedingten Kündigung Erschwernisse bereiten, da der Kreis der vergleichbaren Arbeitnehmer größer wird. Ohne diese Versetzungsklausel können Sie den Arbeitnehmer eben nur auf dem vereinbarten Arbeitsplatz beschäftigen. Die Zuweisung einer gleichwertigen Stelle kraft Direktionsrechtes bei Wegfall des bisherigen Arbeitsplatzes scheidet aus.

Soweit genaue vertragliche Vereinbarungen fehlen, ergibt sich das, was der Arbeitnehmer arbeitsvertraglich schuldet, nach der Verkehrsauffassung. Eine Verkehrsauffassung gibt es zu allem. Im Prozessfall befindet das Arbeitsgericht darüber, was Auffassung der beteiligten Verkehrskreise ist.

Aus der Praxis

Ein Kulturorchestermusiker, der als Schlagzeuger beschäftigt ist, musste bei der Aufführung eines Werkes und bei den Proben einen Regenmacher bedienen, der in der Partitur dem Schlagzeug zugeordnet war. Dabei handelt es sich um ein mit Steinchen gefülltes Bambusrohr, mit dem durch Schütteln und Drehen regenähnliche Geräusche erzeugt werden. Dafür verlangte der Schlagzeuger eine zusätzliche Vergütung, weil der Regenmacher eben kein Musikinstrument sei, das er als Schlagzeuger zu bedienen habe, sondern ein Geräuschinstrument. Das Bundesarbeitsgericht lehnte den Anspruch ab: »Die sich aus § 1 des Arbeitsvertrags (...) ergebende Verpflichtung zum Spielen des Schlagzeugs umfasst mangels anderweitiger Anhaltspunkte die Pflicht zum Spielen sämtlicher Einzelinstrumente, die üblicherweise in einem Kulturorchester dem Schlagzeug zugeordnet sind und von einem Schlagzeuger bedient werden. Dazu gehört nach Auffassung der beteiligten Verkehrskreise auch der Regenmacher.«

Wenn Sie der Situation entgehen wollen, dass die beteiligten Verkehrskreise und nicht Sie selbst darüber entscheiden, was zur Arbeitsleistung gehört, erscheint es ratsam, die Art der zu leistenden Arbeit so umfassend zu umschreiben, wie es möglich ist, und gegebenenfalls eine Vertragsklausel zu vereinbaren, auf deren Grundlage andere Tätigkeiten zugewiesen werden können. Allerdings zeigt das Beispiel auch: Man kann eben nicht an alles denken, und Auseinandersetzungen können nicht immer vermieden werden.

Hinsichtlich des Ortes der Arbeitsleistung können Sie von einer ähnlichen Ausgangssituation ausgehen wie bei der Bestimmung der Arbeitsleistung. Entscheidend ist die vertragliche Vereinbarung. Fehlt eine ausdrückliche Regelung, kann Ihnen von einem versetzungsunwilligen Arbeitnehmer entgegengehalten werden, der Betrieb des Arbeitgebers sei stillschweigend als Arbeitsort vereinbart. Wenn Sie das vermeiden wollen und den Arbeitnehmer auch in einen Betrieb des Unternehmens in einer anderen Stadt versetzen möchten, kommt es darauf an, ob dies vertraglich vorbehalten ist oder nicht.

Beispiel

Ein ergänzender Versetzungsvorbehalt in einem Arbeitsvertrag kann lauten:»Der Vorbehalt, dem Arbeitnehmer eine andere zumutbare Tätigkeit im gleichen Betrieb zuzuweisen, erstreckt sich ferner auch auf die Versetzung an einen anderen Einsatzort.«

Wenn ein Vorbehalt nicht vereinbart ist, können Sie nur eine Vertragsänderung mit dem Arbeitnehmer besprechen. Ohne Einvernehmen mit dem Arbeitnehmer bleibt Ihnen dann noch die Möglichkeit einer Änderungskündigung (§ 2 KSchG). Zur Änderungskündigung können Sie mehr im Abschnitt 6.9 erfahren.

Im Rahmen des Arbeitsvertrages, der Gesetze und unter Berücksichtigung billigen Ermessens können Sie Weisungen aussprechen (Direktionsrecht). Eine gesetzwidrige Weisung begründet ein Leistungsverweigerungsrecht des Arbeitnehmers (§ 275 Abs. 3 BGB). In diesem Fall stellt eine Arbeitsverweigerung keine Verletzung des Arbeitsvertrages dar.

Befreiung von der Arbeitspflicht

Des Weiteren gibt es Situationen, bei denen der Arbeitnehmer von der Arbeitspflicht befreit ist und sein Fernbleiben von der Arbeit ebenfalls keine Verletzung seiner arbeitsvertraglichen Pflichten darstellt. Die wesentlichen Fälle der Befreiung von der Arbeitspflicht stellen wir Ihnen im Abschnitt 5.5 vor, wobei wir uns dort auf solche konzentrieren, bei denen der Arbeitnehmer seinen Anspruch auf Entgelt behält. Es gibt auch Situationen, in denen der Arbeitnehmer seiner Arbeitspflicht nicht nachkommen muss, aber auch keinen Anspruch auf Entgelt hat. Elternzeit ist ein Beispiel (siehe dazu Abschnitt 9.5), unbezahlter Sonderurlaub (siehe Abschnitt 5.9.3) ist ein weiteres.

Wenn der Arbeitnehmer nicht arbeitet und kein gesetzlicher oder vertraglicher Grund dafür vorliegt, verletzt er seine Arbeitspflicht und hat auch keinen Anspruch auf Entgelt. Dies kann ein Anlass für eine Abmahnung und gegebenenfalls auch ein Kündigungsgrund sein – je nach der Schwere der Pflichtverletzung auch für eine außerordentliche Kündigung. Es kommt auf den Einzelfall an. Außerdem sind Schadensersatzansprüche möglich. Siehe dazu auch den Abschnitt 5.3.6.

5.2.2 Treuepflicht des Arbeitnehmers

Neben der Arbeitspflicht als Hauptpflicht hat der Arbeitnehmer auch noch Rücksichtnahmepflichten (§ 241 Abs. 2 BGB) aus dem Arbeitsverhältnis, zusammenfassend bisher als Treuepflicht bezeichnet. Ein Arbeitsverhältnis ist auf lange Dauer ausgerichtet und lebt daher besonders auch von dem persönlichen Vertrauen der Vertragspartner ineinander. Daraus ergeben sich gegenseitige Nebenpflichten aus dem Arbeitsverhältnis, die teilweise gesetzlich geregelt, häufig aber auch von der Rechtsprechung entwickelt sind. Nicht selten werden zunächst als Richterrecht entwickelte Nebenpflichten nach gewisser Zeit auch in Gesetzesform gegossen.

Der Arbeitnehmer hat die berechtigten Interessen des Arbeitgebers so zu wahren, wie dies von ihm unter Berücksichtigung seiner eigenen Interessen und der Interessen der anderen Arbeitnehmer des Betriebes nach Treu und Glauben verlangt werden kann. Der Umfang der Treuepflicht hängt dabei auch von der hierarchischen Stellung des jeweiligen Arbeitnehmers im Betrieb ab. Von einem leitenden Angestellten wird mehr Treue verlangt als von einem Arbeiter. Nachfolgend stellen wir Ihnen einige wesentliche Pflichten vor.

Verschwiegenheitspflicht

Der Arbeitnehmer ist verpflichtet, Betriebs- und Geschäftsgeheimnisse zu wahren, an deren Geheimhaltung ein berechtigtes betriebliches Interesse besteht. Geheimnis ist eine Tatsache, die nicht jedem bekannt ist oder nicht ohne weiteres jedem bekannt werden kann und die für den Arbeitgeber von einer bestimmten Wichtigkeit ist. Solche Geheimnisse können sich beziehen auf: Personalbestand, Personalstruktur, Know-how, Maschinenpark, Produktionsverfahren, Bilanzen, Kundenliste, Einkaufspreise, Rabatte oder Kreditwürdigkeit.

Was dagegen für jeden ohne große Mühe zugänglich oder in Erfahrung zu bringen ist, kann kein Geheimnis sein. Die Weitergabe von Geschäfts- oder Betriebsgeheimnissen hat nicht nur eine arbeitsrechtliche Komponente, sondern kann auch strafrechtliche Relevanz haben. Wer als Arbeitnehmer während des Bestehens eines Arbeitsverhältnisses ein Geschäftsgeheimnis zu Zwecken des Wettbewerbs, aus Eigennutz oder um den Arbeitgeber zu schädigen an Dritte mitteilt, macht sich strafbar (§ 17 UWG). Die Verschwiegenheitspflicht beginnt spätestens mit der Begründung des Arbeitsverhältnisses. Sie endet – als vertragliche Nebenpflicht – grundsätzlich auch mit der Beendigung des Arbeitsverhältnisses. Jedoch soll den Arbeitnehmer im Rahmen einer nachvertraglichen Treuepflicht auch eine Pflicht zur Verschwiegenheit treffen. Wenn Verschwiegenheit für Ihr Unternehmen oder die Art der Tätigkeit wichtig ist, sollten Sie immer eine ausdrückliche Vereinbarung im Arbeitsvertrag in Erwägung ziehen.

Beispiel

Eine solche Regelung kann lauten:»Der Arbeitnehmer ist verpflichtet, über geschäftliche und betriebliche Angelegenheiten, die ihm im Rahmen oder aus Anlass seiner Tätigkeit im Unternehmen bekannt geworden sind, Stillschweigen zu bewahren. Die Pflicht zur Verschwiegenheit gilt auch nach Beendigung des Arbeitsverhältnisses.«

Verbot von kredit- und rufschädigenden Äußerungen
Der Arbeitnehmer hat geschäftsschädigende, kreditgefährdende und rufschädigende Äußerungen über den Arbeitgeber zu unterlassen. Es ist dabei völlig irrelevant, ob die Äußerungen sich auf wahre oder unwahre Tatsachen beziehen.

Pflicht zur Wahrung des Betriebsfriedens
Der Arbeitnehmer ist zur Einhaltung der betrieblichen Ordnung und zur Wahrung des Betriebsfriedens verpflichtet; dazu gehört auch die Verpflichtung, den übrigen betriebsangehörigen Arbeitnehmern mit Achtung und Freundlichkeit zu begegnen. Der Arbeitnehmer hat alle Betätigungen im Betrieb zu unterlassen, die den Betriebsablauf oder den Betriebsfrieden stören könnten. Diese Pflicht

ist Ihr arbeitsrechtlicher Anknüpfungspunkt, wenn Sie gegen schikanierendes Verhalten von Arbeitnehmern anderen Mitarbeitern gegenüber in Ihrem Verantwortungsbereich vorgehen wollen. Weiteres dazu können Sie im Kapitel 8 und im Abschnitt 9.4 lesen.

Pflicht zur Unterlassung von Wettbewerb während des Arbeitsverhältnisses

Solange ein Arbeitsverhältnis besteht, darf der Arbeitnehmer ohne Einwilligung des Arbeitgebers keine Konkurrenztätigkeit aufnehmen und damit in Wettbewerb zum Arbeitgeber treten. Für kaufmännische Mitarbeiter existiert eine gesetzliche Regelung (§§ 60 ff. HGB). Für alle anderen Arbeitnehmer gilt das Wettbewerbsverbot aber im Prinzip genauso. Sollten Sie nicht wünschen, dass ein Wettbewerbsverbot während des Arbeitsverhältnisses gilt, müssten Sie das ausdrücklich vereinbaren.

Für die Zeit nach Beendigung des Arbeitsverhältnisses ist es genau umgekehrt. Der Arbeitnehmer ist grundsätzlich nicht verpflichtet, Wettbewerb zu unterlassen, sondern kann dies bis zur Grenze der guten Sitten tun. Wenn Sie eine solche Verpflichtung zur Unterlassung von Wettbewerb begründen möchten, ist das richtige Instrument ein *nachvertragliches Wettbewerbsverbot* mit dem Arbeitnehmer. Zu den besonderen Anforderungen, den Vor- und Nachteilen finden Sie weitere Informationen im Abschnitt 4.1.6.

Anzeige von drohenden Schäden

Jeder Arbeitnehmer ist verpflichtet, eingetretene oder voraussehbare Schäden und Mängel an Betriebseinrichtungen, Maschinen, Material und Werkzeugen anzuzeigen. Das gilt erst einmal für den eigenen Arbeitsbereich. Auch hinsichtlich anderer Arbeitsbereiche und des übrigen Betriebes bestehen Anzeigepflichten, wenn dem Arbeitgeber ein Schaden droht. Sie werden aber nicht von einem Mitarbeiter verlangen können, dass er Nachlässigkeiten von Kollegen meldet oder Umgehung von Sicherheitsbestimmungen, es sei denn, es drohen erhebliche Gefahren daraus.

5.3 Was tun bei Pflichtverletzungen des Arbeitnehmers?

Bei der Tätigkeit eines Arbeitnehmers kann nicht immer alles glatt laufen. Dagegen spricht schon das Gesetz der Wahrscheinlichkeit bei einem unter Umständen über Jahre laufenden Arbeitsverhältnis. Ihm können während der Arbeit Fehler passieren, die zu Sachschäden an Arbeitsmitteln oder Arbeitsergebnissen oder auch an Sachen anderer Personen führen. Es kann passieren, dass der Arbeitnehmer die von ihm geschuldete Arbeitsleistung gar nicht oder schlecht erbringt, oder er kann gegen Nebenpflichten aus dem Arbeitsvertrag verstoßen. Auch kann der Arbeitnehmer einen Arbeitsunfall verursachen, bei dem ein anderer Arbeitnehmer zu Schaden kommt. In dem nachfolgenden Abschnitt stellen wir Ihnen vor, wie Sie auf Pflichtverletzungen mit arbeitsrechtlichen Mitteln reagieren können. Des Weiteren informieren wir Sie über die Grundzüge des innerbetrieblichen Schadensausgleichs.

5.3.1 Ihre Reaktionsmöglichkeiten als Führungskraft

In vielen Situationen werden Sie Fehlverhalten, mängelbehaftete Arbeitsleistungen und sonstige Pflichtverletzungen über das Gespräch mit dem Mitarbeiter erfolgreich für die Zukunft abstellen oder Lösungen finden können. Das wird Ihnen möglicherweise aber nicht immer gelingen. Ihre arbeitsrechtlichen Reaktionsmöglichkeiten auf Pflichtverletzungen eines Arbeitnehmers können in drei Richtungen kategorisiert werden:

- Sie möchten als betrieblicher Vorgesetzter den Mitarbeiter für die Zukunft zu vertragsgerechtem Verhalten bewegen:
  - Sie haben die Möglichkeit, eine Ermahnung oder eine Abmahnung zu erteilen.
  - Sie können eine Beschäftigung des Arbeitnehmers mit anderen Aufgaben, eine Umsetzung oder eine Versetzung in Erwägung ziehen.
  - Sie haben die Möglichkeit, eine Betriebsbuße zu verhängen.

Das setzt voraus, dass eine Bußordnung in Ihrem Betrieb in Form einer Betriebsvereinbarung wirksam besteht und die Pflichtverletzung einen dort beschriebenen Tatbestand erfüllt.
– Sie können eine Vertragsstrafe geltend machen. Das setzt voraus, dass eine Vertragsstrafe mit dem Arbeitnehmer wirksam vereinbart ist und dessen Verhalten den Tatbestand der vereinbarten Vertragsstrafe erfüllt.
– Sie können erwägen, ob die Kürzung oder gar der Entzug von freiwilligen, unter Vorbehalt dem Arbeitnehmer gewährten Leistungen möglich ist.

• Sie möchten wiederholtes vertragswidriges Verhalten nicht länger hinnehmen oder sehen nach einer einmaligen schwerwiegenden Vertragsverletzung keine Basis mehr für eine weitere vertrauensvolle Zusammenarbeit:
Sie haben die Möglichkeit, auf eine Beendigung des Vertragsverhältnisses hinzuwirken, in der Regel durch Ausspruch einer Kündigung, aber auch durch Abschluss eines Aufhebungsvertrages. In Abhängigkeit von der Schwere der Pflichtverletzung kommt neben einer ordentlichen auch eine außerordentliche Kündigung in Betracht. Die Kündigung ist dabei immer nur das letzte Mittel, wenn andere mildere Möglichkeiten ausscheiden.

• Sie möchten klären, wer zahlen muss, wenn der Arbeitnehmer pflichtwidrig einen Schaden verursacht hat:
Sie können überlegen, ob gegenüber dem Arbeitnehmer ein Schadensersatzanspruch geltend gemacht werden kann.

Wir möchten an dieser Stelle betonen, dass wir Ihnen vor der Ergreifung von arbeitsrechtlichen Maßnahmen, insbesondere bezogen auf die Beendigung des Vertragsverhältnisses, die Einbeziehung der Personalabteilung oder die Einholung von externem fachkundigem Rat empfehlen.

5.3.2 Haftung für Sachschäden beim Arbeitgeber

Natürlich ist es ziemlich ärgerlich, wenn ein Mitarbeiter Ihrer Abteilung zum Beispiel Arbeitsgeräte beschädigt. Neben den organisatorischen Konsequenzen der Ersatzbeschaffung oder Reparatur werden Sie sich dann vielleicht auch mit der Frage beschäftigen müssen, ob der Arbeitnehmer den Schaden ersetzen muss. Hierzu besteht der Grundsatz: Wer einen Schaden schuldhaft verursacht, muss dem Geschädigten den Schaden ersetzen. Zu verantworten hat der Schädiger nach dem Gesetz Vorsatz und Fahrlässigkeit (§ 276 BGB).

Rechtlicher Anknüpfungspunkt für eine Schadensersatzpflicht ist die Verletzung von vertraglichen Pflichten (§ 280 Abs. 1 BGB). Ein weiterer Anknüpfungspunkt ist die widerrechtliche Verletzung bestimmter Rechtsgüter wie zum Beispiel Körper, Gesundheit und Eigentum, ohne dass es dabei auf ein Vertragsverhältnis ankommt (§ 823 BGB).

Vom Grundsatz her gilt das auch im Arbeitsrecht. Das Bundesarbeitsgericht hat allerdings mit seiner Rechtsprechung die normale zivilrechtliche Schadensersatzpflicht für den Bereich des innerbetrieblichen Schadensausgleichs zwischen Arbeitgeber und Arbeitnehmer eingeschränkt mit dem Ziel, den Arbeitnehmer zu schützen: Auch dem sorgfältigsten Arbeitnehmer wird in einem langen Arbeitsleben schon einmal ein Fehler unterlaufen. Außerdem bestimmt der Arbeitgeber die Arbeitsbedingungen und die Arbeitsabläufe. Ihm steht der Gewinn aus der Arbeitnehmertätigkeit zu, dann muss er sich auch den daraus resultierenden Schaden zurechnen lassen. Er trägt das Betriebsrisiko, kann es einschätzen, sich dagegen versichern und in die Preise einkalkulieren. Wenn der Arbeitnehmer mit Arbeitsmitteln oder Produkten zu tun hat, deren Wert seinen Jahresverdienst um ein Vielfaches übersteigt, und es dann zu einem Schaden kommt, könnte eine unbeschränkte Schadensersatzpflicht schon bei fahrlässigem Handeln des Arbeitnehmers zu unangemessenen Ergebnissen führen.

Umfang der Haftung des Arbeitnehmers
Der Schaden muss im Zusammenhang mit der nach Arbeitsvertrag geschuldeten Tätigkeit entstanden sein, und er muss auf einer Pflichtverletzung des Arbeitnehmers beruhen. Wenn Sie auf dieser ersten Stufe geklärt haben, dass der Arbeitnehmer für den Schaden verantwortlich ist, können Sie dann auf der zweiten Stufe Überle-

gungen zur Verteilung der Haftung anstellen. Dafür kommt es auf den Grad des Verschuldens des Arbeitnehmers an, wobei Gesetz (§ 276 Abs. 1 BGB) und Rechtsprechung Sie hier mit verschiedenen Varianten konfrontieren. Das Gesetz nennt ausdrücklich Vorsatz und Fahrlässigkeit, stellt aber klar, dass sich eine strengere oder mildere Haftung auch aus Vereinbarung oder aus dem Inhalt des Schuldverhältnisses ergeben kann. An den Grad des Verschuldens knüpft die Haftungsprivilegierung des Arbeitnehmers an.

- *Vorsatz:*
  Der Arbeitnehmer kennt die Pflichtverletzung, will sie oder nimmt sie billigend in Kauf und führt den Schaden absichtlich herbei oder hält den Schadenseintritt zumindest für möglich und findet sich damit ab. Er haftet unbeschränkt für den von ihm verursachten Schaden.

- *Grobe Fahrlässigkeit:*
  Der Arbeitnehmer verletzt die aus objektiver Hinsicht erforderliche Sorgfalt in ungewöhnlich hohem Maße, in subjektiver Hinsicht war dies für ihn erkennbar und der Schadenseintritt nach seinen Fähigkeiten und Fertigkeiten vorhersehbar. Im Grundsatz haftet er wie bei Vorsatz unbeschränkt. Die Rechtsprechung nimmt jedoch hier ausnahmsweise eine Haftungsbegrenzung an, wenn die Arbeitnehmervergütung in deutlichem Missverhältnis zum Schadensrisiko der Tätigkeit steht. Ein solches Missverhältnis dürfen Sie nach der Rechtsprechung bereits annehmen, wenn die Schadenssumme sich in der Höhe von drei Brutto-Monatsgehältern bewegt oder höher ist.

- *Normale (mittlere) Fahrlässigkeit:*
  Der Arbeitnehmer verletzt die im Verkehr erforderliche Sorgfalt, was für ihn aufgrund seiner Fähigkeiten und Fertigkeiten erkennbar und vorhersehbar ist. Hier erfolgt eine Teilung des Schadens nach Billigkeitsgrundsätzen, wobei sämtliche Umstände des Einzelfalls zu berücksichtigen sind und zu einer Verschiebung der Quote zulasten des Arbeitgebers führen können. In eine Abwägung der Interessen können folgende Kriterien einbezogen werden:
  - Wahrscheinlichkeit des Schadenseintritts,
  - Art und Schwierigkeit der Tätigkeit,

- Höhe des eingetretenen Schadens,
- einkalkuliertes und versicherbares Unternehmerrisiko,
- Stellung des Arbeitnehmers im Betrieb,
- Berufserfahrung des Arbeitnehmers, Ausbildung,
- Dauer der Betriebszugehörigkeit des Arbeitnehmers,
- Höhe des Arbeitsentgelts,
- bisheriger Verlauf des Arbeitsverhältnisses.

- *Leichte Fahrlässigkeit*: Diese liegt vor, wenn die Außerachtlassung der im Verkehr erforderlichen Sorgfalt als geringfügig und leicht entschuldbar anzusehen ist. Als Faustregel können Sie leichte Fahrlässigkeit annehmen, wenn der Satz zutrifft:»Das kann jedem passieren.« Eine Haftung des Arbeitnehmers ist dann ausgeschlossen.

Die Einordnung eines Fehlverhaltens in eine der Verschuldenskategorien mit den sich daran anknüpfenden sehr unterschiedlichen Haftungsfolgen für den Arbeitnehmer kann im Einzelfall schwierig sein, und in einem Prozess lässt sich trefflich darüber streiten. Die Folgen für die Haftung des Arbeitnehmers können gravierend sein. Auch die Abwägung der zu berücksichtigenden Umstände des Einzelfalls spielt eine große Rolle und kann zu Haftungsverschiebungen zulasten des Arbeitgebers führen.

Aus der Praxis

Ein Arbeitnehmer fährt mit einem Firmen-LKW Lieferungen aus und bleibt in einer Unterführung hängen, weil er ein Verkehrszeichen übersehen hat, das auf die niedrige Höhe der Unterführung hinweist. Der Arbeitgeber hat das Fahrzeug, an dem erheblicher Sachschaden entsteht, nicht kaskoversichert.

Die Nichtbeachtung des Verkehrszeichens stellt nach der Gerichtsentscheidung eine mittlere Fahrlässigkeit dar, weshalb nach den Grundsätzen des innerbetrieblichen Schadensausgleichs der Arbeitnehmer den Schaden im Verhältnis zum Arbeitgeber nur anteilig zu tragen hat. Außerdem war nach der Entscheidung die grundsätzlich hälftige Haftungsverteilung zulasten des Arbeitgebers zu verschieben. Der Arbeitgeber hätte eine Kaskoversicherung mit Selbstbeteiligung abschließen können, sodass der Arbeitnehmer den Schaden nur im Umfang der (fiktiven) Selbstbeteiligung zu tragen hätte. In einem anderen Fall wieder wurde das Überfahren eines Stoppschildes als grob fahrlässig eingestuft.

In dem Beispiel können Sie ersehen: Es ist wichtig, für einen entsprechenden Versicherungsschutz gegen mögliche, von Arbeitnehmern verursachte Schäden Sorge zu tragen.

Dem Arbeitgeber sind die Betriebs- und Organisationsrisiken als verschuldensunabhängige Zurechnungsfaktoren bei der Haftungsverteilung anzulasten. Insoweit kommt es auf die Darlegung eines Mitverschuldens im Einzelfall nicht an. Allerdings kann den Arbeitgeber noch unter anderen Gesichtspunkten ein Mitverschulden (§ 254 BGB) am Schadenseintritt treffen.

Im Falle einer prozessualen Auseinandersetzung wegen eines Schadens haben Sie mit einer Besonderheit zu kämpfen: Die Beweislastverteilung weicht zulasten des Arbeitgebers vom Normalfall ab. Im Schadensfall müssen Sie darlegen und beweisen, dass den Arbeitnehmer ein Verschulden trifft (§ 619a BGB). Im Normalfall (§ 280 Abs. 1 BGB) verhält es sich genau umgekehrt. Das Verschulden des schädigenden Pflichtverletzers wird vermutet, er kann aber darlegen und beweisen, dass ihn kein Verschulden trifft.

Die Grundsätze der beschränkten Arbeitnehmerhaftung sind zwingendes Arbeitnehmerschutzrecht und damit zulasten des Arbeitnehmers nicht einzelvertraglich oder in einem Tarifvertrag abdingbar.

5.3.3 Haftung für Schäden an Sachen anderer Personen

Die bisherigen Ausführungen haben sich mit dem Schadenseintritt im betrieblichen Bereich beschäftigt. Der Schaden kann aber auch an Sachen anderer Personen eintreten, was in der Praxis ziemlich häufig der Fall ist. Denn was gehört in einem Betrieb denn noch dem Arbeitgeber? Fahrzeuge, Möbel, Computer und Maschinen sind geleast, oder sie sind zur Absicherung von Betriebskrediten an die Bank sicherungsübereignet. Material, Waren und anderes Umlaufvermögen stehen im Vorbehaltseigentum von Lieferanten, solange es noch nicht bezahlt ist und so weiter.

Eine Klarstellung vorweg: Wenn einer Ihrer Mitarbeiter bei Ausübung einer betrieblichen Tätigkeit Schäden bei anderen schuldhaft herbeiführt, muss der Geschädigte sich nicht an Ihren Mitarbeiter wenden, sondern kann auch Ihren Arbeitgeber unmittelbar in Anspruch nehmen. Hierfür gelten die allgemeinen Grundsätze. Der Arbeitgeber muss sich regelmäßig das fehlerhafte Verhalten seines Arbeitnehmers im Rahmen der betrieblich veranlassten Tätigkeit zurechnen lassen. In welchem Umfang Sie dann den Mitarbeiter wieder in Regress nehmen können, hängt vom Eingreifen der Haftungsbegrenzung nach den oben dargestellten Grundsätzen des innerbetrieblichen Schadensausgleichs ab.

Kann der Geschädigte auch den Arbeitnehmer in Anspruch nehmen? Ja, weil die Grundsätze über den innerbetrieblichen Schadensausgleich – wie der Begriff schon verrät – nur innerbetrieblich gelten. Im Außenverhältnis zu Dritten ist der Arbeitnehmer nicht privilegiert und muss in voller Höhe für einen von ihm schuldhaft verursachten Schaden einstehen. Aber: Die innerbetriebliche Haftungsbegrenzung wirkt sich trotzdem zugunsten des Arbeitnehmers aus. Wenn der Arbeitnehmer von dem Geschädigten in Anspruch genommen wird, kann er von seinem Arbeitgeber verlangen, dass dieser ihn freistellt in dem Umfang, wie ihm im Innenverhältnis (also zwischen Arbeitgeber und Arbeitnehmer) die Grundsätze der beschränkten Arbeitnehmerhaftung zugute kommen würden (§§ 257, 670 BGB entsprechend). Freistellung heißt: Im Verhältnis zum Geschädigten bleibt der Arbeitnehmer zwar schadensersatzpflichtig. Der Arbeitnehmer kann aber bei Inanspruchnahme von seinem Arbeitgeber Zahlung an den Geschädigten verlangen.

Diese Konstruktion hat für den Arbeitnehmer einen Pferdefuß: Sollte der Arbeitgeber nach Eintritt des Schadens ausfallen, zum Beispiel Insolvenz anmelden, nützt dem Arbeitnehmer der Freistellungsanspruch gegen seinen Arbeitgeber herzlich wenig.

5.3.4 Schädigung eines Arbeitskollegen

Angenommen, ein Mitarbeiter Ihrer Abteilung hantiert ungeschickt mit einem Werkzeug und verletzt dabei einen anderen Mitarbeiter ihrer Abteilung: Hat der Verletzte Ansprüche gegen den Mitarbeiter und/oder gegen den Arbeitgeber?

Wenn der Arbeitnehmer den Arbeitsunfall eines Arbeitskollegen schuldhaft verursacht hat, haftet grundsätzlich weder der Arbeitgeber (§ 104 SGB VII) noch der Arbeitnehmer (§ 105 Abs. 1 SGB VII). Für den Schaden kommt die Unfallversicherung der Berufsgenossenschaft auf. Das gilt aber nur, soweit der Arbeitsunfall nicht vorsätzlich herbeigeführt worden ist. Ein Arbeitsunfall liegt vor, wenn ein in der gesetzlichen Unfallversicherung Versicherter bei einer versicherten Tätigkeit einen Unfall erleidet (§ 8 SGB VII). Unfall ist nach der gesetzlichen Definition ein zeitlich begrenztes, von außen auf den Körper einwirkendes Ereignis, das zu einem Gesundheitsschaden oder zum Tod führt (§ 8 Abs. 1 S. 2 SGB VII). Die in der gesetzlichen Unfallversicherung versicherten Tätigkeiten sind in § 2 SGB VII beschrieben.

Die gesetzliche Unfallversicherung tritt nur für Personenschäden ein, nicht für Sachschäden. Wenn zum Beispiel Kleidung des verletzten Mitarbeiters beschädigt wird, hat er gegenüber dem ungeschickt hantierenden Mitarbeiter einen Schadensersatzanspruch. Der ungeschickte Mitarbeiter kann wiederum von seinem Arbeitgeber nach den oben dargestellten Grundsätzen Freistellung verlangen. Dagegen kann der geschädigte Arbeitnehmer grundsätzlich nicht unmittelbar den Arbeitgeber in Anspruch nehmen.

5.3.5 Mankohaftung

Im Zusammenhang mit dem innerbetrieblichen Schadensausgleich möchten wir Sie auch noch kurz mit dem Begriff der Mankohaftung vertraut machen. Bezeichnet ist damit zusammenfassend die Inanspruchnahme des Arbeitnehmers für Fehlbestände bei Waren oder Geld. Ziel ist, Arbeitnehmer, denen Geldbeträge oder Warenbestände anvertraut sind, zur sorgfältigen Überwachung der Bestände zu motivieren und von Diebstählen abzuhalten. Hierzu wird eine arbeitsvertragliche Vereinbarung (Mankoabrede) getroffen, nach der der Arbeitnehmer für Fehlbestände verschuldensunabhängig haftet.

Die Rechtsprechung hat die grundsätzliche Vereinbarkeit solcher Mankoabreden allerdings eingeschränkt, da es sich letztlich um eine Risikoverlagerung auf den Arbeitnehmer handelt. Dem Arbeitgeber muss hierfür ein berechtigtes Interesse zur Seite stehen:

• Der Arbeitnehmer muss der Einzige sein, der Zugriff zu den durch Mankoabrede erfassten Gegenständen hat. Haben andere Personen Zugriff, scheidet eine Mankoabrede aus.

• Der Arbeitgeber muss dem Arbeitnehmer für das zusätzliche Haftungsrisiko ein angemessenes Mankogeld zahlen; angemessen ist ein üblicher Fehlbetrag, wobei ein sorgfältiger Arbeitnehmer in der Lage sein muss, einen Überschuss zu erzielen.

5.3.6 Nichtleistung des Arbeitnehmers

Vielleicht werden Sie sich irgendwann einmal fragen müssen, welche Folge es hat, wenn ein Mitarbeiter Ihrer Abteilung seine Arbeit gar nicht leistet oder schlecht leistet. Welche arbeitsrechtliche Handhabe, welche Sanktionen stehen Ihnen zur Verfügung, um den Arbeitnehmer für die Zukunft zu einem vertragsgerechten Handeln anzuhalten, wenn ein Mitarbeitergespräch nichts gefruchtet hat? Auf die Schlechtleistung gehen wir im nächsten Abschnitt ein.

Nichtleistung
Sie haben es mit einem Fall der Nichtleistung zu tun, wenn der Arbeitnehmer

• unentschuldigt fehlt, gar nicht mehr zur Arbeit erscheint oder eine neue Stelle einfach nicht antritt, ohne zu kündigen oder ohne die Kündigungsfrist einzuhalten (Arbeitsvertragsbruch);
• sich weigert, zugewiesene Tätigkeiten, die er nach dem Arbeitsvertrag schuldet, auszuführen (Arbeitsverweigerung).

Abmahnung, Kündigung
Unentschuldigtes Fehlen stellt eine Verletzung des Arbeitsvertrages dar und kann ein Anlass für eine Abmahnung sein. Dabei werden Sie aber auch zu berücksichtigen haben, ob und wie lange das Arbeits-

verhältnis mit dem fehlenden Arbeitnehmer störungsfrei verlaufen ist und wie lange er fehlt. Wenn Sie abgemahnt haben und es kommt zu einem Wiederholungsfall, kann ein verhaltensbedingter Grund für eine ordentliche Kündigung gegeben sein. In Abhängigkeit von der Schwere des Verstoßes kommt – nach etwaiger vorhergehender Abmahnung wegen eines gleich gelagerten Verstoßes – auch eine außerordentliche Kündigung in Betracht. Ein einmaliges unentschuldigtes Fehlen ist aber kein Grund für eine außerordentliche Kündigung.

Wer ohne Einhaltung der Kündigungsfrist gar nicht mehr zur Arbeit erscheint oder eine neue Stelle nicht antritt, wird sich durch Abmahnung und Kündigung vermutlich wenig schrecken lassen. Hier wird der Schwerpunkt Ihrer Aufmerksamkeit rechtlich eher auf den Aspekt eines möglichen Schadensersatzanspruchs gerichtet sein. Zur Arbeitsverweigerung können Sie in Abschnitt 9.2 Weiteres lesen.

Schadensersatz

Sie können gegenüber dem Arbeitnehmer grundsätzlich einen Schadensersatzanspruch geltend machen, wenn dieser schuldhaft seine Arbeitsleistung nicht erbringt oder durch Abwesenheit glänzt (§§ 280 Abs. 1, 283 BGB). Für das Verschulden des Arbeitnehmers tragen Sie im Prozessfall allerdings die Darlegungs- und Beweislast (§ 619a BGB). Außerdem muss der Schaden gerade auf der Arbeitspflichtverletzung des Arbeitnehmers beruhen, wofür der Arbeitgeber ebenfalls beweispflichtig ist. Zum Schaden gehören alle wirtschaftlichen Nachteile, die der Arbeitgeber durch die unterbliebene Arbeitsleistung erleidet.

In vielen Fällen wird es Ihnen allerdings schwer fallen, einen durch Fehlzeiten verursachten Schaden zu beziffern und darzulegen. Je arbeitsteiliger Tätigkeiten ausgeführt werden, umso schwerer haben Sie es, einen Schaden zu ermitteln. Dieser Umstand führt dazu, dass Vertragsstrafen bei Vertragsbruch verbreitet sind, weil sie dem Arbeitgeber über einen vertraglich vereinbarten Schadensersatz die konkrete Berechnung und Darlegung eines Schadens ersparen.

Kein Entgelt

Hier gilt der Grundsatz: »Kein Lohn ohne Arbeit«. Die juristische Begründung setzt bei der vertraglichen Leistungspflicht des Arbeitnehmers an. Die ausgefallene Arbeitsleistung kann innerhalb der vorgegebenen Arbeitszeit nicht mehr nachgeholt werden. Der Arbeitnehmer wird von der Nachholung der Arbeitsleistung befreit, weil ihm die Leistung unmöglich geworden ist (§ 275 Abs. 1 BGB). Im nächsten Schritt erfolgt dann der Blick auf die Gegenleistung. Der Entgeltanspruch des Arbeitnehmers ist erst nach Erbringung der Arbeitsleistung fällig (§ 614 BGB). Wenn der Arbeitnehmer nicht zu leisten braucht, entfällt auch sein Anspruch auf die Gegenleistung (§§ 320, 326 Abs. 1 BGB).

Klage auf Erfüllung
Abschließend möchten wir Ihnen noch eine weniger praktikable Möglichkeit vorstellen: Sie könnten den Arbeitnehmer auf Erbringung der Arbeitsleistung, also auf Erfüllung verklagen und ein entsprechendes Urteil erstreiten. Die Bedeutung eines Urteils liegt für den Gläubiger normalerweise in seiner Funktion als Vollstreckungstitel. Die Vollstreckung funktioniert aber hier nicht, da die Arbeitsleistung eine Handlung ist, die eben nur höchstpersönlich vom Arbeitnehmer selbst (§ 613 S. 1 BGB) und als unvertretbare Handlung nicht von einer anderen Person erbracht werden kann. Es ist ohne Reiz, einen Prozess zu führen, bei dem das zu erstreitende Urteil nicht vollstreckbar ist.

Allerdings können Sie mit einer Klage auf Erfüllung auch den Antrag auf Festsetzung einer angemessenen Entschädigung verbinden für den Fall, dass der Arbeitnehmer seiner Arbeitspflicht nicht innerhalb einer vom Gericht gesetzten Frist nachkommt (§ 61 Abs. 2 ArbGG). Es handelt sich um gerichtlich festgesetzten pauschalierten Schadensersatz, der auch vollstreckbar ist.

5.3.7 Schlechtleistung des Arbeitnehmers

Eine Schlechtleistung liegt dann vor, wenn der Arbeitnehmer seiner Arbeitspflicht einerseits nachkommt, seine Arbeitsleistung andererseits aber mit Mängeln behaftet ist. Das kann zum Beispiel der Fall sein, wenn er unbrauchbare Arbeitsergebnisse liefert, Ausschuss produziert, flüchtig arbeitet, Arbeitsmittel beschädigt oder zu langsam arbeitet. Hier werden Sie vermutlich zunächst einmal das Gespräch mit dem Mitarbeiter suchen, um die Ursachen zu ermitteln und Lösungen zu finden.

Abmahnung, Kündigung
Schlechtleistungen können praktisch wie auch arbeitsrechtlich schwer zu erfassen und noch schwerer zu beweisen sein. Es kommt auf den Einzelfall an und bedarf einer sorgfältigen Einschätzung. Ausgangspunkt ist zunächst die Qualität und Intensität der Arbeitsleistung des Arbeitnehmers. Jeder Arbeitnehmer ist vertraglich zu der Arbeitsleistung verpflichtet, zu der er unter angemessener Anspannung seines persönlichen und körperlichen Leistungsvermögens in der Lage ist. Er schuldet keine Spitzenleistung, sondern eine solche mittlerer Art und Güte, die er auf Dauer erbringen kann. Vermutlich werden Sie auch in Ihrem Verantwortungsbereich schon die Erfahrung gemacht haben, dass die individuelle Leistungsfähigkeit von Mitarbeitern bei der Bewältigung gleich gelagerter Aufgaben sehr verschieden ist – manchmal auch von der Tagesform abhängt.

Ein Mitarbeiter, der im Verhältnis zu anderen Mitarbeitern einer Abteilung unterdurchschnittliche Leistungen erbringt, arbeitet möglicherweise nach der Einschätzung des Vorgesetzten schlecht. Eine unterdurchschnittliche Arbeitsleistung rechtfertigt für sich genommen aber noch keine Kündigung. Es gibt zwangsläufig immer einen Mitarbeiter, der die im Durchschnitt schlechteste Leistung erbringt. Damit ist aber noch nicht gesagt, dass dieser Mitarbeiter nach seinem Leistungsvermögen nicht dennoch eine Arbeitsleistung mittlerer Art und Güte erbringt. Auch das Nachlassen des individuellen Leistungsvermögens bei älteren Arbeitnehmern ist keine Schlechtleistung und stellt keinen Kündigungsgrund dar.

Etwas anderes gilt dann, wenn Sie darlegen und beweisen könnten, dass ein Mitarbeiter bewusst langsam oder flüchtig arbeitet, obwohl er nach seinen Fähigkeiten zu besseren Leistungen in der Lage wäre. Bei Fehlern des Arbeitnehmers werden Sie beweisen müssen, dass es sich nicht um gelegentliche Fehlleistungen handelt, sondern um typische, sich wiederholende Fehler.

Wenn ein Mitarbeiter Ihnen Anlass gibt, sich mit seinen schlechten

Arbeitsleistungen auseinander zu setzen, ist es neben dem Mitarbeitergespräch als erstem Schritt sicher hilfreich, wenn Sie Fehlleistungen über einen Zeitraum dokumentieren und dazu fachkundigen Rat einholen.

Eine weitere Schwierigkeit kann Ihnen in diesem Bereich begegnen: Manchmal fällt es schwer, festzustellen, ob die Schlechtleistung auf änderbarem Verhalten des Arbeitnehmers beruht oder Gründe in seiner Person hat, wie zum Beispiel mangelnde körperliche oder geistige Eignung. Bei Gründen in der Person ist eine Abmahnung entbehrlich, weil der Arbeitnehmer daran auch für die Zukunft nichts ändern kann. Bei Schlechtleistungen, die in einem änderbaren, vorwerfbaren Verhalten des Arbeitnehmers ihre Ursache haben, werden Sie dagegen vor einer ordentlichen Kündigung eine Abmahnung in Erwägung ziehen müssen. Wenn Zweifel bleiben, empfiehlt sich für Sie der Ausspruch einer Abmahnung.

Schadensersatzanspruch

Auch bei Schlechtleistung kann – wie bei Nichtleistung – der Arbeitgeber einen Schadensersatzanspruch gegen den Arbeitnehmer haben. Voraussetzung ist ebenfalls eine schuldhafte Pflichtverletzung des Arbeitnehmers. Da der Arbeitnehmer seinen Entgeltanspruch sogar bei Verschulden behält, kann mit dem Schadensersatzanspruch gegenüber dem Entgeltzahlungsanspruch des Arbeitnehmers aufgerechnet werden (§ 387 BGB) – aber nur bis zur Pfändungsfreigrenze (§ 394 BGB). Das heißt, was dem Arbeitnehmer bei Pfändungen durch Gläubiger als pfändungsfreier Betrag verbleiben muss, dürfen Sie ihm auch nicht über eine Aufrechnung wegnehmen. Bitte berücksichtigen Sie auch hier die Grundsätze zum innerbetrieblichen Schadensausgleich (Abschnitt 5.3.2).

Kürzung des Entgelts

Eine Entgeltkürzung scheidet bei Schlechtleistung nach dem Gesetz aus. Im Arbeitsrecht gibt es keine Gewährleistung. Die Arbeitspflicht ist eine Fixschuld, eine Pflicht zur Nachholung einer vertragsgemäßen, wenn auch mit Fehlern behafteten Arbeitsleistung besteht nicht. Der Arbeitnehmer behält seinen Anspruch auf Entgelt in voller Höhe (§ 326 Abs. 1 S. 2 BGB). Allerdings hat die Rechtsprechung bei bewusster Langsam- oder Schlechtleistung den Lohnanspruch des Arbeitnehmers wegen Rechtsmissbrauchs versagt. Etwas anderes können Sie manchmal allerdings aus Arbeitsvertrag, Betriebsvereinbarung oder Tarifvertrag entnehmen. Wenn dort vereinbart ist, dass bei verschuldeter Schlechtleistung der Lohn gekürzt werden kann, dann steht Ihnen diese Möglichkeit bei Vorliegen der Voraussetzungen auch offen.

5.4 Arbeitgeberpflichten

In diesem Abschnitt erfahren Sie Näheres über die Hauptpflicht des Arbeitgebers zur Zahlung von Entgelt, ferner erhalten Sie Informationen über besondere Formen des Entgelts. Auch den Arbeitgeber treffen Nebenpflichten aus dem Arbeitsverhältnis, über die wir einen Überblick im Abschnitt 5.4.5 geben. Der letzte Abschnitt ist der auf den ersten Blick möglicherweise überraschenden Pflicht des Arbeitgebers gewidmet, den Arbeitnehmer auch tatsächlich zu beschäftigen. Allein die Entgeltfortzahlung genügt eben nicht.

5.4.1 Hauptpflicht Entgelt

Die Hauptpflicht des Arbeitgebers aus dem Arbeitsvertrag ist die Verpflichtung zur Zahlung von Entgelt. Es gilt der Grundsatz: »Kein Lohn ohne Arbeit«. Wer seine Arbeitsleistung nicht zu der vertraglich vereinbarten Zeit erbringt, erhält kein Entgelt. Das hängt damit zusammen, dass Arbeit einen Fixschuldcharakter hat. Das heißt, sie kann nur auf den Punkt erbracht werden. Eine Nachholung scheidet aus, weil die Arbeitszeit, in der sie zu erbringen war, unwiederbringlich verstrichen ist. Eine Erkenntnis, die angesichts der Existenz von Gleitzeit und Arbeitszeitkonten zunehmend an Deutlichkeit verliert. Allerdings gibt es von dem obigen Grundsatz wiederum zahlreiche Ausnahmen, bei denen dann doch Lohn ohne Arbeit zu zahlen ist. Dazu werden wir noch kommen.

Während zum Beispiel die Miete monatlich im Voraus gezahlt

wird, erhält der Arbeitnehmer üblicherweise entsprechend der gesetzlichen Regelung sein Entgelt rückwirkend (§ 614 BGB):»Erst die Arbeit, dann der Lohn«. Die Zahlung erfolgt überwiegend bargeldlos. Die berühmte Lohntüte hat ausgedient. Der jeweilige Abrechnungszeitraum ergibt sich aus dem Arbeitsvertrag oder aus dem Tarifvertrag. Vorherrschend ist die monatliche Abrechnung. Abweichungen von Zahlungen nach der vereinbarten Fälligkeit gibt es auch. Ein bestimmter Prozentsatz von Mitarbeitern benötigt auch schon einmal (oder regelmäßig) einen Vorschuss als Vorleistung des Arbeitgebers auf noch gar nicht verdientes Entgelt. Weiter gibt es auch noch Abschläge. Das sind Zahlungen des Arbeitgebers auf eine bereits verdiente Vergütung, die aber noch nicht abgerechnet ist.

Vor der Zahlung an den Arbeitnehmer hat der Arbeitgeber die Aufgabe, aus dem Bruttoarbeitsentgelt ein Nettoarbeitsentgelt zu ermitteln, da nur dieses zur Auszahlung gelangen darf. Abziehen und an die richtigen Empfänger auch abführen muss er die Steuern und Sozialversicherungsbeiträge. Einzugsstelle für alle Sozialversicherungsbeiträge ist der Einfachheit halber die Krankenkasse. Jeder Arbeitgeber haftet dem Fiskus und den Sozialversicherungsträgern für die Abführung. Das ändert aber nichts an der Schuldnerschaft des Arbeitnehmers für die Steuern und für den Arbeitnehmeranteil an den Sozialversicherungsbeiträgen.

5.4.2 Grundformen des Entgelts

Lohnfindungssysteme, Entlohnungsarten und Zeitermittlungsverfahren sind eine Wissenschaft für sich. Wir geben Ihnen nachfolgend einen kleinen Einblick.

Geld, Sachleistungen

Die Vergütung ist in Geld zu zahlen. Naturalleistungen (Kost und Logis) sind grundsätzlich verboten. Für gewerbliche Arbeitnehmer ist dies ausdrücklich geregelt (§ 115 GewO). Geld und teilweise Naturalien ist in engen Grenzen möglich (§ 115 Abs. 2 GewO). Haben Sie auch schon von dem Kasten Bier gehört, den Mitarbeiter von Brauereien teilweise immer noch regelmäßig erhalten (Bierdeputat)?

Bekannter und praktisch bedeutsamer ist die – auch – private Nutzung von Dienstfahrzeugen durch Arbeitnehmer. Die unentgeltliche Überlassung ist auf der Seite des Arbeitnehmers ein so genannter Sachbezug und als solcher Teil des Entgelts. Der Arbeitgeber muss daher auch für eine Versteuerung dieser Sachbezüge beim Arbeitnehmer Sorge tragen. Bei der privaten Dienstwagennutzung zum Beispiel hat der Arbeitgeber bei der Berechnung der Abzüge die Bruttovergütung fiktiv um 1 Prozent des Listenpreises des Fahrzeugs zum Zeitpunkt der Erstzulassung zu erhöhen und auf dieser erhöhten Bemessungsgrundlage die Abzüge zu berechnen.

Zeitlohn, Akkordlohn, Prämienlohn
Beim Zeitlohn richtet sich die Entlohnung schlicht und ergreifend nach der Dauer der geleisteten Arbeit. Vergütet wird eine bestimmte Zeiteinheit, dagegen kommt es nicht auf einen bestimmten Arbeitserfolg an. Das heißt aber nicht, dass Sie mit der körperlichen Anwesenheit des Mitarbeiters bei einer Vergütung nach Zeit schon zufrieden sein müssen. Vielmehr ist der Arbeitnehmer verpflichtet, unter angemessener Anspannung seiner Kräfte und Fähigkeiten durchgängig zu arbeiten.

Der Akkordlohn erfasst dagegen einen bestimmten Arbeitserfolg. Insofern ist der Akkordlohn eine Form des Leistungslohns. Beim Akkordlohn können Sie unterscheiden zwischen Geldakkord und Zeitakkord, wobei es weitere Akkordarten gibt. Beim Geldakkord wird einem bestimmten Arbeitsergebnis, einer bestimmten Leistungseinheit, ein Geldfaktor zugeordnet. Die Anzahl der Leistungseinheiten multipliziert mit dem Geldfaktor ergibt dann den Akkordlohn. Die dafür aufgewendete Zeit ist nicht entscheidend.

Beim Zeitakkord erhält der Arbeitnehmer eine vorher für die Fertigung einer bestimmten Anzahl von Leistungseinheiten im Normalfall erforderliche Vorgabezeit bezahlt, ungeachtet, in welcher Zeit er die Arbeit dann tatsächlich erledigt. Die Kunst ist hier die Ermittlung der Vorgabezeit für den Normalfall. Fertigt er die Leistungseinheiten schneller an als nach der Vorgabezeit, steigt der Akkordlohn, arbeitet er langsamer, sinkt er. Gegen das ungebremste Sinken bestehen aber zugunsten des Arbeitnehmers in der Regel Sicherungssysteme, die einen Mindestlohn sichern.

Der Prämienlohn ist eine weitere Form der leistungsorientierten Entlohnung. Dabei kann alles Mögliche prämiert werden, zum Beispiel die Leistungsmenge (Mengenprämie) oder eine besondere Qualität (Güteprämie). Sie können die Leistungen Einzelner prämieren oder die Zusammenarbeit von Gruppen und Abteilungen.

5.4.3 Weitere Formen des Entgelts: Vergütungszuschlag, Provision, Gratifikation

Überdurchschnittliche Leistungen von Mitarbeitern sollten auch überdurchschnittlich bezahlt werden. Eine leistungsgerechtere Vergütung wird von vielen Betrieben angestrebt, um die Motivation ihrer Mitarbeiter zu erhöhen. Problematisch wird es für den Arbeitgeber allerdings dann, wenn bestimmte besondere Leistungen ihren Charakter als freiwillige Leistung verlieren und der Arbeitgeber weiterzahlen muss, obwohl er nicht will.

Sie dürfen auch nicht alle Arbeitnehmer nach Leistung bezahlen. Zum Schutz von Jugendlichen (§ 23 Abs. 1 Nr. 1 JArbSchG), Schwangeren (§ 4 Abs. 3 Nr. 1 MuSchG) und Fahrpersonal (§ 3 Fahrpersonalgesetz) bestehen gesetzliche Verbote.

Vergütungszuschläge
Neben der Vergütung werden häufig Zuschläge und Zulagen gezahlt. Sie finden sich in Tarifverträgen (tarifliche Zulagen), können ihre rechtliche Grundlage aber auch in Betriebsvereinbarungen oder im Arbeitsvertrag haben (übertarifliche Zulagen). Damit sollen besondere Leistungen des Arbeitnehmers oder Erschwernisse oder seine sozialen Verhältnisse berücksichtigt werden. Eine gesetzliche Regelung existiert für Nachtarbeit (§ 6 Abs. 5 ArbZG). Es gibt Zuschläge für Sonntags- und Feiertagsarbeit, für Mehrarbeit, Erschwerniszulagen, die an die Gefährlichkeit, Schwere, an die Gesundheitsgefährdung oder an andere Kriterien anknüpfen.

Echte Leistungszulagen sind nur solche, die unmittelbar in Bezug zum Arbeitsergebnis stehen. Zulagen werden in der betrieblichen Praxis aber auch als Leistungszulagen bezeichnet, ohne solche zu sein. Die Unterscheidung zwischen echten Leistungszulagen und anderen Zulagen hat Bedeutung für den Widerruf der Zulage und die Anrechnung auf Tariflohnerhöhungen.

Im Zusammenhang mit Zulagen werden Sie sich möglicherweise einmal die Frage stellen, unter welchen Voraussetzungen Sie die Zahlung einer Zulage widerrufen können. Wenn Sie individualvertraglich eine Leistungszulage vereinbaren, ist diese Inhalt des Arbeitsvertrages. Möchten Sie in Zukunft nicht mehr weiterzahlen, können Sie diese nicht einfach widerrufen. Sie haben nur die Möglichkeit einer Vereinbarung mit dem Arbeitnehmer, ohne dessen Mitwirkung den Weg der Änderungskündigung. Wenn Sie eine Zulage auf freiwilliger Basis machen wollen, sollten Sie das unmissverständlich zu verstehen geben – durch entsprechenden Vorbehalt. Dieser Vorbehalt sollte regelmäßig wiederholt werden, was zum Beispiel durch entsprechenden Hinweis in der Lohnabrechnung geschehen kann. Damit beugen Sie der Gefahr vor, dass sich eine betriebliche Übung bildet, auf deren Grundlage der Arbeitnehmer einen Rechtsanspruch auf die Zulage erwirbt.

Beispiel

Die arbeitsvertragliche Regelung einer freiwilligen Zulage kann lauten: »Über die Vergütung nach Abs. .... verpflichtet sich der Arbeitgeber zur Zahlung einer übertariflichen Zulage von Euro .... brutto monatlich. Diese übertarifliche Zulage wird freiwillig gewährt und ist jederzeit unabhängig von den sonstigen Bedingungen dieses Arbeitsvertrages widerruflich. Sie ist insbesondere auch ganz oder teilweise anrechenbar auf Tariflohnerhöhungen.«

Der Widerruf steht aber auch dann nicht in Ihrem freien Belieben, sondern muss nach billigem Ermessen erfolgen. Der Widerruf ist unwirksam, wenn Sie keinen sachlichen, billigenswerten Grund dafür haben.

Hier kann sich Ihnen weiter die Frage stellen, was mit der Zulage geschieht, wenn es zu einer Erhöhung des Tariflohns durch Vereinbarung der Tarifvertragsparteien kommt. Ist die Zulage weiterzuzahlen oder geht sie in der Tariflohnerhöhung auf?

Eine Leistungszulage ist bei einer Tariflohnerhöhung regelmäßig weiterzuzahlen, kommt also hinzu. Wenn Sie diese Konsequenz vermeiden wollen, haben Sie die Möglichkeit, eine Anrechnungsklausel zu vereinbaren. Eine solche findet sich im letzten Satz des obigen Beispiels einer freiwilligen Zulage. Der Arbeitgeber kann bei vereinbarter Anrechnung trotzdem die Leistungszulage in voller Höhe weiterzahlen, muss es aber nicht, sondern bleibt flexibel. Bitte berücksichtigen Sie, dass die dargestellten Möglichkeiten bei tariflichen Zulagen nicht bestehen. Bei Tarifgebundenheit und Vorliegen der tarifvertraglich geregelten Voraussetzungen hat der Arbeitgeber die Zulagen zu zahlen.

Provisionen

Die Provision kommt aus dem Handelsvertreterrecht. Hierbei handelt es sich um eine erfolgsabhängige Vergütung (§ 65 HGB, §§ 87 ff. HGB). Sie ist die prozentuale Beteiligung des Arbeitnehmers an einem durch seine Tätigkeit angebahnten oder abgeschlossenen Geschäft.

Gratifikationen

Eine Gratifikation ist eine Sonderzuwendung des Arbeitgebers aus bestimmten Anlässen, die freiwillig und zusätzlich erbracht wird. Bekannt sind Urlaubsgeld und Weihnachtsgeld, vielfältige weitere Gratifikationen kommen vor. Ihre Grundlage finden Sonderzuwendungen nicht nur in Tarifverträgen, Betriebsvereinbarungen und Arbeitsverträgen, sondern auch in der betrieblichen Übung. Eine betriebliche Übung ist die regelmäßige Wiederholung einer Verhaltensweise des Arbeitgebers, aus der die Arbeitnehmer den Schluss ziehen können, dass sie die Leistung auch in Zukunft dauerhaft erhalten werden. Sie begründet nach der Rechtsprechung einen vertraglichen Anspruch auf die Leistung, wenn der Arbeitgeber in drei aufeinander folgenden Jahren die Gratifikation vorbehaltlos gezahlt hat.

Jeder Arbeitnehmer freut sich, Sonderzuwendungen zu erhalten, und betrachtet sie schnell als selbstverständlich. Schwierig wird es daher immer dann, wenn ein Unternehmen sich nicht mehr in der Lage sieht, Sonderzuwendungen zu erbringen. Ähnlich wie bei den übertariflichen Zulagen kommt es dann im Wesentlichen auf die im

Arbeitsvertrag getroffenen Vereinbarungen an, oft auch darauf, ob sich eine betriebliche Übung gebildet hat. Wenn eine Bindung für die Zukunft vermieden werden soll, tut jeder Arbeitgeber gut daran, durch klare vertragliche Regelungen und entsprechendes Verhalten bei Zahlung von Gratifikationen bei dem Arbeitnehmer kein Vertrauen auf die dauerhafte Leistung entstehen zu lassen.

Beispiel

Die vertragliche Vereinbarung einer Gratifikation kann lauten: »Der Arbeitnehmer erhält eine Sonderzuwendung in Höhe von Euro .... Die Zahlung erfolgt freiwillig und ohne Rechtsanspruch für die Zukunft. Der Arbeitgeber behält sich ausdrücklich die Entscheidung vor, ob auch im folgenden Jahr eine Sonderzuwendung gewährt wird.«

Rückzahlungsklauseln
Für die Zahlung einer Gratifikation gibt es immer auch einen Grund. Häufig geht es darum, den Arbeitnehmer für die Zukunft zu motivieren und Leistungsanreize zu schaffen. Wenn der Arbeitnehmer kurze Zeit nach der Zuwendung aus dem Unternehmen ausscheidet, kann dieses Ziel nicht mehr erreicht werden. Dann wäre es von Vorteil, den Betrag wieder zurückfordern zu können. Für Gratifikationen, die auf vertraglicher Grundlage versprochen werden, können Sie eine Rückzahlungsklausel treffen.

Beispiel

Eine Rückzahlungsklausel kann lauten: »Der Arbeitnehmer erhält eine Sonderzuwendung in Höhe eines Monatsentgelts. Er ist zur Rückzahlung des Betrages verpflichtet, wenn er vor dem 31. März des Folgejahres aus dem Unternehmen ausscheidet.«

Rückzahlungsklauseln können Sie allerdings nicht ohne Einschränkungen vereinbaren. Die Rechtsprechung schränkt die Bindungsfristen in Abhängigkeit von der Höhe der Gratifikation ein. Der Arbeitnehmer soll in seiner Entscheidungsfreiheit über einen Wechsel des

Arbeitsplatzes nicht durch Rückzahlungspflichten unverhältnismäßig eingeschränkt werden. Die Rechtsprechung stammt aus Zeiten der Deutschen Mark, und eine Grenze lag bei 200 Mark. Wir haben großzügig umgerechnet:

• Gratifikationen unter 100 Euro können Sie nicht zurückgefordern.

• Bei Gratifikationen zwischen 100 Euro und weniger als einem Monatsentgelt kann wirksam nur eine Rückzahlung bei einem Ausscheiden bis zum 31. März des Folgejahres vereinbart werden. Bei einem späteren Ausscheiden kann der Arbeitnehmer die Gratifikation behalten. Vertraglich begründete Rückzahlungspflichten bei einem späteren Ausscheiden sind unzulässig.

• Bei Gratifikationen in Höhe eines Monatsentgelts können Sie die Bindungsfrist länger gestalten. Will der Arbeitnehmer die Gratifikation behalten, muss er bis zur nächsten zulässigen Kündigung nach dem 31. März des Folgejahres im Unternehmen verbleiben.

• Bei Gratifikationen von mehr als einem Monatsentgelt können Sie eine Regelung treffen, wonach durch Vereinbarung die Rückzahlung bis zum 30. Juni des Folgejahres vorbehalten werden kann.

5.4.4 Höhe und Grenzen der Entgeltgestaltung

Bei der Höhe des Entgelts haben Sie einen gewissen Verhandlungsspielraum, aber es gibt auch Grenzen. Für etwaige Gespräche mit Bewerbern, aber auch für Ihre eigenen Gehaltsverhandlungen kann es wichtig sein, diese zu kennen. Nach dem Gesetz unterliegt die Höhe des Entgelts der freien Vereinbarung der Parteien (§ 611 Abs. 1 BGB). Es gibt keinen gesetzlichen Mindestlohn. Die Grenze nach oben ist rechtlich offen und wird durch das Verhandlungsgeschick des Arbeitnehmers und die Dringlichkeit des Bedarfs an seiner Arbeitsleistung bestimmt. Die rechtlichen Grenzen nach unten werden im Geltungsbereich eines Tarifvertrages durch diesen, sonst durch die Sittenwidrigkeit einer Entgeltabrede (Lohnwucher) gezogen.

Tarifvertrag
Ein Tarifvertrag gibt die Höhe der Vergütung im Sinne einer Mindestvergütung vor. Regelungen zur Vergütung sind typischer Gegenstand von Tarifverträgen und häufig sehr detailliert. Es werden Lohn- und Gehaltsgruppen nach bestimmten Tätigkeitsmerkmalen gebildet, manchmal auch mit Tätigkeitsbeispielen. Für jede so gebildete tarifliche Lohn- oder Gehaltsgruppe wird im Tarifvertrag ein Entgelt festgelegt. Mit der Einstellung erfolgt dann eine erstmalige Einordnung des Arbeitnehmers in eine Tarifgruppe, die seinen Tätigkeitsmerkmalen entspricht (*Eingruppierung*). Die Frage der Gehaltshöhe ist bei der Anwendbarkeit eines Tarifvertrages auf das Arbeitsverhältnis erst einmal eine solche der Eingruppierung. Entgeltregelungen im Arbeitsvertrag, die von den Regelungen des Tarifvertrages zum Nachteil des Arbeitnehmers abweichen, sind unwirksam (§ 4 Abs. 3 TVG). Sie sind jedoch frei darin, mit dem Arbeitnehmer eine höhere Vergütung zu vereinbaren.

Lohnwucher
Findet ein Tarifvertrag auf das Arbeitsverhältnis keine Anwendung, können Sie auch Entgeltvereinbarungen unter Tariflohn treffen, wenn der Bewerber das akzeptiert und Sie außerhalb des Bereichs einer sittenwidrigen Vereinbarung bleiben. Das Bundesarbeitsgericht nimmt Lohnwucher an, wenn die Arbeitsleistung einerseits und die Lohnhöhe andererseits in einem vom Gerechtigkeitsstandpunkt aus nicht mehr zu billigenden Missverhältnis zueinander stehen. Dabei wird dann die Leistung des Arbeitnehmers nach ihrem objektiven Wert beurteilt, der sich nach der verkehrsüblichen Vergütung bestimmt. Das geschieht durch Vergleich mit den Tariflöhnen des jeweiligen Wirtschaftszweiges und des allgemeinen Lohnniveaus in dem Wirtschaftsgebiet.

Das Bundesarbeitsgericht hat keine festen Richtwerte entwickelt. Sie dürfen allerdings davon ausgehen, dass von den Gerichten ein auffälliges Missverhältnis bei einer Entgeltvereinbarung angenommen wird, die zwei Drittel des üblichen Tariflohns oder weniger beträgt. Insofern kann Ihnen nur dringend empfohlen werden, die Tariflöhne und die branchenüblichen Löhne im Blick zu behalten und bei Vereinbarungen mit Arbeitnehmern oberhalb dieser Zweidrittel-

Grenze zu bleiben. Bereits eine Unterschreitung des Tariflohns von mehr als 20 Prozent kann gefährlich sein. Eine sittenwidrige Entgeltvereinbarung ist nichtig (§ 138 BGB). Sie torpediert allerdings nicht den ganzen Arbeitsvertrag, sondern führt nur zur Teilnichtigkeit (§ 139 BGB). Die Konsequenz ist: Das Arbeitsverhältnis besteht nach Maßgabe des Arbeitsvertrages fort. Der Arbeitgeber muss allerdings statt der unwirksamen zu niedrigen die übliche Vergütung zahlen (§ 612 Abs. 2 BGB) – auch für die zurückliegenden Zeiten.

Bitte berücksichtigen Sie, dass bei krassem Missverhältnis zwischen Arbeitnehmerleistung und gezahltem Entgelt auch eine Strafbarkeit wegen Wuchers (§ 291 StGB) gegeben sein kann. Ein etwaiges Ermittlungsverfahren und ein Strafverfahren werden nicht gegen den Betrieb, sondern gegen die Verantwortlichen im Betrieb geführt.

Gleichbehandlungsgrundsatz
Der Gleichbehandlungsgrundsatz setzt gewisse Grenzen bei der Entgeltgestaltung. Danach hat der Arbeitgeber Arbeitnehmer oder Gruppen von Arbeitnehmern, die sich in vergleichbarer Lage befinden, gleich zu behandeln. Verboten ist die willkürliche Schlechterstellung einzelner Arbeitnehmer und auch eine sachfremde Gruppenbildung.

Dennoch behält der Grundsatz der Vertragsfreiheit Vorrang. Wenn Sie also im Rahmen der Vertragsfreiheit einzelne Mitarbeiter besser stellen und bei der Einstellung eine individuelle Höhe des Entgelts aushandeln, so können andere daraus keinen Anspruch auf Gleichbehandlung herleiten. Sie müssen nicht alle über einen Kamm scheren. Der Gleichbehandlungsgrundsatz ist erst dann anwendbar, wenn Sie für Leistungen bestimmte Voraussetzungen oder einen Zweck festlegen. Sie können dann zum Beispiel nicht einen Mitarbeiter von der Weihnachtsgratifikation ausschließen, wenn er wie andere Arbeitnehmer die Voraussetzungen für deren Erhalt erfüllt. Männern und Frauen muss für die gleiche Arbeit die gleiche Vergütung bezahlt werden (§ 612 Abs. 3 BGB). Teilzeitkräfte dürfen nicht schlechter bezahlt werden als Vollzeitkräfte (§ 4 Abs. 1 TzBfG). Der teilzeitbeschäftigte Arbeitnehmer hat Anspruch auf eine Vergütung und andere teilbare geldwerte Leistungen mindestens in dem Umfang, der dem Anteil seiner Arbeitszeit im Verhältnis zur Arbeitszeit eines Vollzeitbeschäftigten entspricht.

Beteiligung des Betriebsrats
Der Betriebsrat hat – soweit eine gesetzliche oder tarifvertragliche Regelung nicht besteht – ein erzwingbares Mitbestimmungsrecht in Fragen der betrieblichen Lohngestaltung, der Einführung, Anwendung und Änderung von Entlohnungsmethoden. Es besteht auch bei der Festsetzung von Akkord- und Prämiensätzen und vergleichbarer leistungsbezogener Entgelte, einschließlich der Geldfaktoren (§ 87 Abs. 1 Nrn. 10, 11 BetrVG). Auch zur Eingruppierung ist seine Zustimmung einzuholen (§ 99 Abs. 1 BetrVG). Die Festsetzung der Lohnhöhe und die individuelle Lohngestaltung können Sie aber ohne Beteiligung des Betriebsrats vornehmen.

5.4.5 Fürsorgepflicht

Neben der Hauptpflicht treffen den Arbeitgeber auch Rücksichtnahmepflichten (§ 241 Abs. 2 BGB), die unter der Überschrift Fürsorgepflicht zusammengefasst werden. Der Arbeitgeber muss allgemein gesprochen bei allen Maßnahmen und auch, soweit er Rechte ausübt, auf die Rechte und Interessen des Arbeitnehmers Rücksicht nehmen. Die Fürsorgepflicht besteht nicht nur während des Arbeitsverhältnisses, sondern auch bereits bei der Anbahnung eines Vertragsverhältnisses und ebenso nach dessen Beendigung. Zum Teil bestehen gesetzliche Konkretisierungen der Fürsorgepflicht. Nachfolgend stellen wir Ihnen wichtige Ausprägungen der Fürsorgepflicht für den betrieblichen Alltag vor.

Fürsorge für Leben und Gesundheit des Arbeitnehmers
Der Arbeitgeber ist verpflichtet, Räume, Vorrichtungen, Gerätschaften, die er für die Arbeit zu beschaffen hat, so einzurichten und zu unterhalten, dass die Arbeitnehmer gegen Gefahr für Leib, Leben und Gesundheit geschützt sind, soweit die Natur der Arbeit es gestattet (§ 618 Abs. 1 BGB, § 120a GewO). Daneben ist der Arbeitgeber auch arbeitsvertraglich gegenüber dem Arbeitnehmer ver-

pflichtet, die Bestimmungen des öffentlich-rechtlichen Arbeitnehmerschutzrechts einzuhalten. In Ihrem Verantwortungsbereich werden Sie für die Einhaltung der Vorschriften Sorge zu tragen haben. Hierzu und zum Arbeitsschutzrecht erfahren Sie in Abschnitt 2.4 mehr.

Schutz des Persönlichkeitsrechts des Arbeitnehmers
Das grundrechtlich geschützte allgemeine Persönlichkeitsrecht schützt auch die freie Entfaltung der Persönlichkeit des Arbeitnehmers und solche Rechtspositionen, die für die Entfaltung notwendig sind. Der Arbeitgeber hat das Persönlichkeitsrecht zu achten und zu schützen. Wenn er in den geschützten Bereich des Persönlichkeitsrechts eingreift, benötigt er eine Rechtfertigung durch überwiegende eigene schutzwürdige Interessen. Das wirkt sich in vielen Bereichen des betrieblichen Alltags aus.

Aus der Praxis

Die X-GmbH möchte den Internet-Auftritt persönlich gestalten und ein Foto von jedem einzelnen Mitarbeiter auf die Internet-Seite stellen, damit potenzielle Kunden sich einen Eindruck von ihrem betrieblichen Ansprechpartner verschaffen können. Der Geschäftsführer hat einen Fotografen beauftragt und verlangt von allen Mitarbeitern, dass sie ein Foto von sich aufnehmen lassen, um es in die Internet-Präsentation einzustellen. Geht das?
   Das Recht am eigenen Bild ist geschützt als Teil des allgemeinen Persönlichkeitsrechts. Ferner besteht noch ein Sonderschutz (§§ 22 KunstUrhG, 141 Nr. 5 UrhG). Ohne Einwilligung des abgebildeten Arbeitnehmers darf der Arbeitgeber kein Foto von ihm auf der Internet-Seite präsentieren.

Der Arbeitgeber hat bei der Datenverarbeitung personenbezogene Daten und die Personalakten unter Verschluss zu halten. Einsicht darf er nur Berechtigten und nur in dem erforderlichen Umfang gewähren. Er darf nicht heimlich Telefonate abhören oder Kameras zur optischen Überwachung installieren. Der Arbeitgeber ist weiter verpflichtet, Arbeitnehmer vor Mobbing sowie sexueller Belästigung durch Vorgesetzte und Mitarbeiter zu schützen. Eine gesetzliche Grundlage für den Schutz vor sexueller Belästigung finden Sie im Beschäftigtenschutzgesetz. Weitergehende Informationen dazu erhalten Sie in Kapitel 8 und Abschnitt 9.14.

Schutz von eingebrachten Sachen des Arbeitnehmers
Der Arbeitgeber ist kraft seiner Fürsorgepflicht auch verpflichtet, ihm zumutbare Maßnahmen zu treffen, damit Arbeitnehmer solche Sachen sicher aufbewahren können, die sie berechtigterweise in den Betrieb mitbringen. Dazu kann die Pflicht gehören, abschließbare Schränke zur Verfügung zu stellen.

Der Arbeitgeber ist dem Arbeitnehmer zum Schadensersatz verpflichtet, wenn er seine Fürsorgepflicht hinsichtlich der Unterbringung von Sachen schuldhaft verletzt und dadurch dem Arbeitnehmer ein Schaden entsteht. Es besteht die Möglichkeit, die Haftung zumindest auf Vorsatz und grobe Fahrlässigkeit zu beschränken. Davon können Sie durch eine einzelvertragliche Abrede oder Abschluss einer Betriebsvereinbarung Gebrauch machen.

5.4.6 Als Vorgesetzter sind Sie die erste Instanz für Beschwerden

Mitarbeiter können sich bei Ihnen förmlich beschweren (§ 84 BetrVG). Jeder Arbeitnehmer hat das Recht, sich an die zuständige Stelle im Betrieb zu wenden, wenn er sich vom Arbeitgeber oder von Arbeitnehmern des Betriebs, also von Arbeitskollegen oder auch vom unmittelbaren Vorgesetzten benachteiligt oder ungerecht behandelt oder in sonstiger Weise beeinträchtigt fühlt. Der Arbeitnehmer kann auch ein Mitglied des Betriebsrates zur Unterstützung hinzuziehen.

In Ihrem Verantwortungsbereich sind Sie also in einem solchen Verfahren gewissermaßen die erste Instanz, sofern der Mitarbeiter sich nicht über Sie beschweren will. Der Arbeitnehmer braucht sich an keine Frist oder Form zu halten. Wenn Sie eine derartige offizielle Beschwerde erhalten, verpflichtet Sie das Gesetz, den Arbeitnehmer über deren Behandlung zu bescheiden. Sie müssen also die Beschwerde prüfen und dem Arbeitnehmer das Ergebnis mitteilen. Das gilt auch dann, wenn Sie die Beschwerde für unberechtigt halten und keinen Handlungsbedarf sehen.

5.4.7 Beschäftigungsanspruch des Arbeitnehmers

Die vertragsgerechte Beschäftigung des Arbeitnehmers ist nicht nur ein Recht des Arbeitgebers, sondern auch seine Pflicht, solange unstreitig ein Arbeitsverhältnis vorliegt. Die Rechtsprechung sieht die Arbeitsleistung nicht nur als Wirtschaftsgut an, sondern auch als Ausdruck der Entfaltung der Persönlichkeit. Auch nach Ausspruch einer ordentlichen Kündigung bleibt der Beschäftigungsanspruch bis zum Ablauf der Kündigungsfrist bestehen. Nur wenn ausnahmsweise eine Beschäftigung nicht möglich oder nicht zumutbar ist, kann die Beschäftigungspflicht entfallen. Dabei ist aber ein Überwiegen der Arbeitgeberinteressen als Ergebnis einer umfassenden Abwägung der Interessen von Arbeitgeber und Arbeitnehmer notwendig.

Sie sind aber nur bei der einseitigen Freistellung des Arbeitnehmers eingeschränkt. Sie können jederzeit einvernehmlich mit dem Arbeitnehmer eine Vereinbarung über die Suspendierung der Beschäftigungspflicht treffen. Während der Kündigungsfrist kommt eine Freistellung in Betracht, wenn

- dies im Arbeitsvertrag vereinbart ist oder
- der gekündigte Arbeitnehmer damit einverstanden ist oder
- persönliche Gründe oder zwingende betriebliche Belange die Beschäftigung ausschließen.

Beispiel

Die vertragliche Vereinbarung einer Freistellung kann lauten: »Der Arbeitgeber ist im Falle einer Kündigung berechtigt, den Arbeitnehmer bis zum Ablauf der Kündigungsfrist bei Fortzahlung des Entgelts von der Arbeit freizustellen.«

Dabei handelt es sich dann um eine bezahlte Freistellung. Sofern der Arbeitnehmer noch Urlaubsansprüche hat, sollten Sie ihm ausdrücklich Urlaub gewähren und ihn nur für die übrige Zeit freistellen. Bezahlte Freistellung bedeutet nicht das gleiche wie Gewährung von Resturlaub. Unklarheiten gehen zulasten des Arbeitgebers und Sie laufen Gefahr, nicht gewährten Resturlaub abgelten zu müssen (siehe Abschnitt 5.8.7).
Etwas anderes als der Beschäftigungsanspruch ist der Weiterbeschäftigungsanspruch des Arbeitnehmers. Die Frage des Weiterbeschäftigungsanspruchs bezieht sich auf den Zeitraum, in dem nicht klar ist, ob ein Arbeitsverhältnis noch besteht. Das kann zum Beispiel bei einer arbeitgeberseitigen Kündigung nach Ablauf der Kündigungsfrist sein, wenn der Arbeitnehmer Kündigungsschutzklage erhoben hat (siehe dazu Abschnitt 6.11).

5.5 »Lohn ohne Arbeit«

Das Arbeitsrecht kennt verschiedene Konstellationen, in denen der Arbeitnehmer seinen Anspruch auf Entgelt behält, obwohl er nicht arbeitet. Diese Fälle werden meist unter der obigen Überschrift als Ausnahmen von dem Grundsatz »Kein Lohn ohne Arbeit« diskutiert. Als Ausnahme bedarf jeder Fall des Lohns ohne Arbeit einer besonderen Rechtfertigung.

5.5.1 Übersicht

Wir stellen Ihnen die wichtigsten Fälle der Befreiung von der Arbeitspflicht bei Fortzahlung des Entgelts nachfolgend vor, wobei wir den Themen Krankheit und Urlaub wegen ihrer praktischen Bedeutung jeweils einen eigenen Abschnitt gewidmet haben. Fallgruppen sind:

• Ausschluss der Arbeitsleistung (Unmöglichkeit) – Abschnitt 5.5.2,

- Annahmeverzug des Arbeitgebers – Abschnitt 5.5.3,
- Arbeitsverhinderung aus persönlichen Gründen – Abschnitt 5.9.1,
- Arbeitsunfähigkeit infolge Krankheit – Abschnitt 5.6,
- Arbeitsverhinderung infolge Maßnahmen der medizinischen Vorsorge und Rehabilitation – Abschnitt 5.5.4,
- Erholungsurlaub – Abschnitt 5.8,
- gesetzliche Feiertage – Abschnitt 5.8.14,
- Beschäftigungsverbot nach Mutterschutzgesetz außerhalb der Schutzfristen – Abschnitt 9.15.

5.5.2 Entgeltzahlungspflicht trotz Ausschluss der Arbeitspflicht (Unmöglichkeit)

Es gibt Fälle, in denen der Arbeitnehmer keine Möglichkeit hat, seine Arbeitsleistung zu erbringen. Der Anspruch des Arbeitgebers auf die Arbeitsleistung ist dann ausgeschlossen (§ 275 Abs. 1 BGB). Ob der Arbeitnehmer seinen Entgeltanspruch behält, hängt davon ab, wer die Verantwortung dafür trägt, dass dem Arbeitnehmer die Erbringung der Arbeitsleistung unmöglich geworden ist.

Vom Arbeitgeber zu vertretende Unmöglichkeit
Hier können Sie zunächst an Fälle denken, in denen der Arbeitgeber allein oder weit überwiegend zu verantworten hat, dass der Arbeitnehmer seiner Arbeitspflicht nicht nachkommen kann. Der Arbeitnehmer behält seinen Vergütungsanspruch (§ 326 Abs. 2 S. 1 Alt. 1 BGB).

Aus der Praxis

Aufgrund organisatorischer Fehler wird brennbares Material auf dem Gelände der X-GmbH unsachgemäß gelagert. Es entzündet sich, und der Brand beschädigt die Produktionshalle und den Arbeitsplatz des Arbeiters Quandt. Er kann eine Woche nicht an seiner Maschine beschäftigt werden, behält aber seinen Lohnanspruch.

Betriebsrisiko

Aber auch dann, wenn der Arbeitgeber nicht die Verantwortung dafür trägt, dass der Arbeitnehmer seiner Arbeitspflicht nicht nachkommen kann, bleibt er unter dem Gesichtspunkt des Betriebsrisikos zur Entgeltzahlung verpflichtet. Es handelt sich um Fälle, in denen der Arbeitgeber ohne eigenes Verschulden die Belegschaft oder Teile der Belegschaft aus betriebstechnischen Gründen nicht beschäftigen kann. Hier trägt der Arbeitgeber das Risiko des Arbeitsausfalls (§ 615 S. 3 BGB). Das Betriebsrisiko ist damit ein Umstand, bei dessen Eingreifen den Arbeitgeber eine Entgeltfortzahlungspflicht trifft. Dazu gehören betriebsinterne Störungen, die auf ein Versagen der sachlichen oder persönlichen Mittel des Betriebs zurückzuführen sind, aber auch von außen auf die Betriebsmittel einwirkende Umstände, die sich für den Arbeitgeber als Fälle höherer Gewalt darstellen. Die von der Rechtsprechung entwickelte Lehre vom Betriebsrisiko macht also nichts anderes, als technische Störungen des Betriebsablaufs der Risikosphäre des Arbeitgebers zuzuordnen, da er umgekehrt auch den Nutzen daraus zieht, wenn alles läuft. Das Betriebs- und Wirtschaftsrisiko trägt eben der Arbeitgeber.

Aus der Praxis

Beispiel für Betriebsrisiko: Ein nahe gelegener Fluss tritt über die Ufer und überflutet die Produktionsanlagen der X-GmbH. Die Produktion ist lahmgelegt, die Arbeiter können nichts tun bis zum Rückgang des Wassers.

Bei Fällen dieser Art lohnt sich auch ein Blick in den einschlägigen Tarifvertrag, der häufig das Verfahren bei Arbeitsausfall aufgrund höherer Gewalt näher und auch abweichend von den oben dargestellten Grundsätzen der Betriebsrisikolehre regeln kann. Auch eine abweichende einzelvertragliche Regelung könnten Sie grundsätzlich treffen, sofern diese nicht zum Nachteil des Arbeitnehmers von etwaigen Regelungen im Tarifvertrag abweicht. Der Arbeitgeber kann das Betriebsrisiko abmildern durch Abschluss einer Betriebsunterbrechungsversicherung.

5.5.3 Annahmeverzug des Arbeitgebers

Beim Annahmeverzug geht es darum, dass der Arbeitnehmer eigentlich arbeiten will, also sowohl leistungsbereit als auch leistungswillig ist (§ 297 BGB entsprechend) und seine Dienste dem Arbeitgeber auch anbietet (§ 294 BGB). Der Arbeitgeber lehnt aber aus von ihm zu verantwortenden Gründen die Tätigkeit des Arbeitnehmers ab. In diesem Fall kann der Arbeitnehmer die vereinbarte Vergütung verlangen, ohne noch zur Nachleistung verpflichtet zu sein (§ 615 BGB). Ein Klassiker dieser Fallgruppe ist die unwirksame Kündigung durch den Arbeitgeber unter Ablehnung der Beschäftigung des Arbeitnehmers.

Aus der Praxis

Der Geschäftsführer Lieb der X-GmbH hat Streit mit dem Arbeiter Quandt und erklärt ihm mündlich die fristlose Kündigung. Quandt meint, das gehe gar nicht. Eine mündliche Kündigung sei unwirksam, und außerdem habe der Betriebsrat auch noch ein Wörtchen mitzureden. Lieb verbittet sich diese Frechheit und erteilt ein Hausverbot. Im Kündigungsschutzprozess ergeht ein Urteil, dass das Arbeitsverhältnis durch die Kündigung nicht aufgelöst worden ist.

Hier muss der Arbeitgeber den Lohn für den Zeitraum nach Ausspruch der Kündigung und Erteilung des Hausverbots weiterzahlen. Um den Arbeitgeber in Annahmeverzug zu setzen, ist es in diesen Fällen auch nicht erforderlich, dass der Arbeitnehmer jeden Morgen zu Beginn der Arbeitszeit vor dem Werktor steht und seine Arbeit anbietet. Nach ständiger Rechtsprechung ist ein Angebot der Arbeitsleistung für den Zeitraum nach Ablauf der Kündigungsfrist entbehrlich, wenn sich der Arbeitgeber auf eine Beendigung des Arbeitsverhältnisses durch Kündigung beruft.

Solange die Arbeitgeberseite hier die Leistung des Arbeitnehmers nicht entgegennimmt, befindet sie sich in Annahmeverzug. Wenn Sie in diesen Fällen einer arbeitgeberseitigen Kündigung dem Risiko entgehen wollen, den Lohn weiterzahlen zu müssen, ohne dafür eine Leistung zu erhalten, kommen Sie kaum darum herum, den Arbeitnehmer nachweisbar zur Arbeit aufzufordern. Grundsätzlich sind Sie nämlich verpflichtet, dem Arbeitnehmer einen funktionsfähigen Arbeitsplatz zur Verfügung zu stellen und ihm auch eine Arbeit zuzuweisen. Wenn der Arbeitnehmer darauf nicht reagieren sollte, sind Sie regelmäßig aus dem Schneider. Sie befinden sie sich dann jedenfalls nicht in Annahmeverzug.

5.5.4 Maßnahmen der medizinischen Vorsorge und Rehabilitation

Der Arbeitgeber hat eine Pflicht zur Fortzahlung des Entgelts, wenn ein Träger der gesetzlichen Renten-, Kranken- oder Unfallversicherung oder ein anderer Sozialleistungsträger eine Maßnahme der Vorsorge oder Rehabilitation bewilligt (§ 9 EFZG). Hier geht es um den Antritt einer Kur.

Den Arbeitnehmer trifft eine Pflicht, dem Arbeitgeber den Zeitpunkt des Antritts der Maßnahme und deren voraussichtliche Zeitdauer unverzüglich mitzuteilen. Außerdem hat der Arbeitnehmer die Bescheinigung der Bewilligung der Maßnahme unverzüglich vorzulegen (§ 9 Abs. 2 EFZG). Damit haben Sie als Vorgesetzter die Möglichkeit, sich rechtzeitig auf den Ausfall des Arbeitnehmers organisatorisch einstellen zu können.

5.6 Krankheit oder Krankmachen?

Krankheit ist immer unpassend, ein betriebliches Ärgernis und einfach Teil der menschlichen Natur. Arbeitsrechtlich ist Krankheit ein Fall des Lohns ohne Arbeit. Dafür gibt es eine besondere gesetzliche Grundlage, das Entgeltfortzahlungsgesetz (§ 3 Abs. 1 EFZG). Danach hat der unverschuldet kranke Arbeitnehmer einen Entgeltfortzahlungsanspruch bis zur Dauer von sechs Wochen.

5.6.1 Voraussetzungen des Entgeltfortzahlungsanspruchs

Geld vom Arbeitgeber gibt es danach für den kranken Arbeitnehmer unter folgenden Voraussetzungen:

- Das Arbeitsverhältnis muss mindestens vier Wochen ununterbrochen bestanden haben (§ 3 Abs. 3 EFZG).
- Der Arbeitnehmer muss durch Arbeitsunfähigkeit infolge Krankheit an seiner Arbeitsleistung verhindert sein.
- An der Krankheit darf ihn kein Verschulden treffen. Achtung: Der Arbeitnehmer hat damit keine Pflicht gegenüber dem Arbeitgeber, sich unter allen Umständen gesund zu halten. Auch bei grassierendem Grippevirus darf er sich zum Beispiel unter Menschen wagen. Nur wenn den Arbeitnehmer an der Krankheit ein grobes Verschulden trifft, dann soll er keinen Anspruch auf Entgeltfortzahlung gegen den Arbeitgeber haben. Es geht um Verstöße gegen Regeln, die eigentlich jedem einleuchten müssen.

Beispiele für Verschulden sind:

- Verkehrsunfall bei Trunkenheitsfahrt oder unter Missachtung der Gurtanlegepflicht,
- Verletzung bei selbst angezettelter Schlägerei,
- Grobe Missachtung von Unfallverhütungsvorschriften im Betrieb,
- sportliche Aktivitäten, die die Fähigkeiten und Kräfte des Arbeitnehmers völlig überfordern; dazu zählen keine Sportunfälle, die sich bei Einhaltung der Regeln eines vernünftigen Sportbetriebs ereignen.

Dauert die Krankheit über sechs Wochen hinaus, ist der Anwendungsbereich der Entgeltfortzahlungsgesetzes verlassen, und die Zahlungspflicht des Arbeitgebers endet. Der Arbeitnehmer erhält dann von der Krankenkasse Krankengeld (§§ 44 ff. SGB V) in Höhe von 70 Prozent des regelmäßigen Arbeitsentgelts (§ 47 SGB V).

5.6.2 Pflichten des Arbeitnehmers bei Krankheit

Im Krankheitsfall treffen den Arbeitnehmer Pflichten (§ 5 EFZG). Er muss die Arbeitsunfähigkeit und ihre voraussichtliche Dauer unverzüglich dem Arbeitgeber mitteilen. Dagegen besteht keine allgemeine Auskunftspflicht über Art und Dauer der Krankheit. Unverzüglich heißt, ohne schuldhaftes Zögern. Zur Krankmeldung hat jedes Unternehmen auch eigene Spielregeln, und es wird von Vorteil sein, wenn Sie sich frühzeitig mit ihnen vertraut machen. Eine weitere Pflicht des Arbeitnehmers besteht darin, seine Arbeitsunfähigkeit nicht durch unangemessenes Verhalten zu verlängern.

Wir empfehlen Ihnen, darauf zu dringen, dass die Krankmeldung am ersten Tag der Erkrankung auch unmittelbar bei Ihnen erfolgt. Sie sind schließlich als betrieblicher Vorgesetzter dafür verantwortlich, den Arbeitsanfall möglichst kurzfristig so zu organisieren, dass der Ausfall des Erkrankten kompensiert werden kann. Nur wenn Sie nicht erreichbar sind und auch sonst niemand in der Abteilung, sollten Sie die Krankmeldung allein bei der Personalorganisation akzeptieren.

Wenn die Arbeitsunfähigkeit länger als drei Kalendertage dauert, hat der Arbeitnehmer eine ärztliche Bescheinigung darüber spätestens am darauf folgenden Arbeitstag vorzulegen, die auch die voraussichtliche Dauer der Arbeitsunfähigkeit bescheinigt. Die drei Tage nach Gesetz sind nicht zwingend (§ 5 Abs. 1 S. 2 EFZG). Im Arbeitsvertrag können kürzere Fristen vereinbart werden. Es finden sich dazu auch Regelungen in Tarifverträgen.

Bei Arbeitnehmern, die häufig Kurzerkrankungen aufweisen, kann es Sinn machen, vom ersten Tag an ein ärztliches Attest zu verlangen. Diese Möglichkeit können Sie durch eine entsprechende Formulierung im Arbeitsvertrag vorsehen. Umgekehrt haben Sie die Möglichkeit, bei Mitarbeitern, die selten krank sind, ein Zeichen des Vertrauens zu setzen und auf das Attest auch nach Ablauf des dritten Kalendertages zu verzichten. Vor solchen Zeichen sollten Sie allerdings die betrieblichen Gepflogenheiten erkunden.

Der Arbeitgeber kann die Lohnfortzahlung verweigern, solange der Arbeitnehmer nicht die Arbeitsunfähigkeit und deren voraussichtliche Dauer mitgeteilt hat. Dies ist aber nur ein Leistungsverweigerungsrecht (§ 7 EFZG): Die Lohnfortzahlungspflicht entfällt nicht, sie ist nur aufgeschoben.

Das ärztliche Attest ist für den kranken Arbeitnehmer kein Freibrief, der Arbeit fernzubleiben, sondern nur die darin bescheinigte Arbeitsunfähigkeit. Wenn die Arbeitsfähigkeit des Arbeitnehmers schneller wieder hergestellt ist, obwohl das Attest eine längere Arbeitsunfähigkeit bescheinigt, hat der Arbeitnehmer unverzüglich wieder zur Arbeit zu erscheinen. Ein anderes Verhalten wäre vertragswidrig und kann Betrug sein.

5.6.3 Wann ist jemand arbeitsunfähig?

Arbeitsunfähig infolge Krankheit ist nach der Rechtsprechung ein Arbeitnehmer erst, wenn ihn ein Krankheitsgeschehen außerstande setzt, die ihm nach dem Arbeitsvertrag obliegende Arbeit zu verrichten, oder dann, wenn er die Arbeit nur unter der Gefahr aufnehmen oder fortsetzen könnte, seinen Gesundheitszustand zu verschlimmern. Nicht jede Krankheit führt automatisch zur Arbeitsunfähigkeit.

5.6.4 Vom Wert der Arbeitsunfähigkeitsbescheinigung

Die Arbeitsunfähigkeit wird nachgewiesen durch ein ärztliches Attest. Es enthält keine Angaben zur Art der Erkrankung. Diese ärztliche Arbeitsunfähigkeitsbescheinigung hat hohen Beweiswert. Denn sie hat erst einmal die Vermutung der Richtigkeit für sich und kann vom Arbeitgeber nicht ohne weiteres infrage gestellt werden. Und das ist gut so, denn der Arbeitgeber ist meistens kein Arzt.

Weniger gut ist allerdings, dass manche Ärzte die Frage der Arbeitsunfähigkeit gar nicht prüfen, sondern lediglich das Vorhandensein einer Krankheit bestätigen. Das ist aber nicht Gegenstand einer Arbeitsunfähigkeitsbescheinigung. Vielmehr ist erforderlich, dass der Arzt klärt, welcher Tätigkeit der Arbeitnehmer nachgeht, und dann entscheidet, ob der Arbeitnehmer mit dieser Krankheit bezogen auf diese Tätigkeit arbeitsunfähig ist oder eben nicht.

Die Krankenkassen sind gehalten, bei Zweifeln an der Arbeitsunfähigkeit eine Begutachtung durch den medizinischen Dienst zu veranlassen. Zu solchen Zweifeln gibt auch die Feststellung durch einen Arzt Anlass, der durch die Häufigkeit der von ihm ausgestellten Bescheinigungen über Arbeitsunfähigkeit auffällig geworden ist (§ 275 Abs. 1a S. 1 lit. b SGB V).

5.6.5 Arztbesuche während der Arbeitszeit?

Krankheit hält sich nicht an Arbeitszeiten und erfordert häufig auch einen Arztbesuch. Müssen Sie für einen Arztbesuch einen Arbeitnehmer bezahlt freistellen? Hierzu gilt der Grundsatz, dass Arztbesuche außerhalb der Arbeitszeit stattfinden sollen. In der Praxis werden Sie allerdings mit folgenden Ausnahmen konfrontiert:

- Es liegt ein akuter Krankheitsfall oder eine Verletzung vor. Ein sofortiger Arztbesuch ist erforderlich.

- Es soll eine ärztliche Untersuchung vorgenommen werden, für die ein Termin außerhalb der Arbeitszeit nachweisbar nicht zu bekommen ist. Der Arbeitnehmer muss zunächst versuchen, einen Termin außerhalb seiner Arbeitszeiten zu erhalten. Er braucht sich aber nicht einen Arzt mit arbeitszeitkompatiblen Sprechzeiten zu suchen – die freie Arztwahl bleibt ihm.

Häufig werden Sie auch in Tarifverträgen Regelungen zur entgeltlichen Fortzahlung bei Arztbesuchen finden können. Dabei wird oft die Fortzahlung auf bestimmte Fälle eingeschränkt und davon abhängig gemacht, dass vom Arzt die Notwendigkeit des sofortigen Arztbesuchs bescheinigt wird.

Beispiel

In einem Tarifvertrag wird dies zum Beispiel so vereinbart: »Soweit dem Beschäftigten kein Anspruch auf Fortzahlung des Arbeitsverdienstes im Krankheitsfall oder Krankengeld oder Übergangsgeld zusteht, wird der regelmäßige Arbeitsverdienst in folgenden Fällen der Arbeitsverhinderung für die unvermeidliche Ausfallzeit während der Schicht weitergezahlt:

(...)
3. bei Arztbesuch anlässlich einer während der Arbeitszeit aufgetretenen akuten Erkrankung, sofern der Arzt, ggf. der Betriebsarzt, die Notwendigkeit des sofortigen Arztbesuchs bescheinigt;
4. bei amtsärztlich angeordneten Untersuchungen;
5. bei Vorsorgeuntersuchungen, Behandlungen sowie bei Arztbesuch anlässlich einer notwendigen Spezialuntersuchung, sofern diese während der Arbeitszeit durchgeführt werden müssen und der Arzt dies bescheinigt (...).«

5.6.6 Was tun gegen Krankmachen?

Krankheitsbedingte Fehlzeiten sind ein erheblicher Kostenfaktor in Unternehmen. Aus Fehlzeiten ergeben sich auch Folgeschwierigkeiten bei der Bewältigung der anfallenden Arbeiten durch Ersatzkräfte oder der Verteilung der Arbeit auf die gesunden und dadurch zusätzlich belasteten Arbeitnehmer. Jedem Unternehmen ist daher daran gelegen, krankheitsbedingte Fehlzeiten einzudämmen. Dazu werden in der Regel Statistiken über Fehlzeiten und die sich hieraus ergebenden Kosten geführt. Diese Aufgabe ist regelmäßig bei der Personalorganisation angesiedelt, die auch eine Analyse der Ursachen betreibt und die Gegenmaßnahmen koordiniert.

Sofern in Ihrem Verantwortungsbereich erhöhte Fehlzeiten auftreten oder einzelne Mitarbeiter überdurchschnittlich viel krank sind, werden Sie als betrieblicher Vorgesetzter schnell mit der Frage konfrontiert, woran das liegen mag. Was können Sie tun bei häufigen Fehlzeiten eines Mitarbeiters?

Zunächst ist es wichtig, mit dem arbeitsunfähigen Mitarbeiter nach seiner Rückkehr zu sprechen (Rückkehrgespräch). Ein solches Gespräch sollten Sie am besten zusammen mit dem zuständigen Mitarbeiter der Personalorganisation durchführen. Möglicherweise wird in Ihrem Unternehmen auch von Ihnen erwartet, dass Sie als betrieblicher Vorgesetzter den wegen Krankheit fehlenden Mitarbeiter aufsuchen. Der Arbeitnehmer ist allerdings nicht verpflichtet, solche Kontrollbesuche zu dulden, und kann sie ablehnen, ohne damit gegen Pflichten aus dem Arbeitsvertrag zu verstoßen.

Ziel eines solchen Gesprächs ist zum einen, dem Mitarbeiter zu verdeutlichen, dass seine Fehlzeiten Aufmerksamkeit erregen und Folgen für das Unternehmen haben. Zum anderen soll es den Mitarbeiter motivieren und klären, welche Ursachen der Krankheit zugrunde liegen können. Dabei werden Sie sich im Spannungsfeld zwischen Kontrolle und Ausübung der Fürsorgepflicht befinden. Die Kunst in solchen Gesprächen wird sein, die Balance zwischen diesen Polen zu finden und zu halten. Versuchen Sie, vorurteilsfrei an den jeweiligen Mitarbeiter heranzutreten. Es kann immer lohnenswert sein, einmal nachzuforschen, ob vielleicht auch betriebliche Ursachen eine Rolle spielen, wie zum Beispiel Auseinandersetzungen unter Mitarbeitern, ungünstige äußere Arbeitsbedingungen, Überforderung mit dem Inhalt der Tätigkeit. Sie werden nicht alle Mitarbeiterprobleme lösen können, aber Sie nehmen in Ihrer Abteilung auch die den Arbeitgeber treffende Fürsorgepflicht wahr. Das Kleinklima im Biotop Ihres Verantwortungsbereichs bestimmen Sie zu einem wesentlichen Teil mit. Und in einem guten Klima gedeiht die Arbeitsleistung besser.

Ärgerlich wird es dann, wenn der gemäß Attest arbeitsunfähig Erkrankte außerhalb seines Krankenlagers bei Aktivitäten gesehen wird, die gar nicht so recht mit seiner Krankheit vereinbar erscheinen. Mit solchen Aktivitäten verstößt entweder ein tatsächlich Erkrankter gegen seine Pflicht, den Genesungsprozess nicht zu verzögern, oder er simuliert. Allerdings erfordert auch nicht jede Krankheit absolute Bettruhe.

Sollten Sie Zweifel an der Arbeitsunfähigkeit des Arbeitnehmers haben, können Sie nicht vom Arbeitnehmer verlangen, dass er sich einer weiteren ärztlichen Untersuchung unterzieht. Auch eine Untersuchung beim Betriebsarzt scheidet aus, da es nicht zu dessen Aufgaben gehört, Krankmeldungen von Arbeitnehmern auf ihre Berechtigung zu überprüfen. Es besteht allerdings die Möglichkeit, eine Untersuchungspflicht im Arbeitsvertrag oder im Tarifvertrag zu verankern.

Beispiel

Eine Regelung im Arbeitsvertrag kann lauten: »Bestehen begründete Zweifel an der Arbeitsunfähigkeit, ist der Arbeitnehmer verpflichtet, sich einer Untersuchung bei einem vom Arbeitgeber benannten Arzt auf Kosten des Arbeitgebers zu unterziehen. Nur das Bestehen der Arbeitsunfähigkeit und die voraussichtliche Dauer ist dem Arbeitgeber mitzuteilen. Ein darüber hinausgehender Auskunftsanspruch besteht nicht.«

Sie können sich auch an die Krankenkasse des Arbeitnehmers wenden (§ 275 Abs. 1a S. 3 SGB V) und verlangen, dass die Krankenkasse eine Stellungnahme des Medizinischen Dienstes zur Überprüfung der Arbeitsunfähigkeit einholt (§ 275 Abs. 1 Nr. 3 lit. b, Abs. 1a SGB V). Sie werden dann zwar nicht die Stellungnahme des Medizinischen Dienstes erhalten, aber zumindest eine Mitteilung, ob die Zweifel an der Arbeitsunfähigkeit berechtigt sind – falls der Medizinische Dienst sich in der Lage sieht, einen Termin anzuberaumen, der nicht bereits durch seine zeitliche Lage die Diagnose einer aktuellen Erkrankung ausschließt.

Wenn Anhaltspunkte dafür bestehen, dass der krankgeschriebene Arbeitnehmer einer anderweitigen bezahlten Tätigkeit nachgeht, können Sie auch über den Einsatz eines Privatdetektivs nachdenken. Wenn ein konkreter Verdacht bestanden hat und der Arbeitnehmer einer derartigen Vertragspflichtverletzung überführt wird, hat der Arbeitnehmer dem Arbeitgeber die erforderlichen Kosten des Privatdetektivs zu ersetzen (§ 280 Abs. 1, 619a BGB).

Bei Arbeitnehmern, die simulieren oder bei denen sich zumindest ein Simulationsverdacht erhärtet hat, kann als arbeitsrechtliche Maßnahme im Wiederholungsfall auch eine Kündigung in Betracht gezogen werden. Sie müssen sich für diesen Bereich jedoch vergegenwärtigen, dass im Prozessfall der Arbeitgeber darlegungs- und beweispflichtig dafür ist, dass der Arbeitnehmer trotz Arbeitsunfähigkeitsbescheinigung in Wirklichkeit arbeitsfähig gewesen ist. Das ist sehr schwer. In der Regel liegen einfach zu wenig Informationen vor. Anders ist es aber bei Fällen, in denen der Arbeitnehmer die Krankheit vorher nachweisbar ankündigt, um bestimmte Ziele zu erreichen: »Dann werde ich eben krank.« Auch die Vorlage einer Arbeitsunfähigkeitsbescheinigung nach Ablehnung eines Urlaubswunsches kann Ihnen Anlass für die nähere Prüfung einer Kündigung geben.

5.7 Arbeitszeit

Für die betriebliche Praxis ist es wichtig, dass Sie mit den Grundzügen des Arbeitszeitrechts vertraut sind. Immer dann, wenn Sie als betrieblicher Vorgesetzter etwas an der Arbeitszeit ändern wollen, sei es zum Beispiel durch Anordnung von Überstunden, sei es durch eine andere Verteilung der Arbeitszeit, tauchen Fragen nach der Vereinbarkeit solcher Änderungen mit den einschlägigen gesetzlichen Regelungen auf, aber auch mit dazu getroffenen tarifvertraglichen Regelungen und dem Arbeitsvertrag. Danach gibt es drei Bereiche, denen Sie bei Fragen der Änderung der Arbeitszeit Aufmerksamkeit schenken sollten:

- die gesetzlichen Arbeitszeitregelungen,
- die tarifvertraglichen Arbeitszeitregelungen sowie diejenigen im Arbeitsvertrag,
- das Mitbestimmungsrecht des Betriebsrates (§ 87 Abs. 1 Nrn. 2, 3 BetrVG).

Sie sind bei Fragen in Zusammenhang mit Arbeitszeiten immer mit einer öffentlich-rechtlichen Komponente und einer privatrechtlichen Komponente konfrontiert, die jeweils gesondert zu betrachten sind.

Welche Arbeitszeit wird privatrechtlich vom Arbeitnehmer geschuldet? Diese Frage beschäftigt sich damit, welche privatrechtlichen Verpflichtungen gemäß Arbeitsvertrag, Tarifvertrag oder auch Betriebsvereinbarung der Arbeitnehmer gegenüber dem Arbeitgeber hat. Es geht in erster Linie um den Umfang und die zeitliche Lage der Arbeit, also Beginn, Ende, Pausen, Verteilung auf die Werktage und darum, wie lange der Arbeitnehmer tatsächlich arbeiten muss.

Welche Arbeitszeit ist öffentlich-rechtlich erlaubt? Diese Frage betrifft die durch Arbeitnehmerschutzgesetze (zum Beispiel Arbeitszeitgesetz, Mutterschutzgesetz, Jugendarbeitsschutzgesetz) gezogenen Grenzen für Arbeitszeiten, die zwingend einzuhalten sind. In den vorgenannten Gesetzen finden Sie Antworten, ob und wie lange ein Arbeitnehmer maximal arbeiten darf. Eine Überschreitung dieser gesetzlichen Grenzen ist nur ausnahmsweise und dann regelmäßig nur mit Bewilligung des Gewerbeaufsichtsamtes möglich. Verstöße stellen Ordnungswidrigkeiten oder gar Straftaten dar (zum Beispiel §§ 22, 23 ArbZG).

5.7.1 Das Arbeitszeitgesetz

Das Arbeitszeitgesetz (ArbZG) ist nicht das einzige Gesetz, das Schutzvorschriften zur Arbeitszeit enthält, aber das wichtigste. Der sich daraus ergebende öffentlich-rechtliche Arbeitszeitschutz bezieht sich auf

- Höchstarbeitszeiten (§ 3 ArbZG),
- Mindestruhepausen (§ 4 ArbZG),
- Mindestruhezeiten (§ 5 ArbZG),
- Nachtarbeitsbeschränkungen (§ 6 ArbZG),
- Verbot (mit Ausnahmen) der Sonn- und Feiertagsarbeit (§§ 9–11 ArbZG).

Das Arbeitszeitgesetz gilt für alle erwachsenen Arbeitnehmer. Für jüngere Arbeitnehmer unter 18 Jahren gilt ein eigenes Gesetz, das Jugendarbeitsschutzgesetz. Eine wesentliche Ausnahme vom Anwendungsbereich mag für Sie interessant sein: Das Arbeitszeitgesetz gilt nicht für leitende Angestellte (§ 18 Abs. 1 Nr. 1 ArbZG).

Der Blick in das Arbeitszeitgesetz kann Ihnen in Bezug auf die zwei oben aufgeworfenen Fragen nur hinsichtlich der öffentlich-rechtlichen Komponente Antwort geben. Die Antwort dürfen Sie auch nicht als abschließend ansehen, da der einschlägige Tarifvertrag durchaus vom Gesetz abweichende Regelungen enthalten kann.

Beispiel

Eine vom Gesetz zugelassene Abweichung ist die folgende: § 3 Abs. 1 ArbZG legt Höchstarbeitszeiten fest. Abweichungen davon sind durch Tarifvertrag oder durch Betriebsvereinbarung aufgrund einer tarifvertraglichen Öffnungsklausel zulässig (§ 7 Abs. 1 ArbZG).

Das Arbeitszeitgesetz sowie die Rechtsverordnungen, Tarifverträge und Betriebsvereinbarungen, die für den Betrieb relevante Regelungen enthalten, sind an geeigneter Stelle im Betrieb auszulegen oder aufzuhängen, damit jeder Arbeitnehmer sich darüber informieren kann (§ 16 Abs. 1 ArbZG).

Über die Einhaltung der Vorschriften wachen die Gewerbeaufsichtsämter. Der Arbeitgeber muss Aufzeichnungen führen über Arbeitszeiten, die über die werktägliche Arbeitszeit hinausgehen, und diese mindestens zwei Jahre aufbewahren (§ 16 Abs. 2 ArbZG).

5.7.2 Höchstarbeitszeitdauer

Wie lange darf ein Arbeitnehmer am Tag längstens arbeiten? Das Gesetz legt die werktägliche Höchstdauer erst einmal auf acht Stunden am Tag fest (§ 3 S. 1 ArbZG). Von diesem Grundsatz lässt das Gesetz allerdings verschiedene Ausnahmen zu, sodass Sie diese Höchstdauer insbesondere im Hinblick auf die Anordnung von Überstunden durchaus nicht als eherne Grenze ansehen müssen.

Eine Verlängerung auf zehn Stunden ist zum Beispiel jederzeit zulässig, wenn innerhalb von sechs Kalendermonaten oder 24 Wochen (Ausgleichszeitraum) ein Durchschnitt von acht Stunden täglich erreicht wird (§ 3 S. 2 ArbZG). Über die Vergütung dieser Mehrarbeit als Arbeit, die über die gesetzliche Höchstarbeitszeit von acht Stunden hinausgeht, schweigt sich das Gesetz aus. Dazu werden Sie aber meist im Arbeitsvertrag, im Tarifvertrag oder einer Betriebsvereinbarung fündig. In der Regel wird zum Entgelt noch ein Überstundenzuschlag gezahlt.

5.7.3 Was Arbeitszeit ist und was nicht dazu gehört

Als Arbeitszeit gilt nach dem Gesetz die Zeit vom Beginn bis zum Ende der Arbeit ohne Pausen, ohne dass eindeutig geregelt ist, wann sie beginnt und wann sie endet (§ 2 ArbZG). Dies betrifft die Frage nach der Lage der Arbeitszeit. Die Unterscheidung zur Nichtarbeitszeit ist keine akademische Spielerei. Sie müssen dem Arbeitnehmer

grundsätzlich nur solche Zeiten vergüten, die als Arbeitszeit zählen.
Zur Arbeitszeit gehören

Arbeitsbereitschaft:
Dies ist die Zeit wacher Achtsamkeit im Zustand der Entspannung
an einem vom Arbeitgeber bestimmten Arbeitsort innerhalb des Betriebes. Diese Formulierung des Bundesarbeitsgerichts umschreibt
solche Tätigkeiten, bei denen zwischendurch für den Arbeitnehmer
auch einmal nichts zu tun ist, er jedoch allzeit bereit sein muss, etwas zu tun. Sonderregelungen sind möglich (§ 7 ArbZG).

Bereitschaftsdienst:
Im Gegensatz zur Arbeitsbereitschaft muss sich der Arbeitnehmer
nicht im Zustand wacher Achtsamkeit befinden, aber sich an einem
vom Arbeitgeber bestimmten Ort innerhalb oder außerhalb des Betriebes aufhalten, von dem aus er auf Abruf jederzeit in der Lage ist,
seine volle Arbeitstätigkeit sofort oder jedenfalls kurzfristig aufzunehmen.

Nach einer Entscheidung des Europäischen Gerichtshofes
(EuGH) vom 9. September 2003, wonach Bereitschaftsdienst in vollem Umfang als Arbeitszeit im Sinne der EG-Arbeitszeitrichtlinie
anzusehen ist, hat der deutsche Gesetzgeber reagiert und das Arbeitszeitgesetz entsprechend geändert. Sowohl Bereitschaftsdienst
als auch Arbeitsbereitschaft müssen in Zukunft in voller Zeitdauer
in die Ermittlung der täglichen und wöchentlichen Höchstarbeitszeit einbezogen werden. Allerdings darf durch einen Tarifvertrag die
Arbeitszeit auch über zehn Stunden hinaus je Werktag verlängert
werden, wenn sie regelmäßig und zu einem großen Teil Arbeitsbereitschaft oder Bereitschaftsdienst beinhaltet (§ 7 Abs. 2a ArbZG).

Nicht zur Arbeitszeit gehört

Rufbereitschaft:
Hier kann der Arbeitnehmer seinen Aufenthaltsort frei bestimmen,
muss aber auf Abruf des Arbeitgebers innerhalb angemessener Zeit
die Arbeit aufnehmen können.

Sonstige Zeiten mit Bezug zur Arbeit, die keine Arbeitszeit sind:
* der Weg von der Wohnung zur betrieblichen Arbeitsstelle und zurück;
* Zeiten des Waschens und des An- und Ablegens von Arbeitskleidung – ohne anderweitige Vereinbarung beginnt und endet die Arbeit am Arbeitsplatz;
* Ruhepausen und Ruhezeiten.

5.7.4 Ruhepausen, Ruhezeiten

Das Arbeitszeitgesetz schreibt Mindestruhepausen vor, die im Voraus feststehen müssen (§ 4 ArbZG). Ruhepausen sind innerhalb der Schicht oder der täglichen Arbeitszeit liegende Arbeitsunterbrechungen für mindestens 15 Minuten, in denen der Arbeitnehmer weder Arbeit zu leisten noch sich dafür bereitzuhalten hat und frei entscheiden kann, wie er die Zeit verbringt. Ruhepausen sind keine Arbeitszeit (§ 1 Abs. 1 S. 1 ArbZG), sondern unbezahlte Arbeitsunterbrechung. Länger als sechs Stunden am Stück dürfen Arbeitnehmer nicht ohne Ruhepause arbeiten.

Auch für die Dauer der Pausen haben Sie gesetzliche Vorgaben zu beachten: Mindestens 30 Minuten bei einer Arbeitszeit von mehr als sechs und bis zu neun Stunden, 45 oder mehr Minuten bei einer Arbeitszeit von mehr als neun Stunden. Ruhepausen können in Zeitabschnitte von mindestens 15 Minuten aufgeteilt werden – Kürzeres gilt nicht als Pause.

Neben den Pausen gibt es auch noch die Ruhezeiten (§ 5 ArbZG). Nach Beendigung der täglichen Arbeit ist Arbeitnehmern eine ununterbrochene Ruhezeit von mindestens elf Stunden zu gewähren.

Sofern Sie in Ihrem Bereich Jugendliche unter 18 Jahren oder Schwangere beschäftigen, sollten Sie sich über Pausen, Ruhezeiten und sonstige Schutzvorschriften gesondert informieren. Sie dürfen davon ausgehen, dass für Jugendliche jeweils gesonderte Regelungen im Jugendarbeitsschutzgesetz stehen, die über den Mindestschutz der erwachsenen Arbeitnehmer hinausgehen. Für werdende und stillende Mütter enthält das Mutterschutzgesetz weitere Regelung zum Beispiel betreffend Stillzeit, Mehrarbeit, Nacht- und Sonntagsarbeit.

5.7.5 Sonn- und Feiertagsarbeit

Nach wie vor ist es in Deutschland grundsätzlich verboten, Arbeitnehmer an Sonntagen und an gesetzlichen Feiertagen zu beschäftigen (§ 9 Abs. 1 ArbZG). Von diesem Grundsatz gibt es jedoch eine ganze Anzahl gesetzlicher Ausnahmen (§ 10 ArbZG). Auch in einem Tarifvertrag oder in einer Betriebsvereinbarung auf der Grundlage eines Tarifvertrages können weitere Ausnahmen geregelt werden (§ 12 ArbZG).

5.7.6 Mehrarbeit und Überstunden

Überstunden sind ein häufiges Thema. Dabei handelt es sich um Arbeitszeit, die über die vom Arbeitnehmer geschuldete regelmäßige betriebsübliche Arbeitszeit hinausgeht. Von Mehrarbeit wird gesprochen, wenn die regelmäßige werktägliche Arbeitszeit von acht Stunden überschritten wird (§ 3 S. 1 ArbZG).

Vermutlich werden Sie sich einmal die Frage stellen, unter welchen Voraussetzungen Sie Überstunden anordnen können, und weiter, ob dem Arbeitnehmer bei Anordnung von Überstunden eine Überstundenvergütung und gegebenenfalls ein Überstundenzuschlag zusteht.

Anordnung von Überstunden
Zunächst einmal: Für die Anordnung von Überstunden benötigen Sie eine rechtliche Grundlage. Dabei ist zunächst an den Arbeitsvertrag zu denken, an eine Betriebsvereinbarung oder an eine tarifvertragliche Regelung.

Beispiel

Eine Überstundenregelung im Arbeitsvertrag kann lauten:»Der Arbeitnehmer ist verpflichtet, werktäglich Überstunden im Rahmen des gesetzlich und tariflich Zulässigen zu leisten, darf aber nicht mit Nachtarbeit, Schichtarbeit oder Sonn-und Feiertagsarbeit beschäftigt werden.«

Ohne vereinbarte Pflicht zur Leistung von Überstunden können Sie keine Überstunden anordnen, der Arbeitnehmer kann sie schlicht ablehnen. Nur ausnahmsweise ist der Arbeitnehmer aufgrund seiner Treuepflicht gegenüber dem Arbeitgeber zu vorübergehender Mehrarbeit verpflichtet. Das wird angenommen bei Notfällen.

In der Regel gibt es aber vertragliche Regelungen, und die sind auch äußerst empfehlenswert, da sie Ihnen die Möglichkeit eröffnen, die Arbeitszeiten an die Auftragslage anzupassen. Ausreichend für die Annahme einer Verpflichtung zur Leistung von Überstunden ist zum Beispiel auch schon die dürre Regelung im Arbeitsvertrag, dass mit der gezahlten Vergütung Überstunden in einem bestimmten Umfang abgegolten seien.

Wenn es eine Rechtsgrundlage gibt, können Sie Überstunden anordnen. Aber es gibt dennoch Grenzen. Die Anordnung von Überstunden ist – bei entsprechender vertraglicher Grundlage – Ausübung des Direktionsrechts des Arbeitgebers. Deswegen muss die Anordnung – wie jede Ausübung des Weisungsrechts – billigem Ermessen entsprechen. Näheres dazu in Abschnitt 2.2.5. Sie müssen sich also bei der Anordnung innerhalb der gesetzlichen Grenzen halten, und sie muss dem Arbeitnehmer zumutbar sein. Bitte beachten Sie hier die Höchstarbeitszeiten nach dem Arbeitszeitgesetz.

Wenn ein Betriebsrat besteht, hat er ein Mitbestimmungsrecht (§ 87 Abs. 1 Nr. 3 BetrVG). Eine Anordnung von Überstunden ohne Beteiligung des Betriebsrates ist schlicht unwirksam.

Vergütung

Das Arbeitszeitgesetz enthält keine Regelungen zur Vergütung von Mehrarbeit. Damit ist ein breiter Gestaltungsspielraum für Vereinbarungen durch Arbeitsvertrag, Betriebsvereinbarung oder Tarifvertrag eröffnet. Das Spektrum reicht von der Vereinbarung zusätzlicher Überstundenzuschläge über Pauschalvergütungen bis hin zu Regelungen, wonach Überstunden bereits durch das Gehalt abgegolten sind. Auch einen Ausgleich durch Gewährung von Freizeit könnten Sie vereinbaren. Bei tarifgebunden Arbeitsverhältnissen werden Sie hierzu meist etwas im einschlägigen Tarifvertrag finden.

Beispiel

Überstundenregelungen im Arbeitsvertrag können lauten:
»Etwa angeordnete Überstunden werden mit 1/........ des monatlichen Bruttogehaltes sowie einem Zuschlag von .... vergütet.«
»Überstunden sind durch das Gehalt nach Abs. .... bis zu .... Stunden monatlich abgegolten. Überstunden liegen erst dann vor, wenn die werktägliche Arbeitszeit während des Ausgleichszeitraums von sechs Kalendermonaten die Dauer von acht Stunden im Durchschnitt übersteigt. Überstundenzuschläge werden nicht gezahlt.«

Wenn Sie keine Regelung zur Vergütung von Überstunden finden können, heißt das aber noch nicht, dass der Arbeitgeber für angeordnete Überstunden kein Entgelt schuldet. Vielmehr ergibt die Auslegung des Arbeitsvertrages regelmäßig: Geleistete Überstunden sind zu vergüten, wobei hinsichtlich der Höhe im Zweifel die übliche Vergütung vereinbart ist (§ 612 BGB). Dieser Grundsatz gilt aber nicht bei leitenden Angestellten und übertariflich bezahlten Angestellten, von denen Überstunden ohne zusätzliche Vergütung erwartbar sind.

Bei Überstundenzuschlägen sieht es ebenfalls anders aus. Hier gilt: Keine Vereinbarung – kein Überstundenzuschlag. Ohne ausdrückliche Regelung kann nach der Rechtsprechung allerdings auch schon einmal ein Überstundenzuschlag bei Branchenüblichkeit stillschweigend vereinbart worden sein. Stillschweigende Vereinbarungen sollten Sie meiden! In der Praxis sind Überstundenzuschläge üblich.

Überstunden ohne Anordnung

Möglicherweise werden Sie auch einmal mit der Situation konfrontiert, dass Mitarbeiter Ihres Verantwortungsbereichs sehr viele Überstunden leisten und es wegen der Vergütung zu Rückfragen bei Ihnen als dem betrieblichen Vorgesetzten kommt. Grundsätzlich hat kein Mitarbeiter Anspruch auf Vergütung von Überstunden, die Sie nicht angeordnet haben. Eine Anordnung kann allerdings auch darin liegen, dass Sie dem Mitarbeiter Tätigkeiten zuweisen, die er vom Umfang nicht innerhalb der vertraglich vereinbarten Arbeitszeit bewältigen kann. Um hier Schwierigkeiten zu vermeiden, sind Ihnen ausdrückliche Absprachen und eine genaue zeitnahe Erfassung von Überstunden anzuraten. Die regelmäßige Leistung von Überstunden einzelner Mitarbeiter kann für Sie Anlass sein, über die Arbeitsverteilung nachzudenken.

5.7.7 Kurzarbeit

Neben der Situation, dass Sie Überstunden anordnen müssen, um dem Arbeitsanfall mit den vorhandenen Mitarbeitern Herr zu werden, kann sich auch die umgekehrte Situation ergeben: Beispielsweise können ein vorübergehender Auftragsmangel oder vorübergehende Störungen der Produktionsabläufe dazu führen, dass Sie Mitarbeiter Ihres Veranwortungsbereiches nicht ausreichend beschäftigen können. In diesem Fall können Sie Überlegungen dazu anstellen, ob eine Einführung von Kurzarbeit in Betracht kommt. Dabei geht es letztlich um eine zeitweilige Verkürzung der vertraglich vereinbarten betriebsüblichen Arbeitszeit, um Entlassungen zu vermeiden.

Zur Einführung von Kurzarbeit und der damit einhergehenden Verringerung des Arbeitsentgelts benötigen Sie eine rechtliche Grundlage. Diese kann in einem Tarifvertrag, in einer Betriebsvereinbarung oder im Arbeitsvertrag selbst enthalten sein. Ohne entsprechende Grundlage können Sie nur im Einvernehmen mit dem Arbeitnehmer Regelungen zur Kurzarbeit treffen oder einseitig über den Weg einer Änderungskündigung.

Auch bei Einführung von Kurzarbeit kommen Sie nicht ohne eine Beteiligung des Betriebsrates weiter. Er hat ein zwingendes Mitbestimmungsrecht (§ 87 Abs. 1 Nr. 3 BetrVG).

5.7.8 Zu-spät-kommen

Sie werden vermutlich irgendwann eine Auseinandersetzung mit einem Mitarbeiter führen müssen, der gern einmal verspätet erscheint. Je häufiger jemand zu spät kommt, umso mehr klingen seine Begründungen nach Ausreden: Egal ob der Strom ausgefallen ist und sein Wecker nicht geklingelt hat oder sein Auto nicht ansprang. Die möglichen Gründe sind zahlreich und hängen auch von der Kreativität des jeweiligen Mitarbeiters ab.

Hierzu sollte man zunächst einmal wissen: Jeder Arbeitnehmer ist verpflichtet, die festgelegten Arbeitszeiten einzuhalten und insbesondere pünktlich zur Arbeit zu erscheinen. Es ist sein Problem, wenn er zu spät zur Arbeit kommt, weil zum Beispiel die öffentlichen Verkehrsmittel ausfallen, er einen Unfall hat oder die Wetterbedingungen so schlecht sind, dass er nicht vorankommt. Erfüllungsort der Arbeitsleistung ist grundsätzlich die Betriebsstätte. Das Wegerisiko trägt der Arbeitnehmer. Er hat keinen Anspruch auf Entgelt für die versäumte Arbeitszeit.

Verspätungen eines Arbeitnehmers stellen eine Verletzung der Pflichten aus dem Arbeitsvertrag dar. Für die Schwere der Pflichtverletzung kommt es dann aber schon darauf an, ob die Gründe für sein Zu-spät-kommen von ihm zu vertreten sind oder nicht und ob sich das häuft. Eine Verspätung wegen eines Verkehrsunfalls ist anders einzustufen als eine Verspätung wegen Verschlafens. Wer einmal zu spät kommt, gibt damit keinen Grund zur Kündigung. Sofern ein Arbeitnehmer allerdings wiederholt schuldhaft zu spät kommt, stellt das einen Kündigungsgrund dar. Regelmäßig werden Sie zuvor wegen Verspätung abgemahnt haben müssen.

5.7.9 Mitbestimmung des Betriebsrats

Regelungen zur betrieblichen Arbeitszeit können Sie in folgenden Fällen nicht ohne die Mitbestimmung des Betriebsrats treffen:

- Festlegung des Beginns und des Endes der täglichen Arbeitszeit einschließlich der Pausen und der Verteilung der Arbeitszeit auf die einzelnen Wochentage (§ 87 Abs. 1 Nr. 2 BetrVG),
- Kurzarbeit oder Überstunden (§ 87 Abs 1 Nr. 3 BetrVG).

Die Mitbestimmung des Betriebsrates bezieht sich aber nicht auf die Ausgestaltung eines einzelnen Arbeitsverhältnisses. Es ist vielmehr immer ein kollektiver Bezug erforderlich. Die arbeitgeberseitige Maßnahme muss potenzielle Bedeutung haben für eine Mehrzahl von Arbeitnehmern. Die Rechtsprechung nimmt bei Kurzarbeit oder Überstunden immer einen kollektiven Bezug an.

Das Mitbestimmungsrecht des Betriebsrates kann für jeden einzelnen Fall der Anordnung von Überstunden ausgeübt werden. Das mag im betrieblichen Alltag etwas unpraktisch sein. Der Betriebsrat kann seine Zustimmung jedoch auch für bestimmte definierte Fälle der Anordnung von Überstunden vorab erteilen in Form einer Betriebsvereinbarung. Bevor Sie erstmalig Überstunden anordnen, kann es für Sie hilfreich sein, die Frage der Notwendigkeit der Zustimmung des Betriebsrates für den Einzelfall zu klären.

5.8 Erholungsurlaub

Fragen in Zusammenhang mit Urlaub sind von erheblicher praktischer Bedeutung und auch konflikträchtig. Spannungen entstehen insbesondere dann, wenn sich Urlaubswünsche mehrerer Arbeitnehmer überschneiden oder betriebliche Belange Urlaubswünschen entgegenstehen. Der nachfolgende Abschnitt erläutert wesentliche Fragestellungen.

5.8.1 Was ist Urlaub?

Urlaub ist bezahlte Freistellung von der Arbeit, die zur Erholung bestimmt ist. Unter diesem Gesichtspunkt gehört Urlaub zur Fallgruppe »Lohn ohne Arbeit«. Die Pflicht zur Gewährung von Urlaub ist zwingender Inhalt jedes Arbeitsverhältnisses. Dafür sorgt das Bundesurlaubsgesetz (BUrlG), das einen Mindesturlaub von 24 Werktagen (§ 3 Abs. 1 BUrlG) bindend festlegt. Weniger darf kein Arbeitsvertrag vorsehen, ein Arbeitnehmer kann nicht vertraglich auf Urlaub verzichten oder sich den Urlaub abkaufen lassen. Das Gesetz zwingt allerdings niemanden, Urlaub zu nehmen. Der Arbeitnehmer kann ihn verfallen lassen.

Regelmäßig finden sich in Tarifverträgen eigene Regelungen zum

Erholungsurlaub. Dann gehen diese Regelungen denjenigen des Urlaubsgesetzes vor (§ 13 BUrlG). Das Urlaubsgesetz stellt gewissermaßen ein Auffangbecken dar und wird von der tariflichen Praxis überlagert. Die nachfolgenden Darstellungen zum BUrlG gelten daher nur dann, wenn der einschlägige Tarifvertrag oder andere Urlaubsabkommen nicht etwas anderes vorsehen.

Bitte beachten Sie, dass in Tarifverträgen auch für den Arbeitnehmer ungünstige Abweichungen von den gesetzlichen Regelungen getroffen sein können. Jeder Disposition entzogen sind allerdings der Mindesturlaub (§ 3 BUrlG), die Regelung, dass das Urlaubsjahr das Kalenderjahr ist, und dass der Geltungsbereich des Gesetzes enger als vom Gesetz selbst vorgesehen gefasst wird – leichter zu merken: Von den ersten drei Paragrafen des Bundesurlaubsgesetzes kann auch in Tarifverträgen nicht abgewichen werden (§ 13 Abs. 1 S. 1 BUrlG).

5.8.2 Entstehung des Urlaubsanspruchs und Dauer

Der Urlaubsanspruch entsteht erstmals in voller Höhe, wenn das Arbeitsverhältnis sechs Monate Bestand hatte (§ 4 BUrlG). Es kommt auf den Bestand an, nicht darauf, ob der Arbeitnehmer in der ganzen Zeit gearbeitet hat. Krankheitsbedingte Fehlzeiten zum Beispiel lassen den Bestand des Arbeitsverhältnisses unberührt. Und es kommt bei der Wartezeit auf das Kalenderjahr an. Für einen Arbeitnehmer, der erst in der zweiten Jahreshälfte in ein Arbeitsverhältnis eintritt, bedeutet das: Er kann die sechsmonatige Wartezeit im laufenden Kalenderjahr nicht mehr erfüllen. In diesem Fall erwirbt er einen Anspruch auf Teilurlaub (§ 5 BUrlG). Nach Ablauf der Wartezeit entsteht in den folgenden Kalenderjahren bei fortdauerndem Arbeitsverhältnis der Urlaubsanspruch schon zu Beginn des Kalenderjahres.

Aus der Praxis

Der Arbeitnehmer Quandt nimmt im Mai 2002 die Arbeit in der X-GmbH auf und beendet das Arbeitsverhältnis Ende Mai 2003. Der Arbeitnehmer Flick nimmt die Arbeit in dem gleichen Unternehmen Anfang Januar 2003 auf und beendet seine Tätigkeit dort Ende August 2003. Quandt hat im Jahr 2002 die Wartezeit erfüllt und daher im Jahr 2003 grundsätzlich Anspruch auf Jahresurlaub in voller Höhe. Aber: Da er in der ersten Hälfte des Jahres ausscheidet, wird der Urlaub gezwölftelt, der Anspruch verkürzt sich auf einen Teilurlaubsanspruch (§ 5 Abs. 1 lit. c BUrlG). Anders ist dies bei Flick, der im Jahre 2003 die Wartezeit erfüllt hat und erst in der zweiten Jahreshälfte ausgeschieden ist. Ergebnis: voller Urlaubsanspruch für Flick!

5.8.3 Werktage und Arbeitstage: zwei unterschiedliche Paar Schuhe

Wenn Sie die Dauer Ihres Urlaubes oder des Urlaubes eines Mitarbeiters in Ihrer Abteilung ermitteln wollen, ist es für Sie wichtig, die Begriffe Werktage und Arbeitstage auseinander zu halten. Das Bundesurlaubsgesetz rechnet in Werktagen (§ 3 Abs. 1 BUrlG), in Tarifverträgen und in Arbeitsverträgen wird häufiger von Arbeitstagen gesprochen. Werktage und damit Urlaubstage sind alle Kalendertage, die nicht Sonn- und Feiertage sind. Deswegen zählen arbeitsfreie Wochentage, insbesondere Samstage, auch als Urlaubstage mit (§ 3 Abs. 2 BUrlG).

Ist im Arbeitsvertrag oder im Tarifvertrag der Urlaub nicht in Werktagen angegeben, sondern in Arbeitstagen, werden Sie umrechnen müssen. Wenn Sie die Zahl der Urlaubstage durch sechs teilen (weil das BUrlG eben von sechs Werktagen in der Woche ausgeht) und mit der Zahl der gemäß Arbeitsvertrag arbeitspflichtigen Tage pro Woche multiplizieren, können Sie den Urlaubsanspruch berechnen.

Aus der Praxis

Der Arbeitnehmer Flick hat bei einer Fünf-Tage-Woche einen Urlaubsanspruch nach Tarifvertrag von 30 Werktagen. Dann sind die 30 Werktage durch sechs zu dividieren, und das Ergebnis ist mit fünf zu multiplizieren. Im Ergebnis kann Flick 25 Arbeitstage Urlaub nehmen.

5.8.4 Zeitliche Festlegung des Urlaubs, Streitvermeider Urlaubsliste

Auch wenn es in der betrieblichen Praxis manchmal ein wenig untergeht – Urlaub ist ein gesetzlich verankerter Anspruch des Arbeitnehmers (§ 7 Abs. 1 BUrlG). Darin enthalten ist auch ein Anspruch auf zeitliche Festlegung des Urlaubs. Die Festlegung steht nicht in Ihrem freien Ermessen als betrieblicher Vorgesetzter. Vielmehr sind Sie oder der Personalverantwortliche verpflichtet, die Urlaubswünsche des Arbeitnehmers zu berücksichtigen und den Urlaub entsprechend festzusetzen, wenn dem nicht dringende betriebliche Belange entgegenstehen oder Urlaubswünsche anderer Arbeitnehmer, die unter sozialen Gesichtspunkten den Vorzug verdienen.

Im Interesse der Konfliktprävention und der Erhaltung der Arbeitsfähigkeit Ihrer Abteilung sollten Sie möglichst frühzeitig im Jahr dafür Sorge tragen, dass die Mitarbeiter Ihrer Abteilung Ihre Urlaubswünsche äußern. Empfehlenswert ist die Erstellung einer Urlaubsliste, in die jeder Arbeitnehmer seine Urlaubswünsche eintragen kann. Hier ist es dann aber wichtig, dass Sie die Eintragungen auch nachhalten und gegebenenfalls Urlaubswünsche ablehnen oder anders festlegen als gewünscht. Schweigen auf die Eintragung in eine Urlaubsliste ist gefährlich, weil im Streitfall ein Arbeitnehmer sich darauf berufen kann, der Urlaub gelte als genehmigt, wenn nicht innerhalb angemessener Zeit eine Rückäußerung erfolgt ist. Sie können dieses Risiko verringern, wenn Sie die Urlaubsliste mit einer entsprechenden Erläuterung versehen.

Beispiel

Die Erläuterung zur Urlaubsliste kann heißen: »Bitte beachten Sie, dass die Eintragung eines Urlaubswunsches in die Urlaubsliste noch nicht die zeitliche Festlegung Ihres Urlaubs bedeutet. Die Entscheidung über Ihren Urlaubswunsch erfolgt vielmehr bis ………«

In vielen Betrieben werden auch allgemeine Urlaubsgrundsätze oder ein Urlaubsplan in Form einer Betriebsvereinbarung erstellt. Über die betrieblichen Gepflogenheiten sollten Sie sich frühzeitig informieren, insbesondere wenn Sie für die Bewilligung von Urlaub zuständig sind. Beim Urlaubsplan und der Aufstellung allgemeiner Urlaubsgrundsätze hat der Betriebsrat ein zwingendes Mitbestimmungsrecht (§ 87 Abs. 1 Nr. 5 BetrVG). Wenn es zwischen dem Arbeitgeber und einzelnen Arbeitnehmern über die Festlegung des Urlaubs Streit gibt, hat der Betriebsrat gleichfalls ein Mitbestimmungsrecht.

5.8.5 Urlaubsentgelt und Urlaubsgeld

Der Arbeitnehmer hat während des Urlaubs Anspruch auf Fortzahlung des Entgelts. Für die Berechnung gilt das Referenzprinzip (§ 11 Abs. 1 BUrlG), wonach der Durchschnittsverdienst der letzten 13 Wochen vor dem Urlaubsantritt als Urlaubsentgelt zu zahlen ist. Dazu zählt aber nicht das zusätzlich für Überstunden gezahlte Entgelt.

Etwas anderes als das Urlaubsentgelt ist das Urlaubsgeld. Hierbei handelt es sich um eine zusätzliche Leistung des Arbeitgebers. Ob und in welcher Höhe das Urlaubsgeld gezahlt wird, hängt vom einschlägigen Tarifvertrag oder den einzelvertraglich getroffenen Regelungen ab. Ein gesetzliches Muss ist das Urlaubsgeld nicht.

5.8.6 Erkrankung während des Urlaubs

Erkrankt ein Arbeitnehmer während des Urlaubs, wird der Sinn des Urlaubs, Erholung und Wiederherstellung der Arbeitskraft, nicht erreicht. Das Gesetz verbietet daher, die durch ärztliches Attest nachgewiesenen Tage der Arbeitsunfähigkeit während des Urlaubs auf den Jahresurlaub anzurechnen (§ 9 BUrlG). Das heißt aber nicht, dass der Arbeitnehmer die Krankheitstage an den bewilligten Urlaub anhängen kann. Er muss die Arbeit bei Urlaubsende wieder aufnehmen, wenn er bis dahin wieder arbeitsfähig ist. Im Umfang der Krankheitstage hat er allerdings keinen Urlaub verbraucht.

Bitte berücksichtigen Sie, dass sich das gesetzliche Anrechnungsverbot nur auf den gesetzlichen Mindesturlaub nach Bundesurlaubsgesetz bezieht. Wenn tariflich oder einzelvertraglich mehr Urlaub gewährt wird, können hinsichtlich des Mehrurlaubs durchaus abweichende Regelungen getroffen werden, solange nur der Mindesturlaub von 24 Werktagen nicht tangiert wird.

Aus der Praxis

Der Arbeitnehmer Flick hat bei einer Fünf-Tage-Woche gemäß Arbeitsvertrag Anspruch auf 30 Arbeitstage Urlaub. Der Vertrag enthält auch die Regelung, dass durch eine Erkrankung der Urlaub nicht unterbrochen wird, mindestens jedoch 20 Arbeitstage betragen muss.

Die Regelung ist zulässig. Wenn Flick während des Urlaubs arbeitsunfähig erkrankt, können ihm danach bis zu zehn Tage auf seinen Erholungsurlaub angerechnet werden. Denn die zehn Tage gehen über den gesetzlichen Mindesturlaub hinaus, der hier, umgerechnet auf Arbeitstage, 20 Tage beträgt.

5.8.7 Urlaubsabgeltung

Erholungsurlaub setzt ein bestehendes Arbeitsverhältnis voraus. Wenn der Urlaub nicht mehr gewährt werden kann, weil das Arbeitsverhältnis beendet ist, dann hat der Arbeitgeber den Urlaub abzugelten (§ 7 Abs. 4 BUrlG).

5.8.8 Übertragung ins folgende Kalenderjahr

Der Urlaub muss im laufenden Kalenderjahr gewährt und auch genommen werden. Nicht genommener Urlaub verfällt. Nur in begründeten Fällen kann Urlaub auf das nächste Kalenderjahr übertragen werden. Begründete Fälle sind dringende betriebliche oder in der Person des Arbeitnehmers liegende Gründe. Deadline für in das Folgejahr übernommenen Urlaub ist der 31.03. Urlaub, der bis zu diesem Zeitpunkt nicht genommen worden ist, verfällt. Sie können mit dem Arbeitnehmer aber eine Verlängerung dieser Frist vereinbaren. Auch Tarifverträge können den Zeitraum verlängern.

5.8.9 Anspruch auf Teilurlaub

In drei Fällen kann ein Anspruch des Arbeitnehmers auf Teilurlaub entstehen (§ 5 Abs. 1 BUrlG):

- Der Arbeitnehmer erfüllt die Wartezeit in dem Kalenderjahr nicht, weil er entweder erst in der zweiten Hälfte des Kalenderjahres eingestellt wird oder er innerhalb der ersten Jahreshälfte aus dem Arbeitsverhältnis wieder ausscheidet.
- Der Arbeitnehmer hat die Wartezeit in einem vorhergehenden Jahr erfüllt, scheidet aber in der ersten Hälfte eines Kalenderjahres aus dem Arbeitsverhältnis aus.

In diesen Fällen besteht für jeden vollen Monat eines bestehenden Arbeitsverhältnisses ein Anspruch auf ein Zwölftel des Jahresurlaubs.

5.8.10 Urlaubsgewährung durch früheren Arbeitgeber

Wenn ein Arbeitnehmer den Arbeitgeber im laufenden Kalenderjahr wechselt, kann ihm der frühere Arbeitgeber bereits Urlaub gewährt haben. In dem Umfang steht ihm dann im neuen Arbeitsverhältnis kein Urlaub mehr zu (§ 6 BUrlG). Damit Doppelansprüche verhindert werden, ist jeder Arbeitgeber verpflichtet, bei Beendigung des Arbeitsverhältnisses eine Bescheinigung über den im laufenden Kalenderjahr bereits gewährten oder abgegoltenen Urlaub auszuhändigen.

5.8.11 Stückelungsverbot

Nach dem Gesetz ist der Urlaub zusammenhängend zu gewähren (§ 7 Abs. 2 BUrlG). Das Stückelungsverbot hat seinen Sinn in einer Erholung des Arbeitnehmers. Eine Erholung wird aber nicht erreicht, wenn der Urlaub in zahlreiche Einzeltage zerlegt wird. Jeder Arbeitsmediziner empfiehlt einen mindestens zweiwöchigen, besser dreiwöchigen Erholungsurlaub, da vorher kein Erholungseffekt eintritt. Auf der anderen Seite ist zu berücksichtigen, dass der regelmäßig tarifvertraglich oder individualvertraglich gewährte Urlaub wesentlich länger ist als nach Bundesurlaubsgesetz, sodass eine Teilung in einen Sommer- und einen Winterurlaub unproblematisch zuzulassen ist und regelmäßig auch im Interesse des Arbeitgebers und in Ihrem Interesse als betrieblicher Vorgesetzter liegen wird.

5.8.12 Unentschuldigte Fehlzeiten mit Urlaub verrechnen?

Sie sind als Vorgesetzter gefordert, wenn Arbeitnehmer unentschuldigt der Arbeit fernbleiben. Hier stellt sich die Frage, ob Sie diese Fehltage vom Urlaub abziehen lassen können. Nein, eine Verrechnung mit Urlaubstagen scheidet regelmäßig aus. Es ist aber möglich, im Einvernehmen mit dem Arbeitnehmer eine nachträgliche Gewährung von Urlaub vorzunehmen. Damit wird der unentschuldigte Fehltag nachträglich in einen bezahlten Urlaubstag umgewandelt. Wie Sie bei unentschuldigten Fehlzeiten arbeitsrechtlich reagieren können, haben wir in Abschnitt 5.3.6 erläutert.

5.8.13 Widerruf von Urlaub

Ein heikles, aber praktisch relevantes Thema ist der Widerruf von gewährtem, aber noch nicht genommenem Urlaub beziehungsweise der Rückruf aus dem Urlaub. Hier gilt erst einmal der Grundsatz: Die Erteilung von Urlaub ist eine Willenserklärung des Arbeitgebers, die nach Zugang beim Arbeitnehmer nicht mehr widerrufen, also durch eine einseitige Erklärung des Arbeitgebers aus der Welt geschafft werden kann.

Trotzdem werden hiervon aber Ausnahmen gemacht bei unvorhergesehenen, dringenden betrieblichen Erfordernissen. Noch höhere Anforderungen stellt die Rechtsprechung an den Rückruf des Arbeitnehmers aus dem Urlaub. Bei einem Widerruf von gewährtem Urlaub oder gar einem Rückruf aus dem Urlaub werden Sie immer eine Kostenerstattung einkalkulieren müssen. Urlaub wird meist früh geplant und gebucht; da kann einiges an Stornogebühren und sonstigen vergeblichen Aufwendungen des Arbeitnehmers zusammenkommen. Im Zweifel wird sich die Kostenerstattungspflicht auch auf die Kosten der mitreisenden Familienmitglieder erstrecken.

Aus der Praxis

Die X-GmbH hat dem Angestellten Quandt Erholungsurlaub bewilligt. Vor Urlaubsantritt zeichnet sich für die X-GmbH ein größerer Auftrag ab, für dessen Erledigung sie Herrn Quandt braucht. Die X-GmbH vereinbart deshalb mit Herrn Quandt, dass er bei betrieblichem Bedarf seinen Urlaub abbrechen müsse und wieder auf der Arbeit zu erscheinen habe. Geht das?

Nein, die Vereinbarung ist unwirksam, weil sie gegen das Bundesurlaubsgesetz (§ 1 BUrlG) verstößt. Diese Regelung ist zwingendes Arbeitnehmerschutzrecht, von dem weder durch Tarifvertrag noch durch eine einzelvertragliche Abrede zuungunsten des Arbeitnehmers abgewichen werden darf. Nach Bundesurlaubsgesetz schuldet der Arbeitgeber dem Arbeitnehmer Erholungsurlaub. Dem Arbeitnehmer ist uneingeschränkt zu ermöglichen, anstelle der geschuldeten Arbeitsleistung die ihm aufgrund des Urlaubsanspruchs zustehende Freizeit selbstbestimmt zu nutzen. Das ist dann nicht gewährleistet, wenn der Arbeitnehmer trotz der Freistellung ständig damit rechnen muss, zur Arbeit abgerufen zu werden. Der Anspruch des Arbeitnehmers wird in diesem Fall nicht erfüllt.

Es wird Sie vielleicht interessieren, ob es eine rechtssichere Möglichkeit für den Arbeitgeber gibt, einseitig und ausnahmsweise die Arbeitsaufnahme in Abweichung zum einmal bewilligten Urlaubszeitpunkt anzuordnen. Leider nein. Eine Abänderung eines bereits festgelegten Urlaubstermins ist nur im Einverständnis mit dem Arbeitnehmer möglich. Sie können hier mit der Treuepflicht argumentieren, wonach der Arbeitnehmer im betrieblichen Notfall verpflichtet sei, den Urlaub nicht anzutreten oder gar abzubrechen. Diese Argumentation kann aber im Streitfall nicht gerichtsfest sein, sofern nicht ein echter Notfall wie Brand, technischer Defekt, Überschwemmung oder Ähnliches gegeben ist, sondern nur übliche betriebliche Schwierigkeiten wie zum Beispiel starker Arbeitsanfall.

Allerdings kann sich für Sie bei solchen Fragestellungen auch ein Blick in den einschlägigen Tarifvertrag lohnen. Im Tarifvertrag könnte anderes, auch zulasten des Arbeitnehmers geregelt werden. Wenn es Ihnen nicht gelingt, bei betrieblichen Notwendigkeiten einen Konsens mit dem Arbeitnehmer herbeizuführen, sollten Sie die Personalorganisation einbeziehen.

5.8.14 Feiertage

Immer dann, wenn gerade einmal wieder die Abschaffung von Feiertagen in Rede steht, dringt ins Bewusstsein, dass die gesetzlichen Feiertage eine nicht unerhebliche finanzielle Belastung für jeden Arbeitgeber darstellen. Der Arbeitgeber hat nämlich dem Arbeitnehmer für diejenige Arbeitszeit, die infolge eines gesetzlichen Feiertages ausfällt, das Arbeitsentgelt zu zahlen, das er ohne den Arbeitsausfall erhalten hätte. Die gesetzliche Grundlage dafür findet sich im Entgeltfortzahlungsgesetz (§ 2 Abs. 1 EFZG).

Das Entgeltfortzahlungsgesetz gewährt Ihnen auch ein Druckmittel gegen Feiertagsverlängerer: Arbeitnehmer, die am letzten Arbeitstag vor und am ersten Arbeitstag nach diesen Feiertagen unentschuldigt der Arbeit fernbleiben, haben keinen Anspruch auf Bezahlung für diese Feiertage (§ 2 Abs. 3 EFZG).

5.9 Sonderurlaub

Der so genannte Sonderurlaub ist meist eigentlich gar keiner, zumindest geht es selten um Erholung. Das Bundesurlaubsgesetz jedenfalls regelt nur den Erholungsurlaub. Unter Sonderurlaub werden Sachverhalte zusammengefasst, bei denen aufgrund Gesetzes oder Vereinbarung oder freiwillig dem Arbeitnehmer Freistellung von der Arbeitspflicht gewährt wird. Ob der Arbeitnehmer seinen Anspruch auf Entgelt behält, ist eine Frage der Grundlage des Sonderurlaubs. Sonderurlaub kann bezahlte oder unbezahlte Freistellung sein.

5.9.1 Persönliche unverschuldete Arbeitsverhinderung

Diese Form des Sonderurlaubs betrifft Fälle einer kurzfristigen Arbeitsverhinderung, die in der Person des Arbeitnehmers liegt und an der ihn kein Verschulden trifft (§ 616 S. 1 BGB). Die Arbeitsleistung ist dem Arbeitnehmer aufgrund einer bestimmten Situation bei Abwägung der beiderseitigen Interessen nicht zumutbar.

Beispiel

Typische Situationen einer unverschuldeten Arbeitsverhinderung sind:

• Eheschließung des Arbeitnehmers,
• Niederkunft der Ehefrau,
• schwere Erkrankung oder Tod eines nahen Angehörigen,
• Umzug.

In solchen Fällen führt Sie meist ein Blick in den Arbeitsvertrag oder den einschlägigen Tarifvertrag weiter. Dort werden regelmäßig die Sachverhalte aufgezählt, in denen dem Arbeitnehmer Freistellung von der Arbeitspflicht ohne Wegfall des Entgeltanspruchs zu gewähren ist. Diese Aufzählung ist häufig abschließend formuliert, was möglich ist, weil die gesetzliche Grundlage (§ 616 BGB) zur Disposition der Vertragsparteien gestellt ist. Die Regelung kann durch Vereinbarung vollständig ausgeschlossen oder auch eingeschränkt werden, zum Beispiel auf bestimmte Fallgruppen.

Beispiel

Eine entsprechende Regelung im Arbeitsvertrag kann lauten: »Eine Arbeitsverhinderung im Sinne von § 616 BGB wird nur in den nachfolgend aufgeführten Fällen anerkannt und vergütet: ....«

Wenn Ihnen ein Ersuchen auf bezahlte Freistellung von einem Mitarbeiter angetragen wird und seine Situation findet sich nicht in der Aufzählung, können Sie ihm nur anbieten, einen Tag bezahlten Urlaub oder unbezahlten Sonderurlaub zu nehmen.

5.9.2 Bildungsurlaub

Auch der Bildungsurlaub ist bezahlter Sonderurlaub. Dafür haben einige Bundesländer eine gesetzliche Grundlage geschaffen, andere nicht. Der Umfang beschränkt sich regelmäßig auf fünf Arbeitstage pro Kalenderjahr, wobei eine Zusammenfassung des Bildungsurlaubs von zwei Kalenderjahren möglich ist. In der Praxis wird Bildungsurlaub selten in Anspruch genommen. Nicht für jede Veranstaltung müssen Sie als Vorgesetzter Bildungsurlaub gewähren. Sie muss staatlich anerkannt sein und der beruflichen Fortbildung oder der Verbesserung der Allgemeinbildung dienen. Andernfalls ist sie nicht geeignet, und Sie können einen entsprechenden Antrag ablehnen.

Wenn der Arbeitnehmer damit nicht einverstanden ist, hat er die Möglichkeit, gegen die Ablehnung gerichtlich vorzugehen und gegebenenfalls im Verfahren des vorläufigen Rechtsschutzes beim Arbeitsgericht die Gewährung von Bildungsurlaub mittels einstweiliger Verfügung durchzusetzen.

5.9.3 Unbezahlte Freistellung

Darüber hinaus kann es Konstellationen geben, in denen der Arbeitnehmer Anspruch auf Freistellung von der Arbeitspflicht haben kann, ohne dass eine Entgeltzahlungspflicht des Arbeitgebers besteht. Im Übrigen können die Arbeitsvertragsparteien immer frei vereinbaren, ob und wie lange der Arbeitnehmer unbezahlten Urlaub erhält.

Pflege eines erkrankten Kindes
Wenn in Ihrer Abteilung auch Mitarbeiterinnen oder Mitarbeiter mit kleinen Kindern tätig sind, ist ein praktisch relevantes Thema das kranke Kind.

Das Gesetz gewährt Arbeitnehmern mit kleinen Kindern einen Freistellungsanspruch zur Beaufsichtigung und Betreuung oder Pflege eines erkrankten Kindes (§ 45 SGB V). Danach besteht ein Anspruch des Arbeitnehmers auf unbezahlte Freistellung von der

Arbeitsleistung, wenn nach ärztlichem Zeugnis erforderlich ist, dass er zur Beaufsichtigung und Betreuung oder Pflege seines erkrankten Kindes, das das zwölfte Lebensjahr noch nicht vollendet hat, der Arbeit fernbleibt und eine andere im Haushalt lebende Person die Beaufsichtigung, Betreuung oder Pflege nicht übernehmen kann. Für die Zeit der unbezahlten Freistellung hat der Arbeitnehmer Anspruch auf Pflege-Krankengeld, sofern er gesetzlich krankenversichert ist. Dieser Freistellungsanspruch ist zeitlich begrenzt bezogen auf das Kalenderjahr. Er besteht für jedes Kind längstens für 10 Arbeitstage, bei alleinerziehenden Arbeitnehmern für 20 Arbeitstage. Bei mehreren Kindern gibt es eine Grenze von maximal 25 Arbeitstagen, bei Alleinerziehenden von 50 Arbeitstagen pro Kalenderjahr (§ 45 Abs. 2 SGB V). Diese Regelungen sind zwingend und können vertraglich nicht abbedungen werden (§ 45 Abs. 3 S. 3 SGB V).

Achtung: Die Pflege eines erkrankten Kindes kann auch ein Fall der bezahlten Freistellung sein wegen einer Arbeitsverhinderung durch einen persönlichen Grund (§ 616 S. 1 BGB). Der Anspruch auf Krankengeld und unbezahlte Freistellung nach dem fünften Sozialgesetzbuch ist nachrangig ausgestaltet.

Ob und für welchen Zeitraum der Arbeitgeber dann das Entgelt zahlen muss, hängt davon ab, ob die Situation des erkrankten Kindes als Fall der persönlichen Arbeitsverhinderung im Arbeitsvertrag oder Tarifvertrag geregelt oder zumindest nicht ausgeschlossen ist. Wenn der Anspruch auf bezahlte Freistellung nicht ausgeschlossen ist, können Sie mangels anderweitiger Regelung von fünf Arbeitstagen pro Kalenderjahr ausgehen. Diese Zahl beruht auf einer Entscheidung des Bundesarbeitsgerichts, in der das Gericht für die durch ärztliches Attest nachgewiesene Betreuung von Kindern bis zu acht Jahren einen Anspruch auf Fortzahlung der Vergütung bis zu der vorgenannten Dauer im Kalenderjahr angenommen hat. Insofern ist die Altersgrenze hier gegenüber der unbezahlten Freistellung nach Sozialgesetzbuch niedriger.

6.
Wie ein Arbeitsverhältnis beendet wird

Arbeitsverhältnisse können auf verschiedene Weise beendet werden. In Abschnitt 6.1 lesen Sie über die Vorteile der einvernehmlichen Beendigung des Vertragsverhältnisses gegenüber einer Kündigung. In Abschnitt 6.2 wird ein knapper Überblick über die weniger häufige Anfechtung von Arbeitsverträgen gegeben. Nach einer Behandlung der formalen Fragen einer Kündigung (Abschnitt 6.3) haben wir der Abmahnung als praktisch relevantem Thema einen eigenen Abschnitt (6.4) gewidmet. Die Darstellung der verschiedenen Formen der Kündigung beginnt mit einer Darstellung der Grundlagen des Kündigungsschutzes (Abschnitt 6.5). Ab Abschnitt 6.6 können Sie sich über die verschiedenen Kündigungsgründe und Formen der Kündigung einen Überblick verschaffen.

Für den Bereich der Beendigung von Arbeitsverhältnissen gilt wie für den Abschluss von Arbeitsverträgen, dass fundierte arbeitsrechtliche Kenntnisse erforderlich sind. Soweit möglich, sollten Sie diese Aufgaben der Personalorganisation oder externen Spezialisten überlassen.

6.1 Der Aufhebungsvertrag

Der Aufhebungsvertrag ist eine für beide Seiten von den Folgen her gut einschätzbare Möglichkeit der Beendigung eines Vertragsverhältnisses. Dieser Vorteil sollte Sie dazu veranlassen, immer zuerst über eine einvernehmliche Beendigung mit dem Mitarbeiter zu verhandeln – es sei denn, ein wasserdichter Kündigungsgrund liegt auf der Hand.

Insbesondere dann, wenn der Bestandsschutz des Kündigungs-schutzgesetzes greift und betriebsbedingte Kündigungen vorgenommen werden müssen, vermeiden Aufhebungsverträge die sonst notwendige Sozialauswahl und deren Tücken. Auch wenn Sie dem Mitarbeiter aus personenbedingten oder verhaltensbedingten Gründen kündigen müssten, sollten Sie eine einvernehmliche Auflösung nicht unversucht lassen. Selbst nach einer bereits von Arbeitgeberseite ausgesprochenen Kündigung macht es noch Sinn, eine Vereinbarung über die Abwicklung des Arbeitsverhältnisses und die Regelung aller damit zusammenhängenden Fragen zu treffen (Abwicklungsvertrag). Sie können dadurch Ihrem Arbeitgeber die Unwägbarkeiten einer möglichen Kündigungsschutzklage ersparen.

6.1.1 Vorteile des Aufhebungsvertrages

Gegenüber der Kündigung ergeben sich für die Arbeitgeberseite bei einem Aufhebungsvertrag folgende Vorteile:

- Das Kündigungsschutzgesetz findet keine Anwendung. Sie benötigen keinen die Kündigung sozial rechtfertigenden Grund für eine wirksame Kündigung.
- Sie müssen keine besonderen Kündigungsschutznormen beachten (zum Beispiel für Schwangere, Betriebsverfassungsorgane, Arbeitnehmerinnen und Arbeitnehmer in Elternzeit, Schwerbehinderte).
- Sie müssen keine Kündigungsfristen und keine Kündigungstermine einhalten.
- Sie müssen den Betriebsrat nicht beteiligen.
- Die Klage eines Arbeitnehmers gegen die Wirksamkeit einer Vertragsaufhebung ist unwahrscheinlich.

6.1.2 Abfindung und Abfindungshöhe

Als Schwerpunkt in Verhandlungen über einen Aufhebungsvertrag werden Sie regelmäßig mit Fragen der Abfindung und deren Höhe konfrontiert. Gut zu wissen: Es gibt keinen gesetzlichen Abfindungsanspruch des Arbeitnehmers als Entschädigung für den Verlust des Arbeitsplatzes. Vielmehr ist es allein Sache der Vertragsparteien, ob und in welcher Höhe sie eine Abfindung vereinbaren. Erst aus dieser Vereinbarung ergibt sich dann ein vertraglicher Anspruch des Arbeitnehmers. Der Gesetzgeber hat mit dem Gesetz zu Reformen am Arbeitsmarkt einen gesetzlichen Abfindungsanspruch als Wahlmöglichkeit des Arbeitnehmers eingeführt, der aber auf den Fall einer betriebsbedingten Kündigung beschränkt ist (§ 1a KSchG). Dazu können Sie im Abschnitt 6.6.5 mehr erfahren.

Auch wenn die Höhe der Abfindung frei vereinbar ist, können Sie sich an gewissen Leitlinien orientieren. Die eine ist, dass die Abfindung in einem angemessenen Verhältnis zu Betriebszugehörigkeit, Alter, Einkommen und einem möglichen Beendigungsgrund stehen sollte. Es macht einen Unterschied, ob eine etwaige Kündigungsschutzklage, wenn man sich nicht einigt, Erfolgsaussichten hat oder eher nicht.

Die andere Leitlinie ist: Die Höhe kann sich an den Beträgen orientieren, die von den Arbeitsgerichten im Rahmen von Vergleichsverhandlungen vorgeschlagen werden. Im Groben können Sie davon ausgehen, dass jedes Jahr der Beschäftigung im Unternehmen den Arbeitgeber ein halbes Monatseinkommen an Abfindung kostet. In das Monatseinkommen sind die über das Jahr verteilten Nebenleistungen anteilig einzurechnen. Als Obergrenze gelten zwölf Monatseinkommen (abgeleitet aus § 10 KSchG). Aus der vorgenannten gesetzlichen Norm, die vom Wortlaut nur für gerichtlich festzusetzende Abfindungen bei Auflösung des Arbeitsverhältnisses gilt, ergeben sich Erhöhungen für langjährige Betriebszugehörigkeit und ein bestimmtes Lebensalter. Bei Bedarf können Sie sich die Regelung näher anschauen.

6.1.3 Steuern

Abfindungen bei einer vom Arbeitgeber veranlassten oder gerichtlich ausgesprochenen Auflösung des Arbeitsverhältnisses sind einkommensteuerfrei bis 8180 Euro. Ab dem 50. Lebensjahr und 15 Jahren Betriebszugehörigkeit sowie ab dem 55. Lebensjahr und 20 Jahren Zugehörigkeit liegen die Freibeträge bei 10 226 Euro beziehungsweise 12 271 Euro (§ 3 Nr. 9 EStG). Da das Verfallsdatum von steuerrechtlichen Normen zunehmend die Lebensdauer einer Buchauflage unterschreitet, sei Ihnen ein Blick in die entsprechende aktuelle Regelung empfohlen. Das Einkommensteuergesetz im Internet finden Sie zum Beispiel in der Gesetzessammlung »www.staat-modern.de« (siehe Abschnitt 2.1.1).

Bitte nehmen Sie die Definition der Abfindung »als Entschädigung für den Verlust des Arbeitsplatzes« ernst – besonders, wenn Sie in eigener Sache über eine Abfindung verhandeln. Wenn die Abfindung über die Entschädigung hinaus andere Funktionen erhält, zum Beispiel die als Arbeitsentgelt, entfällt die steuerrechtliche Begünstigung.

6.1.4 Aufhebungsvertrag und Arbeitslosengeld-Zahlung

Dieses Thema ist für den Arbeitnehmer von großer Bedeutung, soweit eine Abfindung gezahlt wird und/oder der Arbeitnehmer anschließend arbeitslos ist. Einige Arbeitnehmer fallen nach Abschluss eines Aufhebungsvertrages von einer Ohnmacht in die andere, weil ihre Erwartungen an staatliche Leistungen falsch waren. Dies betrifft vor allem Fragen des Ruhens des Anspruchs auf Arbeitslosengeld und der Sperrzeit.

Ruhen
Wenn eine Abfindung gezahlt wird und nach dem Aufhebungsvertrag das Arbeitsverhältnis in kürzerer Frist endet als bei Einhaltung einer ordentlichen Kündigungsfrist, dann ruht der Anspruch vom Ende des Arbeitsverhältnisses bis zum Ablauf dieser fiktiven ordentlichen Kündigungsfrist. Der Anspruch ruht aber höchstens für ein Jahr (§ 143a Abs. 1, 2 SGB III). Ruhen heißt, der Anspruch verschiebt sich zeitlich nach hinten. Wegen dieser Vorschrift ist es regelmäßig im Interesse des Arbeitnehmers, dass die im Aufhebungsvertrag geregelte Frist bis zur Beendigung des Arbeitsverhältnisses nicht kürzer ist als diejenige im Falle einer ordentlichen Kündigung.

Sperrzeit

Wenn der Arbeitnehmer das Beschäftigungsverhältnis gelöst oder durch ein arbeitsvertragswidriges Verhalten Anlass für die Lösung gegeben hat und dadurch ohne wichtigen Grund vorsätzlich oder fahrlässig die Arbeitslosigkeit herbeigeführt hat, tritt eine zwölfwöchige Sperrzeit ein (§ 144 SGB III). Ziel der Regelung ist es, die Gemeinschaft der Versicherten vor Arbeitslosen zu schützen, die ihre Arbeitslosigkeit selbst herbeigeführt haben. Hier erfolgt nicht nur eine zeitliche Verschiebung der Zeit des Erhalts von Arbeitslosengeld, wie beim Ruhen, sondern um die Sperrzeit verkürzt sich die Dauer des Erhalts (§ 128 Abs. 1 Nr. 4 SGB III). Die Eigenkündigung des Arbeitnehmers ohne wichtigen Grund führt zur Sperrzeit, ebenso wie eine berechtigte verhaltensbedingte Kündigung des Arbeitgebers.

Eine Lösung des Beschäftigungsverhältnisses im Sinne der Regelung des Sozialgesetzbuchs kann auch im Abschluss einer Aufhebungsvereinbarung liegen. Praktisch bedeutet das: Wenn der Arbeitnehmer keinen wichtigen Grund dafür hat, erfolgt eine Sperre. Ein wichtiger Grund kann aber zum Beispiel vorliegen, wenn ein betriebsbedingter Kündigungsgrund gegeben ist und das Arbeitsverhältnis zur Vermeidung einer sonst erfolgenden Kündigung durch den Arbeitgeber unter Einhaltung der Kündigungsfrist aufgehoben wird. Im Streitfall muss allerdings seit der letzten Gesetzesänderung der arbeitslos gewordene Arbeitnehmer darlegen und beweisen, dass ein wichtiger Grund vorliegt, und das Arbeitsamt muss ihm den umgekehrten Fall nicht mehr nachweisen (§ 144 Abs. 1 S. 2 SGB III).

Bei der Thematisierung dieser und steuerrechtlicher Fragen in Zusammenhang mit dem Aufhebungsvertrag sollten Sie Vorsicht walten lassen. Es gilt zwar der Grundsatz, dass ein Arbeitnehmer sich über die Folgen eines Aufhebungsvertrages selbst informieren muss. Wenn der Arbeitnehmer aber ausdrücklich fragt oder sich erkennbar nicht klar ist über die Folgen, muss der Arbeitgeber seiner Fürsorgepflicht genüge tun. Entweder sollte der Arbeitnehmer über steuerrechtliche und sozialversicherungsrechtliche Fragen vollständig und richtig informiert werden, oder Sie können ihn – um jegliche Gefahren der Behauptung unvollständiger oder unrichtiger Information auszuschließen – explizit und nachweisbar auf die Möglichkeit und Bedeutsamkeit der Einholung von Auskünften bei Arbeits- und Finanzamt hinweisen. Die Erteilung von Informationen sollten Sie der Personalorganisation oder externen Spezialisten überlassen.

Auch für den Arbeitgeber ist der Abschluss eines Aufhebungsvertrages nicht ohne Risiken. Unter Umständen entsteht aufgrund der Beendigung eines Arbeitsverhältnisses gegenüber der Bundesanstalt für Arbeit hinsichtlich des an den ehemaligen Arbeitnehmer gezahlten Arbeitslosengeldes eine Erstattungspflicht (§ 147a SGB III).

6.1.5 Schriftform, typische Regelungen

Mündliche Aufhebungsverträge sind nicht nur leichtsinnig, sondern neuerdings auch unwirksam. Das Gesetz regelt ein zwingendes Schriftformerfordernis (§ 623 BGB). Was Sie in einem Aufhebungsvertrag im Einzelnen vereinbaren, ist Verhandlungssache und steht im Ermessen der Vertragsparteien. Über folgende Regelungsinhalte sollten Sie aber Überlegungen anstellen:

• Datum der Beendigung des Arbeitsverhältnisses;
• Abfindungszahlung und Höhe der Abfindung;
• Freistellung des Arbeitnehmers bis zum Ende des Arbeitsverhältnisses;
• Fortzahlung der Bezüge bis zum Ende;
• Regelungen zum Resturlaub;
• Rückgabe von Betriebseigentum, insbesondere Dienstwagen;
• Darlehen, Vorschüsse, Sonderzahlungen gewährt und zurückfordern oder mit Abfindung verrechnen;
• Wettbewerbsverbot aufheben oder explizit neu regeln?
• Expliziter Hinweis auf steuerrechtliche und sozialversicherungsrechtliche Folgen und Informationsmöglichkeiten;
• Aufnahme eines Grundes für die Aufhebung des Arbeitsverhältnisses;
• Belehrung über Widerrufsfrist;
• Ausgleich aller Ansprüche.

Die Aufnahme eines Grundes für die Aufhebung des Arbeitsverhältnisses ist immer mit der Frage der Sperrzeit (§ 144 SGB III) verbunden, daher heikel und empfehlenswert lediglich dann, wenn ein wichtiger Grund für die Lösung des Arbeitsverhältnisses besteht (siehe Abschnitt 6.1.4). Wenn zum Beispiel ein betriebsbedingter Kündigungsgrund vorliegt, ist es durchaus sinnvoll, im Aufhebungsvertrag klarstellend aufzunehmen, dass andernfalls eine betriebsbedingte Kündigung ausgesprochen worden wäre. Hier riskiert der Arbeitnehmer keine Sperrzeit. Bitte berücksichtigen Sie aber, dass ein solcher Grund auch wirklich dargelegt werden kann, denn das Arbeitsamt wird bei Zweifeln nachhaken.

Mit der letzten Frage des Fragenkatalogs ist eine Regelung angesprochen, wonach mit Erfüllung aller Ansprüche aus dem Aufhebungsvertrag alle gegenseitigen Ansprüche aus dem Arbeitsverhältnis erlöschen (Abgeltungsklausel). Diese Regelung schafft Rechtssicherheit, ist aber zweischneidig, weil die arbeitgeberseitigen Ansprüche natürlich ebenso abgeschnitten werden.

6.1.6 Fehlerquellen

Rückdatierung

Hüten Sie sich davor, einen Aufhebungsvertrag zu unterschreiben, der auf einen Zeitpunkt rückbezogen ist, der vor der tatsächlichen Einigung der Vertragsparteien über das Ende des Arbeitsverhältnisses liegt. In der Regel hat der Arbeitnehmer Anspruch auf staatliche Leistungen. Die einschlägigen gesetzlichen Regelungen stehen aber nicht zur Disposition der Vertragschließenden. Wenn die Rückdatierung bekannt wird, wird der Arbeitgeber ein etwa vom Arbeitsamt gezahltes Arbeitslosengeld erstatten müssen und darf mit einem Bußgeld rechnen. Sie dürfen gegebenenfalls der Einleitung eines strafrechtlichen Ermittlungsverfahrens entgegensehen, wenn Sie für die Arbeitgeberseite den Vertrag rückdatiert unterschrieben haben.

Ausländische Arbeitnehmer

Bei ausländischen Arbeitnehmern ist im Streitfalle ein häufiger Angriffspunkt, sie hätten nicht verstanden, was da eigentlich unterschrieben worden sei. Wenn Sie hier die Wahrscheinlichkeit von Auseinandersetzungen verringern wollen, sollte der Aufhebungsvertrag in einer Übersetzung vorgelegt und unterschrieben werden.

Widerrufsbelehrung
Bitte berücksichtigen Sie, dass Sie in einen Aufhebungsvertrag, der auf Initiative des Arbeitgebers durch Verhandlungen am Arbeitsplatz zustande kommt, vorsorglich nach dem derzeitigen Stand der Diskussion eine Widerrufsbelehrung aufnehmen sollten. Die Widerrufsfrist beträgt zwei Wochen.

Beispiel

Die Widerrufsbelehrung kann lauten: »Sie haben das Recht, innerhalb von zwei Wochen nach Vertragsschluss und Aushändigung der Vertragsabschrift Ihre Zustimmung zu diesem Vertrag schriftlich zu widerrufen. Der Widerruf ist gegenüber der X-GmbH, Müllerstraße 14, 10755 Berlin, zu erklären und muss nicht begründet werden. Zur Fristwahrung genügt die rechtzeitige Absendung.«

Arbeitnehmer werden auch als Verbraucher im Sinne der gesetzlichen Vorschriften angesehen werden müssen (§ 13 BGB), und ein Aufhebungs- und Abwicklungsvertrag kann ein Haustürgeschäft sein (§ 312 Abs. 1 Nr. 1 BGB). Die Frage ist allerdings umstritten und bisher durch das Bundesarbeitsgericht nicht entschieden – Einige Landesarbeitsgerichte sind bereits dagegen.

Bei einem Haustürgeschäft besteht ein Widerrufsrecht. Den vom Gesetz vorgegebenen Inhalt der Widerrufsbelehrung sollten Sie sorgfältig übernehmen (§ 355 BGB). Ohne ordnungsgemäße Belehrung erlischt das Widerrufsrecht spätestens sechs Monate nach Vertragsschluss (§ 355 Abs. 3 S. 1 BGB) und Sie haben möglicherweise nicht die beabsichtigte schnelle Rechtssicherheit hinsichtlich der Beendigung des Arbeitsverhältnisses und der Rechtsfolgen.

6.1.7 Die Vorteile des Abwicklungsvertrages

Hilfreich im Zusammenhang mit der Beendigung eines Arbeitsverhältnisses kann der Abschluss eines Abwicklungsvertrages sein. Darin können Sie die noch bestehenden Ansprüche und Pflichten aus dem Arbeitsverhältnis abschließend regeln und erreichen nach Durchführung des Abwicklungsvertrages Rechtssicherheit. Der Arbeitgeber kann vor allem auch Sicherheit darüber erhalten, dass keine Kündigungsschutzklage erhoben wird, wenn eine arbeitgeberseitige Kündigung vorangegangen ist.

Im Vertrag können Sie zum Beispiel Regelungen zum Resturlaub, Freistellung von der Arbeitspflicht, Rückgabe von Betriebseigentum wie Dienstwagen, Ausstellen eines Zeugnisses und Ähnliches treffen. Auch im Abwicklungsvertrag kann der Arbeitgeber sich zur Zahlung einer Abfindung verpflichten. Weiter können Sie auch eine Regelung aufnehmen, nach der der Arbeitnehmer sich verpflichtet, gegen eine ausgesprochene Kündigung keine Kündigungsschutzklage zu erheben, oder auch, eine bereits erhobene Klage zurückzunehmen.

Beim Regelungsgegenstand des Abwicklungsvertrages gibt es Überschneidungen mit dem Aufhebungsvertrag, der sinnvollerweise eben auch Regelungen zur Abwicklung des Vertragsverhältnisses enthält. Zum Aufhebungsvertrag besteht aber ein wichtiger Unterschied: Der Aufhebungsvertrag stellt selbst den Rechtsgrund für die Beendigung des Arbeitsverhältnisses dar. Der Abwicklungsvertrag setzt dagegen einen zeitlich vorhergegangenen wirksamen Beendigungstatbestand voraus. Das kann zum Beispiel eine zuvor erklärte Kündigung durch den Arbeitgeber sein, aber auch eine Kündigung durch den Arbeitnehmer oder ein Aufhebungsvertrag.

Der Abwicklungsvertrag wird auch ins Gespräch gebracht, wenn es darum geht, Sperrzeiten hinsichtlich des Erhalts des Arbeitslosengeldes zu vermeiden. Daran ist richtig, dass ein Abwicklungsvertrag eben keine Lösung des Vertragsverhältnisses im Sinne der Sperrzeitenregelung des Sozialgesetzbuchs darstellt, sondern eine Lösung voraussetzt. Im Übrigen kommt es aber auf den vorhergehenden Beendigungstatbestand an. Eine vorausgegangene betriebsbedingte oder personenbedingte Kündigung muss nach dem Gesetz keine Sperre auslösen, eine verhaltensbedingte Kündigung schon.

Aber Vorsicht: Etwaige Absprachen mit dem Arbeitnehmer im Zusammenhang mit einer Kündigung werden schnell als Umgehung der sozialrechtlichen Vorschriften angesehen. Für eine Sperre des Arbeitslosengeldes reicht es schon aus, wenn Sie mit dem Arbeitnehmer den Abwicklungsvertrag vor Ausspruch der Kündigung besprechen – dann hat der Arbeitnehmer bereits an der Lösung des Beschäftigungsverhältnisses mitgewirkt. Auch nachträgliche Absprachen bei einer offensichtlich unwirksamen Kündigung sind schädlich. Dabei geht es nicht nur um Sperrzeiten zulasten des Arbeitnehmers, sondern Sie machen sich dabei möglicherweise auch strafbar.

6.2 Anfechtung von Arbeitsverträgen

Die Anfechtungsfälle ergeben sich meist aus Irrtümern des Arbeitgebers über eine Eigenschaft des Arbeitnehmers, die auch durch Täuschung hervorgerufen sein können. Mehr können Sie zu diesem Thema im Abschnitt 3.6.5 lesen.

Beispiel

Anfechtungsgründe können sein:
Eine Spedition stellt einen LKW-Fahrer an, der wahrheitswidrig im Vorstellungsfragebogen angegeben hat, er habe eine entsprechende Fahrerlaubnis.
Eine Bank schließt einen Arbeitsvertrag mit einem Bewerber als Kassierer, der eine Vorstrafe wegen Untreue zulasten seines früheren Arbeitgebers verschwiegen hat.

Nach den allgemeinen Regeln wirkt eine Anfechtung zurück auf den Zeitpunkt des Vertragsschlusses. Der Vertrag ist von Anfang an unwirksam. Beim Arbeitsvertrag passt das aber nicht, wenn das Vertragsverhältnis durch die Arbeitsaufnahme faktisch in Vollzug gesetzt ist. Das Arbeitsverhältnis wird durch eine Anfechtung mit sofortiger Wirkung nur für die Zukunft beendet.
Die Anfechtung des Arbeitsvertrages ist nicht der Regelfall einer

Beendigung des Arbeitsverhältnisses. Wenn allerdings eine Situation nach dem Vorliegen eines Anfechtungsgrundes aussieht, sollten Sie dem große Aufmerksamkeit schenken. Denn aus Sicht des Arbeitgebers ist eine Anfechtung regelmäßig einer Kündigung vorzuziehen. Wenn Sie aber erst kündigen und dann anfangen, über Anfechtung nachzudenken, haben Sie möglicherweise das anfechtbare Rechtsgeschäft bestätigt. Eine Anfechtung scheidet dann aus.

6.3 Wie Sie Mitarbeitern richtig kündigen

Dieses Kapitel widmet sich einigen Formalitäten einer ordnungsgemäßen Kündigung, die manchmal leider erst dann in das Blickfeld der Aufmerksamkeit geraten, wenn gegen sie verstoßen worden ist.

6.3.1 Kündigungsfristen

Die gesetzliche Kündigungsfrist beträgt vier Wochen, und zwar entweder zum 15. des Monats oder zum Monatsletzten (§ 622 Abs. 1 BGB). Die Kündigungsfrist des Arbeitgebers ist dabei nicht starr, sondern verlängert sich mit der Betriebszugehörigkeit des Arbeitnehmers, wobei nur Zeiten nach dem 25. Lebensjahr mitgerechnet werden (siehe § 622 Abs. 2 BGB). Immer dann, wenn nichts anderes vereinbart wurde oder das Vereinbarte unwirksam ist, können Sie die gesetzliche Regelung bei der Fristberechnung zugrunde legen. Wenn Sie eine außerordentliche Kündigung erklären, brauchen Sie keine Kündigungsfrist einzuhalten, sie ist fristlos.

Allerdings werden die gesetzlichen Kündigungsfristen durch Tarifverträge häufig anders gestaltet. Die Grundlage hierfür ist das Gesetz selbst, das Abweichungen durch Tarifvertrag und – in engen Grenzen – auch durch Arbeitsvertrag erlaubt (§ 622 Abs. 4, 5 BGB).

Fristen berechnen Sie am sichersten unter Zuhilfenahme eines Kalenders. Wenn Sie den letzten Zeitpunkt ermitteln wollen, an dem Sie für den Zugang der Kündigung an den Arbeitnehmer Sorge tragen müssen, gehen Sie vom geplanten Tag des Wirksamwerdens der Kündigung aus, ermitteln den Wochentag und rechnen von dort zurück (§§ 187 Abs. 1, 188 Abs. 2 BGB). Bei nach Wochen berechneten Fristen muss der Tag, an dem die Kündigungsfrist abläuft, und der Tag, an dem die Kündigung spätestens zugehen muss, der gleiche Wochentag sein.

Beispiel

So kann eine Fristberechnung erfolgen: Es besteht eine vierwöchige Kündigungsfrist, und Sie möchten einem Arbeitnehmer zum Monatsletzten des Monats September 2004 kündigen. Der Monatsletzte ist Donnerstag, der 30. September. Also muss eine fristgemäße Kündigung dem Arbeitnehmer spätestens am Donnerstag, dem 2. September 2004, zugegangen sein. Wäre der letzte Tag des Monats ein Sonntag, wäre der letztmögliche Tag der Kündigung ebenfalls ein Sonntag vier Wochen vorher.

Bitte beachten Sie: Es ist vollkommen irrelevant, ob der letzte Tag, an dem zur Einhaltung der Kündigungsfrist gekündigt werden muss, ein Samstag, ein Sonntag oder ein gesetzlicher Feiertag ist (§ 193 BGB gilt nicht). Zugang am nächsten Werktag ist verspätet. Dagegen hilft nur rechtzeitiges Planen.

Falls Sie bei einer Kündigung die Kündigungsfrist nicht einhalten oder eine Kündigung mit falscher Frist erklären, haben Sie nicht zwingend eine unwirksame Kündigung produziert; die Kündigung ist nur teilweise unwirksam, weil sie nicht zu dem in der Kündigung angegebenen Termin, sondern zum richtigen Termin wirkt.

6.3.2 Form der Kündigung und Zugang

Das Gesetz schreibt für die Form der Kündigung Schriftform (§ 623 BGB) vor. Im Streitfall trägt der Arbeitgeber die Beweislast dafür, dass die Kündigung dem Empfänger zugegangen ist, und zwar fristgemäß. Daher sollten Sie die Übergabe der Kündigung am besten im Betrieb unter Zeugen veranlassen.

Falls eine Übergabe im Betrieb ausscheidet und Zeitdruck herrscht, ist es am besten, wenn Sie einen Boten zum Empfänger schicken und diesen dazu anhalten, einen Vermerk hinsichtlich der Übergabe an den Empfänger oder des Einwurfs der Kündigung anzufertigen, damit er sich später im Streitfall auch noch daran erinnern kann. Der Bote sollte den Inhalt der von ihm einzuwerfenden Sendung kennen und beim Einstecken des Kündigungsschreibens in den Umschlag dabei sein.

Bei Zustellung per Post sollten Sie Übergabe-Einschreiben vermeiden. Hier versucht der Postbote, das Schreiben zu übergeben; trifft er niemanden an, landet ein Benachrichtigungszettel im Briefkasten. Das ist aber kein Zugang der Kündigung, sondern zugegangen ist sie grundsätzlich erst dann, wenn der Empfänger sie von der Post abholt. Der Empfänger darf die Abholungsfrist voll ausschöpfen, ohne dass ihm der Vorwurf gemacht werden kann, er habe den Zugang vereitelt. Damit stellen Sie die Einhaltung der Kündigungsfrist in das Belieben des Empfängers.

Holt der Empfänger das Schreiben gar nicht von der Post ab, dann wird es die Post nach einiger Zeit an den Absender zurückgeben. In diesem Fall ist die Kündigung nicht zugegangen. Allerdings wird der Arbeitnehmer, der mit einer Kündigung rechnen muss und den Zugang vereitelt, indem er das Schreiben nicht abholt, in vielen Situationen so behandelt, als sei ihm das Schreiben zugegangen. Darauf sollten Sie sich aber nicht verlassen.

Daher unser Rat: Falls Sie eine Kündigung über die Post verschicken, bedienen Sie sich der Möglichkeit des Einwurf-Einschreibens. Dabei wirft der Postmitarbeiter das Schreiben in den Briefkasten und vermerkt den Einwurf.

6.3.3 Vollmacht

Bevor Sie selbst eine Kündigung aussprechen, sollten Sie prüfen, ob Sie die hierzu erforderlich Vollmacht besitzen. Ihr vom Arbeitgeber abgeleitetes Weisungsrecht gegenüber dem Kündigungsempfänger berechtigt sie jedenfalls nicht automatisch auch dazu, Kündigungen zu erklären. Keine Schwierigkeiten bestehen, wenn Sie Prokurist sind oder eine Stellung im Unternehmen bekleiden, die in der Regel mit Vollmacht ausgestattet ist, wozu beispielsweise der Personalleiter gehört. Bekleiden Sie keine derartige Position, sollten Sie über eine Vollmachtsurkunde verfügen.

Sie werden die Vollmacht im Zusammenhang mit der Erklärung der Kündigung vorlegen müssen – andernfalls kann der Gekündigte schon aus diesem Grund die Kündigung unverzüglich zurückweisen (§ 174 S. 1 BGB). Die Kündigung ist dann unwirksam!

6.3.4 Hinweis auf Meldepflicht

Arbeitnehmer müssen sich unverzüglich beim Arbeitsamt arbeitssuchend melden, wenn sie Kenntnis vom Beendigungszeitpunkt des Arbeitsverhältnisses erhalten (§ 37 b SGB III). Andernfalls droht dem Arbeitnehmer eine Minderung des Arbeitslosengeldes (§ 140 SGB III). Der Arbeitgeber ist nach dem Gesetz verpflichtet, den Arbeitnehmer auf diese Meldepflicht hinzuweisen (§ 2 Abs. 2 Nr. 3 SGB III).

Wenn Sie etwaigen Schadensersatzansprüchen eines gekündigten Arbeitnehmers vorbeugen wollen, der sich in Unkenntnis seiner Pflicht beim Arbeitsamt verspätet gemeldet hat, regen wir an, einen entsprechenden Hinweis in das Kündigungsschreiben aufzunehmen.

Beispiel

Ein solcher Hinweis kann lauten: »Wir weisen höflich darauf hin, dass Sie zur Vermeidung einer Minderung des Arbeitslosengeldes verpflichtet sind, sich unverzüglich nach dem Erhalt dieses Kündigungsschreibens persönlich beim Arbeitsamt arbeitssuchend zu melden. Weiter sind Sie gesetzlich verpflichtet, selbst aktiv nach einer neuen Beschäftigung zu suchen.«

6.3.5 Fehlerquelle: nachgeschobene Kündigung

Wenn Sie nach Lektüre dieses Abschnitts zu der Erkenntnis gelangen, dass eine gerade ausgesprochene Kündigung unter einem Fehler leidet, vermeiden sie den Fehler, sofort eine zweite Kündigung hinterherzuschieben. Jede Kündigung bedarf der vorherigen Anhörung des Betriebsrates – ohne Anhörung krankt auch die nachgeschobene Kündigung. Ohne Betriebsrat hätten Sie hier kein Problem.

6.3.6 Mitbestimmung des Betriebsrats

Vor jeder Kündigung muss der Arbeitgeber den Betriebsrat anhören (§ 102 BetrVG). Wenn die Anhörung nicht oder nicht ordnungsgemäß erfolgt, ist die Kündigung schlicht unwirksam (§ 102 Abs. 1 S. 2 BetrVG). Der Arbeitgeber muss dem Betriebsrat mindestens folgende Mitteilungen machen:

- Personalien und relevante Sozialdaten (Alter, Betriebszugehörigkeit, Tätigkeitsbereich, Einkommen, etwaige Unterhaltspflichten) des betroffenen Arbeitnehmers,
- Art und Zeitpunkt der beabsichtigten Kündigung des Arbeitnehmers,
- Umschreibung des für die Kündigung maßgeblichen Sachverhalts.

Der Arbeitgeber hat die Tatsachen anzugeben, aus denen er seinen Kündigungsentschluss herleitet. Der Betriebsrat muss so detailliert über Kündigungsgründe und die zugrunde liegenden Tatsachen informiert werden, dass er keine zusätzlichen Nachforschungen über die Stichhaltigkeit der Kündigung anstellen muss.

Wir können Ihnen nur empfehlen, die Unterrichtung nach Möglichkeit der Personalabteilung zu überlassen. Etwaige Fehler bei der Anhörung, zum Beispiel, wenn die Unterrichtung nicht ausführlich genug erfolgt ist, rächen sich in einem Kündigungsschutzverfahren bitter: Das Arbeitsgericht kann allein aus diesem Grund feststellen, dass das Arbeitsverhältnis durch die Kündigung nicht aufgelöst worden ist – auch wenn die Kündigung im Übrigen noch so gerechtfertigt gewesen sein mag.

Kündigung leitender Angestellter
Im Falle der Kündigung eines leitenden Angestellten besteht keine Anhörungspflicht des Betriebsrates; er muss nur unterrichtet werden

(§ 105 BetrVG). Manchmal ist allerdings nicht so ganz klar, ob der zu kündigende Arbeitnehmer nun leitender Angestellter im Sinne des Kündigungsschutzgesetzes ist oder nicht. Dann raten wir Ihnen, *auch* eine Anhörung des Betriebsrats zu veranlassen. Ergibt sich im Kündigungsschutzverfahren, dass der Gekündigte kein leitender Angestellter ist, scheitert die Wirksamkeit der Kündigung bereits an der unterbliebenen Anhörung des Betriebsrats. Vor Kündigung leitender Angestellter haben Sie die Anhörung des Sprecherausschusses zu veranlassen, sofern es einen gibt (§ 31 Abs. 2 SprAuG).

Reaktionsmöglichkeiten des Betriebsrats
Der Betriebsrat kann der Kündigung zustimmen oder sich ausschweigen. Nach einer Woche Schweigen gilt seine Zustimmung als erteilt (§ 102 Abs. 2 S. 2 BetrVG). Im Falle einer außerordentlichen Kündigung gilt die Fiktion schon nach drei Tagen. Er kann auch Bedenken mitteilen – ohne zu widersprechen. Er kann der ordentlichen Kündigung widersprechen, aber nur aus den Gründen, die in der genannten Vorschrift abschließend aufgezählt sind (§ 102 Abs. 3 BetrVG).

Wie auch immer der Betriebsrat reagiert: *Nach* ordnungsgemäßer Anhörung können Sie die Kündigung aussprechen. Ein Widerspruch des Betriebsrats kann aber im Falle eines Kündigungsschutzverfahrens Folgen zugunsten des Arbeitnehmers haben. Der Arbeitnehmer hat dann einen Weiterbeschäftigungsanspruch gegen den Arbeitgeber bis zum rechtskräftigen Abschluss des Prozesses (siehe dazu auch Abschnitt 6.11).

6.4 Die Abmahnung

Es ist nicht unrealistisch, anzunehmen, dass Sie im Rahmen Ihrer Aufgabe als betriebliche Führungskraft in die Situation kommen werden, eine Abmahnung zu erteilen. Im nachfolgenden Abschnitt lesen Sie über die Funktion der Abmahnung, die Form und einige andere wissenswerte Details. Zuletzt erhalten Sie einige Informationen, wie Sie sich verhalten können, wenn Sie selbst eine Abmahnung erhalten.

6.4.1 Begriff und Funktion der Abmahnung

Die Abmahnung ist eine warnende Erklärung des Arbeitgebers, verbunden mit der Androhung von Rechtsfolgen für die Zukunft, wenn der Arbeitnehmer ein genau umschriebenes missbilligtes Verhalten nicht ändern sollte. Die Abmahnung hat also eine Hinweisfunktion und Dokumentationsfunktion, da das Fehlverhalten schriftlich festgehalten wird. Außerdem hat die Abmahnung als »gelbe Karte des Arbeitsrechts« eine Warn- und Androhungsfunktion: Bei Fortsetzung oder Wiederholung des missbilligten Verhaltens hat der Arbeitnehmer mit arbeitsrechtlichen Folgen, gegebenenfalls mit einer Kündigung als der »roten Karte«, zu rechnen. Ohne Androhung von Rechtsfolgen handelt es sich nur um eine Ermahnung, die kündigungsrechtlich ohne Bedeutung ist. In eine Abmahnung gehören damit drei Elemente:

• möglichst genaue Beschreibung des missbilligten Verhaltens des Arbeitnehmers,
• Beschreibung, welches Verhalten in Zukunft von ihm erwartet wird,
• Mitteilung der Sanktion, wenn der Arbeitnehmer sein Verhalten in Zukunft nicht ändern wird.

Sie haben immer die Möglichkeit, eine Abmahnung auszusprechen, wenn Sie Fehlverhalten eines Arbeitnehmers rügen wollen. Die Abmahnung hat im Anwendungsbereich des Kündigungsschutzgesetzes aber noch eine wesentliche Funktion: Grundsätzlich ist vor Ausspruch einer Kündigung aus verhaltensbedingten Gründen zunächst einmal eine Abmahnung auszusprechen. Denn die Abmahnung ist gegenüber der Kündigung das mildere Mittel (Grundsatz der Verhältnismäßigkeit), und es besteht eine Chance, dass der Arbeitnehmer daraufhin sein Verhalten ändert.

Eine Abmahnung erfolgt sinnvollerweise im Verbund mit einem Personalgespräch. In dessen Rahmen können Sie dem Arbeitnehmer seine Verhaltensweisen noch einmal vorhalten, ihm aber auch die Gelegenheit zur Stellungnahme geben.

Wenn der Arbeitnehmer dies wünscht, kann er ein Mitglied des Betriebsrates hinzuziehen (§ 82 BetrVG). Manchmal kommt der Arbeitnehmer auch auf den Gedanken, zum Personalgespräch seinen Rechtsanwalt schicken oder zumindest mitnehmen zu wollen, weil ihm Übles schwant. Darauf müssen Sie sich nicht einlassen. Nur der Rechtsanwalt allein darf gar nicht kommen, weil ein Personalgespräch persönlich wahrgenommen werden muss. Darüber hinaus brauchen Sie sich aber auch nicht auf die Anwesenheit des Anwalts bei dem Gespräch einzulassen.

6.4.2 Abmahnbefugnis

Wenn Sie abmahnen wollen, sollten Sie die Befugnis hierzu besitzen. Wenn Sie gegenüber dem Adressaten einer Abmahnung weisungsbefugt sind, dürfen Sie ihn auch abmahnen. Achtung: Das gilt aber nicht für den Ausspruch der Kündigung. Der Kreis der Kündigungsberechtigten ist regelmäßig enger als derjenige der Abmahnberechtigten.

In der Praxis können Sie den Sachverhalt, der Ihnen Anlass für eine Abmahnung gibt, vorher mit der Personalorganisation Ihres Unternehmens durchsprechen. Diese wird Ihnen mindestens Hinweise geben, häufig auch selbst aus dem mitgeteilten Sachverhalt eine Abmahnung formulieren. Ihre Aufgabe besteht dann darin, den arbeitsrechtlich relevanten Sachverhalt zusammenzutragen. Der Betriebsrat ist vor Ausspruch einer Abmahnung nicht zu beteiligen.

6.4.3 Wirkungsdauer der Abmahnung

Wie bei Medikamenten lässt auch bei der Abmahnung die Wirkung irgendwann nach. Es gibt dafür keine klare Zeitspanne. Es kommt auf die Schwere der Pflichtverletzung an und darauf, ob der Arbeitnehmer mit einer erneuten Abmahnung rechnen durfte. Als Faustregel sollten Sie aber nach zwei Jahren Überlegungen dazu anstellen, ob bei gleichgelagertem Verstoß unmittelbar die Kündigung erfolgen kann oder erneut zunächst abgemahnt werden muss. Im Zweifelsfall sollten Sie die Personalorganisation mit dieser Frage beschäftigen.

6.4.4 Abmahnung und Kündigungsschutzprozess

Im Kündigungsschutzprozess bei der verhaltensbedingten Kündigung muss der Arbeitgeber darlegen und im Streitfall auch beweisen, dass er den Arbeitnehmer – sofern erforderlich – abgemahnt hat. Dazu gehören auch die Darlegung und der Beweis der Umstände, die zur Abmahnung geführt haben. Schon aus diesem Grund sollten Sie Abmahnungen immer schriftlich erteilen und die Umstände sowie die möglichen Zeugen dafür ebenfalls dokumentieren. Andernfalls machen Sie es sich schwer im Streitfall, besonders, wenn zwischen Abmahnung und Prozess über die Wirksamkeit einer Kündigung einige Zeit verstrichen ist.

Checkliste: Abmahnung

Die Klärung folgender Fragestellungen kann für Sie hilfreich sein, wenn Sie eine Abmahnung vorzubereiten haben:

✓ Sind Sie befugt, eine Abmahnung zu erteilen?

✓ Ist der zugrunde liegende Sachverhalt, in dem die Pflichtverletzung liegt, genau erfasst und dokumentiert, wozu auch Zeit, Ort und Datum gehören?

✓ Ist in der Abmahnung ein Hinweis enthalten, wie der Abgemahnte sich pflichtgemäß hätte verhalten müssen?

✓ Gibt es einen Hinweis, dass der Abgemahnte im Wiederholungsfall mit arbeitsrechtlichen Konsequenzen zu rechnen hat, gegebenenfalls einer Kündigung?

✓ Können Sie im Streitfall den Nachweis erbringen, dass die Abmahnung zugegangen ist und der Abgemahnte von ihr Kenntnis erlangt hat?

6.4.5 Wenn Sie selbst abgemahnt werden

Eine Abmahnung darf nicht zur Personalakte genommen werden, wenn Sie nicht vorher angehört worden sind. Sie haben die Möglichkeit, sich bei Ihrem Vorgesetzten (§ 84 BetrVG) oder beim Betriebsrat (84 BetrVG) zu beschweren. Wenn der Betriebsrat die Beschwerde für berechtigt hält, hat er beim Arbeitgeber auf Abhilfe hinzuwirken (§ 85 Abs. 1 BetrVG). Sie können auch eine schriftliche Gegenerklärung abgeben, die auf Ihr Verlangen ebenfalls zur Personalakte zu nehmen ist (§ 83 Abs. 2 BetrVG).

Sie können Ihren Arbeitgeber verklagen, eine unberechtigte Abmahnung zu widerrufen und aus der Personalakte zu entfernen. Sie vergeben sich aber auch nichts, wenn Sie das nicht tun. Sollte es später zu einem Kündigungsschutzprozess kommen, weil der Arbeitgeber wegen eines gleich gelagerten Grundes die Kündigung ausgesprochen hat, können Sie immer noch das seinerzeit abgemahnte Fehlverhalten bestreiten. Der Arbeitgeber hat dann die Beweislast für die der Abmahnung zugrunde liegenden Umstände.

6.5 Kündigungsschutz

Die bisherigen Erläuterungen zur Beendigung von Arbeitsverhältnissen gehen von einer Selbstverständlichkeit aus, die wir als Ausgangssituation auch einmal ansprechen möchten: Jedes Arbeitsverhältnis ist ein Dauerschuldverhältnis und kann als solches einseitig vom Arbeitnehmer oder vom Arbeitgeber ohne weitere Voraussetzungen beendet werden. Diese Form der einseitigen Beendigung unter Einhaltung der vom Gesetz vorgegebenen (oder durch Tarifvertrag oder Individualvereinbarung veränderten) Kündigungsfrist wird ordentliche Kündigung genannt. So weit der Grundsatz. Im nachfolgenden Abschnitt stellen wir Ihnen seine Durchbrechung durch das Kündigungsschutzgesetz vor.

6.5.1 Bestandsschutz durch Kündigungsschutzgesetz

Anders als andere Dauerschuldverhältnisse unterliegen Arbeitsverhältnisse einem Bestandsschutz aus sozialen Gründen. Die Kündigungsmöglichkeiten des Arbeitgebers werden dadurch erschwert. Er benötigt für die ordentliche Kündigung einen Grund als soziale Rechtfertigung. Dieser so genannte allgemeine Kündigungsschutz ergibt sich aus dem Kündigungsschutzgesetz und gilt für alle Arbeitnehmer – daher allgemein (§ 1 Abs. 1 KSchG). Er setzt allerdings die Geltung des Kündigungsschutzgesetzes für das Arbeitsverhältnis voraus. Daneben gibt es noch einen besonderen Kündigungsschutz für besondere Gruppen von Arbeitnehmern.

Wenn Sie also die Kündigung eines Arbeitnehmers in Erwägung ziehen, kommen Sie nicht darum herum, zunächst Überlegungen dazu anzustellen, ob das Kündigungsschutzgesetz Anwendung findet. Diese Überlegung unterteilt sich in zwei Schritte, und zwar bezogen auf den Betrieb und auf das jeweilige Arbeitsverhältnis.

• Ist das Kündigungsschutzgesetz auf den Betrieb anwendbar?
• Ist das Kündigungsschutzgesetz auf das zu kündigende Arbeitsverhältnis anwendbar?

6.5.2 Betrieblicher Anwendungsbereich

Das Kündigungsschutzgesetz ist anwendbar, wenn mindestens fünfeinhalb Mitarbeiter in der Regel im Betrieb beschäftigt sind. Nach den Reformbeschlüssen des Vermittlungsausschusses zum Jahresende 2003, die bei Drucklegung noch nicht als Gesetz verabschiedet waren und nicht als Text vorlagen, wird dieser Schwellenwert auf zehn Mitarbeiter erhöht, so dass eine Anwendung des Kündigungsschutzgesetzes erst ab zehneinhalb Mitarbeitern in Betracht kommt. Dies soll allerdings nur für neu eingestellte Mitarbeiter gelten – alle anderen genießen weiterhin Kündigungsschutz. Die krumme Zahl kommt zustande, weil das Gesetz auch Teilzeitmitarbeiter mitzählt. Teilzeitmitarbeiter mit einer regelmäßigen Wochenarbeitszeit von nicht mehr als 20 Stunden werden mit 0,5 und solche mit nicht mehr als 30 Stunden mit 0,75 gezählt (§ 23 Abs. 1 S. 3 KSchG). Auszubildende zählen dagegen nicht mit, ebenso wenig wie freie Mitarbeiter. Die Formulierung »in der Regel« aus dem Eingangssatz besagt, dass es nur um die normalerweise über das Jahr Beschäftigten geht. Vorübergehende Aushilfen und auch Ersatzkräfte für Mitarbeiter in Elternzeit zählen nicht mit. Teilzeitbeschäftigte Mitarbeiter hingegen genießen vollen Kündigungsschutz, wenn das Gesetz anwendbar ist.

Die gesetzlichen Regelungen zum Geltungsbereich des Kündigungsschutzgesetzes sind in letzter Zeit mehrfach geändert worden und stehen weiter in der Diskussion. Die Nichtanrechnung neu eingestellter befristet Beschäftigter auf den »alten« Schwellenwert von fünf Mitarbeitern ist durch die Reformbeschlüsse zum Jahresende 2003 mit der Erhöhung des Schwellenwertes auf zehn Mitarbeiter offenbar schon wieder überholt. Wir empfehlen Ihnen im Falle einer Beschäftigung mit dieser Frage, die gesetzliche Regelung (§ 23 Abs. 1 KSchG) auf ihre gültige Fassung zu überprüfen. Das Kündigungsschutzgesetz finden Sie im Internet in der Gesetzessammlung »www.staat-modern.de« (siehe Abschnitt 2.1.1).

6.5.3 Sachlicher Anwendungsbereich

Das Kündigungsschutzgesetz ist auf ein Arbeitsverhältnis nur anwendbar, wenn es mindestens sechs Monate Bestand hatte und der Mitarbeiter Arbeitnehmer ist. Diese Wartefrist beginnt mit dem im Arbeitsvertrag vereinbarten ersten Arbeitstag. Für die Fristberechnung nach hinten ist nicht der Ablauf der Kündigungsfrist, sondern der Zugang der Kündigungserklärung entscheidend. Wenn also innerhalb der sechs Monate dem Arbeitnehmer die Kündigungserklärung zugeht, unterliegt das Arbeitsverhältnis nicht dem sachlichen Anwendungsbereich des Kündigungsschutzgesetzes.

Nach der Erhöhung des Schwellenwertes für die Anwendung des Kündigungsschutzgesetzes auf zehn Mitarbeiter werden Sie für das einzelne Arbeitsverhältnis vorsorglich zu prüfen haben, ob der Mitarbeiter noch unter Geltung des alten Kündigungsschutzgesetzes mit dem Schwellenwert von fünf Mitarbeitern eingestellt worden ist und deswegen weiter Kündigungsschutz genießt.

Wenn Sie nach diesen Überlegungen feststellen, dass der allgemeine Kündigungsschutz nicht greift, benötigen Sie auch keinen Kündigungsgrund. Sie werden dann aber noch darauf zu achten haben, ob der besondere Kündigungsschutz gilt.

6.5.4 Die Gründe nach dem Kündigungsschutzgesetz

Für die Kündigung eines Arbeitsverhältnisses, auf das das Kündigungsschutzgesetz anwendbar ist, benötigen Sie einen Grund. Das Gesetz gibt drei Kündigungsgründe vor (§ 1 Abs. 2 KSchG):

• Gründe in der Person des Arbeitnehmers,
• Gründe im Verhalten des Arbeitnehmers,
• dringende betriebliche Erfordernisse.

Daran anknüpfend hat die Rechtsprechung differenzierte Voraussetzungen für die einzelnen Kündigungsgründe entwickelt. Diese ergeben sich so nicht aus dem Gesetz, sind aber ungeachtet dessen allgemeiner Prüfungsstandard der Gerichte. Einige weitere Erläuterungen zu den einzelnen Kündigungsgründen erhalten Sie unten.

Die Kündigungsgründe sind danach unterteilt, ob sie in der Sphäre des Arbeitnehmers angesiedelt sind oder nicht. In die Sphäre des Arbeitnehmers gehören verhaltensbedingte und personenbedingte Gründe, in die des Arbeitgebers betriebsbedingte Gründe. Die in der Sphäre des Arbeitnehmers angesiedelten Gründe können Sie danach unterscheiden, ob sie ihm vorwerfbar sind oder nicht. Die vorwerfbaren (verhaltensbedingten) Gründe zeichnen sich dadurch aus, dass der Arbeitnehmer sich vertragstreu verhalten könnte, es aber vorsätzlich oder fahrlässig nicht tut. Die nicht vorwerfbaren personenbedingten Gründe dagegen sind dadurch gekennzeichnet, dass der Arbeitnehmer sich vielleicht vertragstreu verhalten will, es aber nicht kann.

6.5.5 Achtung Klagefrist!

Der Gesetzgeber hat mit dem Kündigungsschutzgesetz nicht nur dem Arbeitgeber Pflichten auferlegt, sondern auch dem Arbeitnehmer. Wenn Sie selbst eine Kündigung erhalten, die unter den allgemeinen Kündigungsschutz fällt, beachten Sie bitte, dass Sie innerhalb von *drei* Wochen nach Zugang der Kündigung Kündigungsschutzklage erheben müssen. Das gilt sowohl dann, wenn Sie die Kündigung nach dem Kündigungsschutzgesetz für sozial ungerechtfertigt halten, als auch dann, wenn Sie die Kündigung aus anderen Gründen für unwirksam halten (§ 4 S. 1 KSchG). Wenn Sie diese Frist versäumen, gilt die Kündigung als von Anfang an rechtswirksam (§ 7 KSchG)!

6.6 Die ordentliche Kündigung

Wenn Sie ein Arbeitsverhältnis, das unter das Kündigungsschutzgesetz fällt, ordentlich kündigen wollen, ist ein Grund erforderlich; andernfalls ist die Kündigung nicht sozial gerechtfertigt und unwirksam. Unordentliche im Sinne von schlampigen Kündigungen gibt es natürlich auch. Der Gegenbegriff zur ordentlichen Kündigung ist aber die außerordentliche Kündigung, die Kündigung ohne Einhaltung der gesetzlichen Kündigungsfristen. Nachfolgend stellen wir Ihnen die Voraussetzungen und die Kündigungsgründe gemäß Kündigungsschutzgesetz ein wenig näher vor.

6.6.1 Abmahnung vor Kündigung?

Die Unterscheidung der Kündigungsgründe ist sehr wichtig für die Überlegung, ob vor Kündigung zunächst eine Abmahnung auszusprechen ist. Die Abmahnung macht nur Sinn, wenn sie überhaupt geeignet ist, als milderes Mittel gegenüber der Kündigung einen betrieblichen Missstand zu beseitigen, an dem der jeweilige Arbeitnehmer etwas ändern kann. Ändern kann der Arbeitnehmer aber nur sein ihm vorwerfbares Verhalten – weshalb die Abmahnung vor der verhaltensbedingten Kündigung grundsätzlich erforderlich ist. Ist ihm eine Änderung nicht möglich oder trifft ihn kein Verschulden an dem Missstand, brauchen Sie auch nicht abzumahnen.

Aus der Praxis

Der LKW-Fahrer Quandt als Arbeitnehmer einer Spedition verliert seinen Führerschein. Das kann einen personenbedingten Kündigungsgrund darstellen. Eine Abmahnung macht keinen Sinn.

Der Arbeitnehmer Flick erscheint wiederholt zu spät zur Arbeit. Eine Abmahnung macht Sinn.

Außerdem sind Fälle denkbar, wo von vornherein für den Arbeitnehmer klar ist, dass Sie als Arbeitgeber das Fehlverhalten keinesfalls hinnehmen werden, das Vertrauensverhältnis zerstört und eine weitere Zusammenarbeit unzumutbar ist. Dann müssen Sie nicht noch eine Abmahnung aussprechen.

Aus der Praxis

Arbeitnehmer Flick entwendet Werkzeug und Material in größerem Umfang aus dem Unternehmen. Eine Abmahnung erübrigt sich in diesem Fall.

6.6.2 Verbrauch des Kündigungsgrundes

In der Praxis haben Sie damit in Grenzfällen manchmal die Qual der Wahl. Wenn Sie vorsichtshalber vorab eine Abmahnung erklären, weil Sie nicht völlig sicher sind, ob die Abmahnung wirklich entbehrlich ist, verbrauchen Sie damit den Kündigungsgrund. Wenn Sie sofort die Kündigung erklären, wird diese möglicherweise später als unwirksam angesehen, weil sie in der Situation nach dem Verhältnismäßigkeitsgrundsatz nicht das mildeste Mittel gewesen ist. Haben Sie Zweifel, ist es in den meisten Fällen besser, zunächst eine Abmahnung zu erklären. Diese Fälle sind aber sicherlich bei der Personalorganisation oder externen Spezialisten richtig aufgehoben, die Sie bei Unsicherheit kontaktieren sollten.

6.6.3 Personenbedingte Kündigung

Bei der personenbedingten Kündigung liegt der Kündigungsgrund in der Person des Arbeitnehmers. Er kann seinen arbeitsvertraglichen Pflichten nicht mehr ausreichend nachkommen, weil er eine dazu erforderliche Fähigkeit oder Eignung nicht mehr besitzt. Auf eine Verantwortlichkeit des Arbeitnehmers dafür kommt es hierbei nicht an.

Beispiel

Personenbedingte Gründe können sein: fehlende gesundheitliche Eignung, fehlende Berufsausübungserlaubnis oder Verbüßung einer Freiheitsstrafe.

Die krankheitsbedingte Kündigung gehört als Untergruppe auch hierher und ist zahlenmäßig der Hauptanwendungsfall der personenbedingten Kündigung. Die soziale Rechtfertigung der personenbedingten Kündigung wird nach der Rechtsprechung in drei Stufen geprüft:

- *Negative Zukunftsprognose zum Zeitpunkt der Kündigung*: Aus Gründen, die in der Person des Arbeitnehmers liegen, ergeben sich (auch zukünftig) betriebliche Beeinträchtigungen.

- *Erhebliche Beeinträchtigung betrieblicher Interessen*: Das sind Betriebsablaufstörungen und/oder wirtschaftliche Belastungen, wobei auf das einzelne Arbeitsverhältnis abzustellen ist.

- *Umfassende konkrete Interessenabwägung*: Hier ist abzuwägen, ob die erheblichen Beeinträchtigungen aufgrund der Besonderheiten des Einzelfalles für den Arbeitgeber zu einer unzumutbaren Belastung führen oder nicht.

Unterfall krankheitsbedingte Kündigung
Eine Kündigung wegen Krankheit dürfen Sie auch während der Krankheit des Arbeitnehmers aussprechen. Bei der krankheitsbedingten Kündigung können Sie drei Fallgestaltungen unterscheiden:

- krankheitsbedingte dauernde Leistungsminderung,
- lang andauernde Krankheit,
- häufige Kurzerkrankungen.

Die letzte Fallgruppe ist die tatsächlich und auch rechtlich problematischste. Häufigen, aber nur tageweisen Ausfällen werden Sie organisatorisch nur schwer begegnen können, und die negative Gesundheitsprognose fällt insbesondere bei verschiedenen Krankheitsursachen der Kurzerkrankungen schwer.

Die Kündigung wegen Krankheit darf keinen Strafcharakter haben. Deswegen kann nur dann gekündigt werden, wenn aus der Sicht des Zeitpunktes der Kündigung für die Zukunft mit weiteren erheblichen Beeinträchtigungen durch Ausfallzeiten zu rechnen ist.

Die Prognose basiert aber wiederum auf den bisherigen Fehlzeiten des Arbeitnehmers, die im Prozessfall im Einzelnen dargelegt werden müssen. Mehr können Sie kaum tun, wenn Sie die Krankheitsursachen nicht kennen. Dann ist es Aufgabe des Arbeitnehmers, vorzutragen, warum die Zukunftsprognose des Arbeitgebers nicht stimmt und trotz erheblicher Fehlzeiten in der Vergangenheit die Besorgnis weiterer Fehlzeiten für die Zukunft nicht besteht. Da Sie im Regelfall dann erst die Krankheitsursache erfahren, ist eine krankheitsbedingte Kündigung wegen häufiger kurzer Fehlzeiten heikel.

Zu wirtschaftlichen Belastungen auf der zweiten Prüfungsstufe zählen übrigens auch außergewöhnlich hohe Entgeltfortzahlungskosten. Als normal sind bis zu sechs Wochen Entgeltfortzahlung pro Jahr anzusehen, angelehnt an die gesetzliche Regelung zur Zahlung des Entgelts im Krankheitsfalle (§ 3 EFZG). Was darüber hinausgeht, ist außergewöhnlich.

6.6.4 Verhaltensbedingte Kündigung

Verletzt ein Arbeitnehmer Pflichten aus dem Arbeitsverhältnis, haben Sie als letztes Mittel die Möglichkeit, eine verhaltensbedingte Kündigung auszusprechen. Mit »letztes Mittel« ist gemeint, dass Sie zuvor Überlegungen dazu anstellen sollten, ob eine Abmahnung oder ein anderes milderes Mittel erforderlich und ausreichend ist (siehe auch Abschnitt 6.6.1). Bei folgenden Pflichtverletzungen können Sie einen verhaltensbedingten Kündigungsgrund annehmen:

- Arbeitsverweigerung,
- häufige Verspätungen,
- Schlecht- oder Minderleistungen,
- eigenmächtiger Urlaubsantritt oder eigenmächtige Verlängerung des Urlaubs,
- Unterschlagung, Diebstahl, Untreue, Betrug zulasten des Arbeitgebers,
- Verletzung eines Rauchverbots, Alkoholverbots, Beleidigung, Körperverletzung anderer Arbeitnehmer als Verstöße gegen die betriebliche Ordnung.

Bei der verhaltensbedingten Kündigung muss – wie bereits ausgeführt – in der Regel eine Abmahnung vorausgehen. Mit Vorausgehen ist nicht gemeint, dass irgendeine Abmahnung ausreicht, vielmehr muss eine gleich gelagerte Vertragsverletzung der Abmahnung nachfolgen. Gleich gelagert heißt nicht identisch.

6.6.5 Betriebsbedingte Kündigung

Bei der betriebsbedingten Kündigung liegt der Grund nicht beim Arbeitnehmer, sondern in dringenden betrieblichen Erfordernissen. Die Rechtsprechung unterscheidet innerbetriebliche und außerbetriebliche Gründe. Typische innerbetriebliche Umstände sind Rationalisierungsmaßnahmen, Schließung eines Betriebsteils oder Änderung der Produktpalette. Außerbetriebliche Gründe sind zum Beispiel Auftragsmangel, Unrentabilität, Rohstoffmangel oder Absatzschwierigkeiten. Diese Umstände führen zu einer unternehmerischen Entscheidung, in deren Folge Arbeitsplätze entfallen. Die Gerichte prüfen in drei Stufen:

* *Erste Stufe:* Entfallen des Arbeitsplatzes aufgrund dringender betrieblicher Erfordernisse.
* *Zweite Stufe:* Keine Weiterbeschäftigungsmöglichkeit im Unternehmen.
* *Dritte Stufe:* Soziale Auswahl.

Das Gericht nimmt auf der ersten Stufe nur eine Missbrauchskontrolle vor, keine Zweckmäßigkeitskontrolle. Es prüft, ob eine unternehmerische Entscheidung tatsächlich vorliegt und ob durch ihre Umsetzung das Beschäftigungsbedürfnis für einzelne Arbeitnehmer weggefallen ist. Missbräuchlich wäre die unternehmerische Entscheidung, wenn sie offensichtlich unsachlich, unvernünftig oder willkürlich war.

Auf der zweiten Stufe prüft das Gericht, ob eine Versetzung des Arbeitnehmers auf einen freien gleichwertigen oder zumindest eine Beschäftigung auf einem anderen freien Arbeitsplatz möglich ist. Hierzu muss im Streitfall aber der Arbeitnehmer vortragen.

Auf der letzten Stufe folgt der tückischste, weil am schwierigsten einschätzbare Bereich: die so genannte Sozialauswahl. Sie ist nicht reines Richterrecht, sondern zu ihr hat auch der Gesetzgeber etwas geregelt (§ 1 Abs. 3 KSchG). Eine Kündigung ist danach sozial nicht gerechtfertigt, wenn der Arbeitgeber soziale Gesichtspunkte nicht oder nicht ausreichend berücksichtigt hat. Bei der Sozialauswahl haben Sie die Pflicht, eine Gruppe vergleichbarer Arbeitnehmer festzustellen und aus dieser Gruppe demjenigen zu kündigen, der über die schlechtesten Sozialdaten verfügen. In diese Gruppe brauchen Sie allerdings solche Arbeitnehmer nicht einzubeziehen, deren Weiterbeschäftigung insbesondere wegen ihrer Kenntnisse, Fähigkeiten oder Leistungen oder zur Sicherung einer ausgewogenen Personalstruktur des Betriebes im berechtigten Interesse liegt (§ 1 Abs. 3 S. 2 KSchG). Damit haben Sie die Möglichkeit, die Leistungsträger von der Sozialauswahl auszunehmen.

Innerhalb der gebildeten Gruppe von Arbeitnehmern hat der Arbeitgeber dann die gesetzlich festgelegten sozialen Gesichtspunkte ausreichend zu würdigen. Soziale Kriterien sind:

- Dauer der Betriebszugehörigkeit,
- Lebensalter,
- Unterhaltspflichten des Arbeitnehmers,
- Schwerbehinderung des Arbeitnehmers.

Wer erst seit zwei Jahren Arbeitnehmer des Betriebes ist, hat bei der Sozialauswahl gegenüber einem Arbeitnehmer, der seit 20 Jahren betriebszugehörig ist, die schlechteren Sozialdaten – ebenso der Zwanzigjährige gegenüber dem Fünfzigjährigen.

Der Arbeitnehmer hat im Streitfalle die Möglichkeit, darzulegen, dass der Arbeitgeber bei der Auswahl soziale Gesichtspunkte nicht oder nicht ausreichend berücksichtigt hat. Sollte das Gericht dies auch so sehen, ist die Kündigung unwirksam.

Seit dem Gesetz zu Reformen am Arbeitsmarkt hat der Arbeitnehmer bei betriebsbedingter Kündigung ein Wahlrecht zwischen Kündigungsschutzklage und Abfindung, wenn der Arbeitgeber in der Kündigung darauf hingewiesen hat, dass es sich um eine betriebsbedingte Kündigung handelt und der Arbeitnehmer bei Verstreichenlassen der Klagefrist für die Kündigungsschutzklage die Abfindung beanspruchen kann (§ 1a Abs. 1 KSchG). Die Höhe der Abfindung beträgt 0,5 Monatsverdienste für jedes Jahr des Bestehens des Arbeitsverhältnisses.

Checkliste: ordentliche Kündigung

Überlegungen zu folgenden Fragestellungen können Ihnen dabei helfen, eine wirksame ordentliche Kündigung vorzubereiten, ohne dass damit Expertenrat ersetzt werden soll:

✓ Sind Sie berechtigt, eine Kündigung zu erklären?
✓ Kann der Arbeitsvertrag gekündigt werden?
✓ Zu welchem Zeitpunkt soll das Arbeitsverhältnis enden?
✓ Welche Kündigungsfristen bestehen?
✓ An welchem Tag muss die Kündigung unter Einhaltung der Kündigungsfrist spätestens dem Arbeitnehmer zugehen?
✓ Wie kann im Streitfall der Zugang der Kündigung zu diesem Zeitpunkt bewiesen werden?
✓ Ist die Schriftform eingehalten?
✓ Wenn Ihnen Vollmacht zur Kündigung erteilt ist: Ist die Vollmacht der Kündigung beigefügt?
✓ Besteht ein Betriebsrat und ist dieser angehört worden? – Besteht ein Sprecherausschuss und ist dieser im Falle der Kündigung eines leitenden Angestellten angehört worden?
✓ Ist das Kündigungsschutzgesetz anwendbar? Wenn ja, liegt ein Kündigungsgrund vor (in der Person des Arbeitnehmers, im Verhalten des Arbeitnehmers oder in dringenden betrieblichen Erfordernissen)?
✓ Ist bei einem verhaltensbedingten Kündigungsgrund eine vorherige Abmahnung erforderlich?
✓ Genießt der Arbeitnehmer, zum Beispiel als Schwerbehinderter, Frau im Mutterschutz, Elternteil in Elternzeit, Betriebsratmitglied oder Auszubildender, besonderen Kündigungsschutz?

6.7 Die außerordentliche Kündigung

Die Kündigung ist eine harte Sanktion, die grundsätzlich nur zulässig ist, wenn andere Maßnahmen nicht möglich sind oder nichts fruchten. Unter den Kündigungen ist die außerordentliche Kündigung ohne Einhaltung einer Kündigungsfrist die härteste Sanktion. Deswegen ist die ordentliche Kündigung auch als milderes Mittel vorrangig, oder anders ausgedrückt: Die Gründe für eine außerordentliche Kündigung reichen regelmäßig auch für eine ordentliche Kündigung. Gründe, die für eine außerordentliche Kündigung nicht reichen, können aber für eine ordentliche Kündigung reichen.

Für die Praxis bedeutet dies: Wenn es Anlass für eine außerordentliche Kündigung gibt, haben Sie nicht nur die Möglichkeit, eine solche auszusprechen, sondern hilfsweise auch eine ordentliche Kündigung. Hilfsweise heißt: Nur für den Fall des Scheiterns der außerordentlichen Kündigung soll die ordentliche Kündigung erklärt sein. Sie benötigen dann die Anhörung des Betriebsrates zu *beiden* Kündigungen.

Die außerordentliche Kündigung unterliegt nicht den Einschränkungen des allgemeinen Kündigungsschutzes (§ 13 Abs. 1 S. 1 KSchG). Sie beendet das Arbeitsverhältnis sofort. Sie haben allerdings auch die Möglichkeit, eine Auslauffrist mit der Kündigung zu erklären, wenn Sie nicht möchten, dass der Arbeitnehmer sofort auf der Straße steht.

6.7.1 Wichtiger Grund

Für die außerordentliche Kündigung braucht es einen wichtigen Grund (§ 626 Abs. 1 BGB), also eine schwerwiegende Verletzung der Arbeitspflicht. Wichtige Gründe können sein:

- strafbare Handlungen in Zusammenhang mit dem Arbeitsverhältnis,
- wiederholtes unentschuldigtes Fehlen trotz Abmahnung,
- eigenmächtiger Urlaubsantritt,
- beharrliche Verweigerung, übertragene Aufgaben zu verrichten,

• Störung des Betriebsfriedens durch kränkende Beleidigungen oder Tätlichkeiten gegenüber Kollegen und Vorgesetzen.

Eine Angabe von Gründen ist zur Wirksamkeit einer außerordentlichen Kündigung nicht erforderlich. Auf Verlangen des Arbeitnehmers haben Sie ihm allerdings den Kündigungsgrund unverzüglich schriftlich mitzuteilen (§ 626 Abs. 2 S. 3 BGB), damit er prüfen kann, ob ein Vorgehen gegen die Kündigung erfolgversprechend ist.

Ferner muss dem Arbeitgeber die Fortsetzung des Arbeitsverhältnisses bis zum Ablauf der Frist bei ordentlicher Kündigung unzumutbar sein unter Berücksichtigung aller Umstände des Einzelfalls und unter Abwägung der Interessen des Arbeitgebers und des Arbeitnehmers (§ 626 Abs. 1 BGB).

Auch bei der außerordentlichen Kündigung kommen Sie nicht um Überlegungen herum, ob vor Ausspruch der Kündigung aus Gründen, die auf ein Verhalten des Arbeitnehmers zurückgehen, als milderes Mittel eine Abmahnung auszusprechen ist (§ 314 Abs. 2 BGB).

6.7.2 Kündigungserklärungsfrist

Für die außerordentliche Kündigung gibt es eine Erklärungsfrist (§ 626 Abs. 2 S. 1, 2 BGB). Sie muss innerhalb von zwei Wochen nach Bekanntwerden des Kündigungsgrundes erfolgen. Innerhalb dieser zwei Wochen müssen Sie aber auch noch den Betriebsrat anhören, der sich bis zu drei Tage mit der Stellungnahme Zeit lassen darf (§ 102 Abs. 2 S. 3 BetrVG). Wenn Sie also die Kündigungserklärungsfrist wahren wollen, haben Sie den Betriebsrat spätestens vier Tage vor Fristablauf zu unterrichten, damit noch am letzten Tag der Frist gekündigt werden kann.

6.8 Besonderer Kündigungsschutz

Eine Kündigung kann nicht nur nach dem KSchG unwirksam sein, weil sie sozial ungerechtfertigt ist. Auch andere Unwirksamkeitsgründe sind zu beachten, die hier nur im Überblick aufgeführt werden können. Zum einen gibt es einen Kündigungsschutz für besondere Personengruppen:

- Schwerbehinderte (§§ 85–92 SGB IX),
- Frauen im Mutterschutz (§ 9 MuSchG),
- Betriebsratsmitglieder (§ 15 KSchG),
- Auszubildende (§ 15 BBeG),
- Arbeitnehmer/innen in Elternzeit (§ 18 BEerzGG).

Zum anderen können sich Kündigungsbeschränkungen aus dem Arbeitsvertrag selbst oder aus Betriebsvereinbarung oder Tarifvertrag ergeben.

Beispiel

Wenn Sie von einem Unternehmen angeworben werden und nur schweren Herzens Ihren jetzigen, dem Kündigungsschutz unterliegenden Arbeitsplatz aufgeben, können Sie den Kündigungsschutz für Ihr neues Arbeitsverhältnis verbessern, indem Sie zum Beispiel die Anwendbarkeit des Kündigungsschutzgesetzes bereits für die Probezeit vereinbaren oder einen Zeitvertrag unter Ausschluss von Kündigungsgründen abschließen. Sie können auch die Kündigungsfristen verlängern. Weiter können in einer Betriebsvereinbarung zum Beispiel betriebsbedingte Kündigungen ausgeschlossen sein.

6.9 Änderungskündigung

Die Änderungskündigung ist nichts anderes als die Kündigung des bisherigen Arbeitsverhältnisses, verbunden mit dem Angebot zur Fortsetzung des Arbeitsverhältnisses unter geänderten Bedingungen (§ 2 KSchG). Die Änderungskündigung ist damit Ihr Instrument, wenn Sie Arbeitsbedingungen ändern wollen und eine einvernehmliche Regelung mit dem Arbeitnehmer darüber nicht möglich ist.

6.9.1 Ausübung des Weisungsrechts ist vorrangig

Bevor Sie zu einer Änderungskündigung greifen, können Sie zunächst überlegen, ob Sie nicht bereits aufgrund Ihres Weisungsrechts einseitig die Änderungen herbeiführen können. Dabei kommt es darauf an, ob der Arbeitsvertrag eine Versetzungs- oder Vorbehaltsklausel enthält und was diese im Einzelnen hergibt. Die Ausübung des Direktionsrechts ist gegenüber der Änderungskündigung das mildere Mittel und daher vorrangig zu erwägen.

Für was Sie sich auch im Einzelfall entscheiden: Für den Empfänger sollte auf jeden Fall deutlich sein, ob es sich bei der Maßnahme um eine Ausübung des Direktionsrechts oder eine Änderungskündigung handelt.

6.9.2 Voraussetzungen der Änderungskündigung

Die Änderungskündigung unterliegt den gleichen Voraussetzungen wie eine normale Kündigung. Sie müssen also Form und Fristen einhalten und den Betriebsrat vorher anhören, wenn es einen solchen in Ihrem Unternehmen gibt. Wenn für Ihren Betrieb und das betroffene Arbeitsverhältnis das Kündigungsschutzgesetz gilt, benötigen sie auch einen Kündigungsgrund. Nimmt der Arbeitnehmer beispielsweise ihr Angebot nur unter dem Vorbehalt der sozialen Rechtfertigung an und erhebt fristgemäß Änderungsschutzklage, prüft das Gericht, ob das Änderungsangebot durch einen Kündigungsgrund sozial gerechtfertigt ist. Lehnt der Arbeitnehmer Ihr Angebot ab, wird die Änderungskündigung zur Beendigungskündigung.

6.9.3 Teilkündigung ist nicht möglich

Sollten Sie bei der Lektüre dieses Abschnitts auf den Gedanken gekommen sein, ob es in solchen Fällen nicht sinnvoll sei, einzelne Vertragsbedingungen zu kündigen: Dies scheidet aus. Teilkündigungen des Arbeitsverhältnisses sind nicht möglich, eine Kündigung bezieht sich immer auf das Arbeitsverhältnis im Ganzen. Sie können allenfalls den Widerruf einzelner Vertragsbedingungen erklären, die nicht im Gegenseitigkeitsverhältnis stehen, wenn Sie sich den Widerruf insoweit ausdrücklich vorbehalten haben.

6.9.4 Änderungsangebot vor Ausspruch einer Kündigung

Die Änderungskündigung kann auch dann eine Rolle spielen, wenn Sie die Beendigung eines Arbeitsverhältnisses anstreben, aber die Möglichkeit besteht, den Arbeitnehmer zu zumutbaren geänderten Bedingungen weiterzubeschäftigen. Dann werden Sie nach dem Grundsatz der Verhältnismäßigkeit dem Arbeitnehmer zunächst einmal ein Änderungsangebot zu unterbreiten haben, verbunden mit der Ankündigung, dass bei Ablehnung des Angebots eine Kündigung beabsichtigt ist. Hier wird nicht sofort die Beendigungskündigung zusammen mit dem Angebot auf Abschluss eines geänderten Arbeitsvertrages verbunden, sondern zuerst erfolgt das Angebot verbunden mit der Androhung einer Kündigung bei Ablehnung.

6.9.5 Wenn Sie ein Änderungsangebot erhalten

Falls Sie selbst ein Änderungsangebot erhalten sollten verbunden mit der Androhung der Beendigungskündigung bei Ablehnung: Eine gute Reaktion ist ein doppelter Vorbehalt. Sie nehmen das Angebot an unter den Vorbehalten, dass die Änderung nicht sozial ungerechtfertigt ist und dass eine Änderungskündigung ausgesprochen wird. Damit veranlassen Sie Ihren Arbeitgeber, zunächst keine Beendigungskündigung, sondern nur eine Änderungskündigung auszusprechen, gegen die Sie innerhalb von drei Wochen nach Zugang Änderungsschutzklage erheben müssen, wenn Sie prozessieren wollen. Der von Ihnen erklärte Vorbehalt führt dazu, dass Sie auch nach Ablauf der Kündigungsfrist weiterbeschäftigt werden müssen – allerdings zu den geänderten Bedingungen. Wenn Sie das Angebot schlicht ablehnen, erhalten Sie eine Beendigungskündigung und sind im normalen Kündigungsschutzverfahren, wenn Sie dagegen klagen wollen.

6.10 Arbeitgeberpflichten bei Beendigung des Arbeitsverhältnisses

Im Zusammenhang mit der tatsächlichen Beendigung hat der Arbeitgeber auch einige Pflichten, um die sich regelmäßig die Personalorganisation kümmert.

Zunächst sind die Arbeitspapiere herauszugeben. Dazu gehören die Lohnsteuerkarte, die Bescheinigung über den im laufenden Kalenderjahr bereits gewährten Urlaub (§ 6 Abs. 2 BUrlG), die Arbeitsbescheinigung (§ 312 SGB III), die Meldungen an den Sozialversicherungsträger und sonstige in der Personalakte befindliche Papiere, die der Arbeitnehmer übergeben hat. Die Arbeitsbescheinigung ist wichtig für die Beantragung von Arbeitslosengeld. Außerdem hat der Arbeitnehmer Anspruch auf ein Zeugnis. Über das Arbeitszeugnis erfahren Sie Näheres in Abschnitt 3.3.

Auch wenn noch Ansprüche gegen den Arbeitnehmer bestehen sollten, können Sie deswegen die Arbeitspapiere nicht zurückbehalten. Allerdings brauchen Sie diese nur zur Abholung durch den Arbeitnehmer bereitzuhalten. Eine Pflicht zur Übersendung an den Arbeitnehmer haben Sie grundsätzlich nicht.

6.11 Weiterbeschäftigungsanspruch

Im Falle der Kündigung eines Arbeitnehmers kann sich für Sie die Frage stellen, ob Sie einen Arbeitnehmer, dem Sie gekündigt haben, weiterbeschäftigen müssen. Dabei haben wir den Beschäftigungsanspruch des Arbeitnehmers im Zeitraum bis zum Ablauf der Kündigungsfrist bereits im Abschnitt 5.4.7 behandelt.

Beim Weiterbeschäftigungsanspruch dagegen geht es um die Frage der Beschäftigung in einem Zeitraum, in dem der Bestand des Arbeitsverhältnisses zwischen den Parteien gerade streitig ist. Dieser streitige Zeitraum beginnt bei einer Kündigung nach Ablauf der Kündigungsfrist, wenn der Arbeitnehmer Kündigungsschutzklage erhoben hat. Hier besteht bis zum Ausgang des Prozesses Unsicherheit, ob nun das Arbeitsverhältnis beendet ist oder nicht. Eine schwierige Situation für beide Seiten. Hier gibt es einen gesetzlichen Weiterbeschäftigungsanspruch (§ 102 Abs. 5 BetrVG) und einen von der Rechtsprechung entwickelten.

Gesetzlicher Weiterbeschäftigungsanspruch
Einen gesetzlichen Weiterbeschäftigungsanspruch können Sie unter folgenden Voraussetzungen annehmen, die zusammen vorliegen müssen:

• Ausspruch einer ordentlichen Kündigung durch den Arbeitgeber,
• Widerspruch des Betriebsrats gegen die Kündigung (§ 102 Abs. 3 BetrVG),
• Erhebung der Kündigungsschutzklage durch den Arbeitnehmer,
• Arbeitnehmer verlangt Weiterbeschäftigung.

Dem Verlangen des Arbeitnehmers auf Weiterbeschäftigung können Sie sich nur entziehen, wenn Sie einstweiligen Rechtsschutz dagegen beantragen (§ 102 Abs. 5 S. 2 BetrVG). Unter den oben genannten Voraussetzungen besteht der Weiterbeschäftigungsanspruch. Wie es dann weitergeht, hängt vom Ausgang des Kündigungsschutzverfahrens ab. War die Kündigung unwirksam, besteht das Arbeitsverhältnis grundsätzlich fort. War sie wirksam, dann erlischt der Weiterbeschäftigungsanspruch.

Arbeitsvertraglicher Weiterbeschäftigungsanspruch
Wenn es keinen Betriebsrat gibt oder dieser nicht oder nicht ordnungsgemäß widerspricht oder es sich um eine außerordentliche Kündigung handelt, kann der Arbeitnehmer allenfalls einen allgemeinen Weiterbeschäftigungsanspruch haben. Dafür müssen aber die Interessen des Arbeitnehmers an der Weiterbeschäftigung die dagegenstehenden Interessen des Arbeitgebers überwiegen. Im Normalfall überwiegen aber die Arbeitgeberinteressen, es sei denn, die Kündigung ist ganz offensichtlich unwirksam. Wenn allerdings ein erstinstanzliches Urteil vorliegt, nach dem die Kündigung unwirksam ist, überwiegt wieder das Arbeitnehmerinteresse an der Weiterbeschäftigung bis zum rechtskräftigen Abschluss des Prozesses.

7.
Wie Sie mit der Mitbestimmung leben und umgehen

Für Sie als betriebliche Führungskraft ist es wichtig, zu wissen, in welchen Bereichen und bei welchen Maßnahmen Sie den Betriebsrat beteiligen müssen – auch wenn das eigentliche Verfahren regelmäßig bei der Personalorganisation konzentriert sein wird. In diesem Abschnitt erfahren Sie das Wichtigste zur innerbetrieblichen Zusammenarbeit zwischen Arbeitgeber, Belegschaft und Betriebsrat. Dabei werden der Betriebsrat und seine Errichtung (Abschnitt 7.2) sowie die Regeln einer guten Zusammenarbeit näher beleuchtet (Abschnitt 7.3). Danach folgt eine Darstellung der wesentlichen Beteiligungsrechte des Betriebsrates (Abschnitt 7.4 und 7.5). Das Kapitel schließt ab mit Informationen zu einer Institution, deren Anrufung Sie nach Möglichkeit vermeiden sollten, der Einigungsstelle (Abschnitt 7.6).

7.1 Das Betriebsverfassungsgesetz

In diesem Abschnitt erfahren Sie Näheres zum Betriebsverfassungsrecht und seine Grundlage, das Betriebsverfassungsgesetz.

7.1.1 Beteiligung der Belegschaft

Die Zeiten, in denen der Unternehmer im Betrieb die unbeschränkte Entscheidungsbefugnis in allen Angelegenheiten hatte, gehören der

Vergangenheit an. Auch innerbetrieblich hat in gewissem Umfang ein Demokratisierungsprozess stattgefunden. Die Arbeitnehmer, vertreten durch den Betriebsrat, haben Einwirkungsmöglichkeiten auf die Entscheidungen des Betriebsinhabers in sozialen, personellen und wirtschaftlichen Angelegenheiten erhalten. Gesetzliche Grundlage dafür ist das Betriebsverfassungsgesetz. Darin ist die Zusammenarbeit zwischen Arbeitgeber, Arbeitnehmern, Betriebsrat, Gewerkschaften und Arbeitgebervereinigungen geregelt. Das Betriebsverfassungsgesetz ist damit gewissermaßen das Grundgesetz für den Betrieb.

7.1.2 Wo gilt das Betriebsverfassungsgesetz?

Das Betriebsverfassungsgesetz gilt nur in Betrieben der Privatwirtschaft. Der öffentliche Dienst ist damit ausgeklammert (§ 130 BetrVG). Er hat sein eigenes Pendant, die Personalvertretungsgesetze. Ausgeklammert sind auch Religionsgemeinschaften und ihre karitativen und erzieherischen Einrichtungen (§ 118 Abs. 2 BetrVG) aufgrund der bereits seit der Weimarer Verfassung aus dem Jahr 1919 garantierten Kirchenautonomie.

Zuletzt gibt es noch Ausnahmen für so genannte Tendenzbetriebe, soweit die Eigenart des Betriebes oder Unternehmens der Anwendung entgegensteht. Tendenzbetriebe sind nach dem Gesetz solche Unternehmen und Betriebe, die unmittelbar und überwiegend politischen, koalitionspolitischen, konfessionellen, karitativen, erzieherischen, wissenschaftlichen oder künstlerischen Bestimmungen oder Zwecken der Berichterstattung oder Meinungsäußerung dienen (§ 118 Abs. 1 BetrVG). Das sind zum Beispiel: Zeitschriftenverlage, private Rundfunksender, private Krankenhäuser, Museen, Bibliotheken, Forschungsinstitute oder Betriebe politischer Parteien.

Hier muss dann wieder zwischen tendenzbezogenen Maßnahmen des Arbeitgebers und anderen Maßnahmen unterschieden werden, außerdem zwischen Arbeitnehmern, die Tendenzträger sind, und anderen. Tendenzbezogene Maßnahmen sind solche, die unmittelbar der Verwirklichung der geistig-ideellen Aufgaben dienen und nicht nur normalen Betriebsabläufen. In einem Zeitschriftenverlag sind Tendenzträger zum Beispiel alle Redakteure und Fotografen, nicht aber die Buchhalter und die Sekretärinnen. Die Versetzung eines Redakteurs löst als tendenzbezogene Maßnahme keine Zustimmungspflicht des Betriebsrats aus, die einer Sekretärin schon.

7.2 Der Betriebsrat

Der Betriebsrat ist das wichtigste Organ der Betriebsverfassung und Repräsentant der Belegschaft gegenüber dem Arbeitgeber. Seine Größe hängt von der Zahl der wahlberechtigten Arbeitnehmer im Betrieb ab (§ 9 BetrVG). Bei 5 bis 20 wahlberechtigten Arbeitnehmern sieht das Gesetz eine Person vor. Zwischen 21 und 50 wahlberechtigten Arbeitnehmern sind dann schon drei Betriebsratsmitglieder vorgesehen und so weiter. Die Einzelheiten ergeben sich aus § 9 BetrVG.

Bei größeren Betriebsräten ab neun Mitgliedern gibt es noch ein oder mehrere Untergliederungen, die Ausschüsse. Der Betriebsausschuss führt die laufenden Geschäfte des Betriebsrates (§ 27 BetrVG). Dazu gehört nicht die Ausübung von Mitbestimmungsrechten, es sei denn, es gibt einen ausdrücklichen Beschluss des Betriebsrates über die Delegation.

Die Beteiligungsrechte des Betriebsrats bestimmen sich nach dem Betriebsverfassungsgesetz. Daneben hat er allgemeine Aufgaben und Rechte, die nicht vom Vorliegen bestimmter, konkreter Mitwirkungs- und Mitbestimmungsbefugnisse abhängig sind.

7.2.1 Wie der Betriebsrat handelt

Besteht der Betriebsrat aus mehreren Personen, wird er im Rahmen der durch ihn gefassten Beschlüsse durch den Vorsitzenden vertreten. Das heißt, die Stimme des Betriebsrats ist der Vorsitzende, die Entscheidung trifft aber das Organ Betriebsrat und eben nicht der Vorsitzende allein. Erklärungen des Vorsitzenden, denen kein Beschluss zugrunde liegt oder die über den Beschluss hinausgehen, sind Schall und Rauch. Trotzdem führen solche Erklärungen nicht zwangsläufig zu Schwierigkeiten, weil Sie keine Nachforschungspflicht trifft, ob die interne Willensbildung des Betriebsrats bei mitbestimmungspflichtigen Maßnahmen ordnungsgemäß abgelaufen ist.

Bitte beachten Sie, dass Erklärungen an den Betriebsrat dem Vorsitzenden zugehen müssen, bei Verhinderung dessen Stellvertreter (§ 26 Abs. 2 S. 2 BetrVG). Wenn Sie zur Fristwahrung zum Beispiel ein Schriftstück an ein Mitglied des Betriebsrates übergeben, produzieren Sie möglicherweise ein Fristproblem, weil Sie es damit faktisch aus der Hand geben, wann das Schriftstück denn nun dem Betriebsrat im Sinne der vorgenannten gesetzlichen Vertretungsvorschrift zugeht.

7.2.2 Wie ein Betriebsrat errichtet wird

Wie aber kommt ein Betrieb zu einem Betriebsrat? Durch geheime und unmittelbare Wahl (§ 14 Abs. 1 BetrVG). Zunächst muss der Betrieb selbst betriebsratsfähig sein. Dies macht das Gesetz von der Zahl der wahlberechtigten Arbeitnehmer abhängig (§§ 1 Abs. 1, 7 bis 9 BetrVG). So müssen in dem Betrieb mindestens fünf wahlberechtigte Arbeitnehmer ständig beschäftigt und drei dieser wahlberechtigten Arbeitnehmer auch selbst wählbar sein (§ 1 Abs. 1 BetrVG). Wahlberechtigt ist, wer das achtzehnte Lebensjahr vollendet hat und Arbeitnehmer des Betriebes ist. Zur Wählbarkeit gehört neben den Voraussetzungen der Wahlberechtigung dann noch zusätzlich eine sechsmonatige Betriebszugehörigkeit.

Ob die Belegschaft eines betriebsratsfähigen Betriebes dann auch einen Betriebsrat wählt, ist allein ihrer Initiative und Entscheidung überlassen. Der Arbeitgeber hat damit jedenfalls nichts zu tun. Wenn der Betrieb nicht betriebsratfähig ist (Kleinstbetrieb – § 4 BetrVG) oder die Belegschaft keinen Betriebsrat wählt, findet jedenfalls das Betriebsverfassungsgesetz keine Anwendung, es gibt dann keine auszuübenden Beteiligungsrechte des Betriebsrats. Bitter für die Arbeitnehmer zum Beispiel: Betriebsänderungen können mangels Betriebsrat ohne Interessenausgleich und Sozialplan durchgeführt werden.

Die regelmäßigen Betriebsratswahlen finden alle vier Jahre statt. Das BetrVG regelt in §§ 7 bis 20 BetrVG in Verbindung mit der Verordnung zur Durchführung des Betriebsverfassungsgesetzes die Einzelheiten der Durchführung der Wahl. Die Kosten trägt der Arbeitgeber.

7.2.3 Amt und Amtszeit

Die Mitgliedschaft im Betriebsrat ist ein Ehrenamt und unentgeltlich auszuüben (§ 37 Abs. 1 BetrVG). Das Bonbon folgt allerdings in Absatz 2 der vorgenannten Vorschrift: Mitglieder des Betriebsrates sind von ihrer beruflichen Tätigkeit ohne Minderung des Arbeitsentgelts zu befreien, wenn es nach Umfang und Art des Betriebes zur ordnungsgemäßen Durchführung ihrer Aufgaben erforderlich ist. Hat ein Betrieb regelmäßig mehr als 200 Arbeitnehmer, sieht das Gesetz eine Freistellung eines Betriebsratsmitglieds unter Fortzahlung des Arbeitsentgelts vor, ohne dass es auf die Erforderlichkeit im Einzelfall ankommt (§ 38 BetrVG). Diese Anzahl erhöht sich mit der Anzahl der im Betrieb beschäftigten Arbeitnehmer (§ 38 Abs. 1 BetrVG).

Die regelmäßige Amtszeit beträgt vier Jahre (§ 21 BetrVG). Die Mitglieder des Betriebsrates sind als Träger eines freien Mandats nur ihrem Gewissen verpflichtet – die Belegschaft und die Betriebsversammlung (§ 42 BetrVG) als Versammlung aller Arbeitnehmer des Betriebs kann ihnen keine Weisungen erteilen. Außerdem genießen die Betriebsratsmitglieder besonderen Kündigungsschutz (§§ 15 KSchG, 103 BetrVG). Die im Zusammenhang mit der Wahrnehmung der gesetzlichen Aufgaben erforderlichen Kosten des Betriebsrates hat der Arbeitgeber zu tragen.

7.2.4 Betriebsrat und Gewerkschaften

Bitte betrachten Sie nicht Betriebsrat und Gewerkschaft als zwei Seiten einer Medaille, auch wenn Betriebsratsmitglieder häufig auch gewerkschaftlich organisiert sind.

Nach der Betriebsratswahlstatistik des Deutschen Gewerkschaftsbundes[10] waren im Jahre 1998 immerhin 72,6 Prozent der Betriebsratsmitglieder in DGB-Gewerkschaften organisiert, 1,8 Prozent in der DAG und 23,5 Prozent nicht gewerkschaftlich organisiert.

Der Betriebsrat ist jedoch nicht das Organ der Gewerkschaft im Betrieb, sondern hat die Interessen aller Arbeitnehmer zu vertreten – unabhängig von einer Gewerkschaftszugehörigkeit. Der Betriebsrat wirkt auf der betrieblichen Ebene, die Gewerkschaften agieren als Tarifpartner auf überbetrieblicher Ebene. Natürlich gibt es Berührungspunkte, die auch im Betriebsverfassungsgesetz zutage treten. Auf Antrag von einem Viertel der Mitglieder des Betriebsrates kann ein Beauftragter einer im Betriebsrat vertretenen Gewerkschaft an den Sitzungen beratend teilnehmen (§ 31 BetrVG). Voraussetzung ist, dass mindestens ein Betriebsratsmitglied der betreffenden Gewerkschaft angehört. Eine Gewerkschaft ist übrigens im Betrieb vertreten, wenn ihr mindestens ein Arbeitnehmer angehört.

7.2.5 Sprecherausschuss der leitenden Angestellten

Die leitenden Angestellten (§ 5 Abs. 3 BetrVG) werden nicht durch den Betriebsrat repräsentiert. Sie haben ihre eigene Interessenvertretung, den so genannten Sprecherausschuss, der in größeren Betrieben mit mindestens zehn leitenden Angestellten gebildet werden kann. Die gesetzliche Grundlage hierfür findet sich nicht im Betriebsverfassungsgesetz, sondern im Sprecherausschussgesetz (SprAuG). Im Vergleich zum Betriebsrat sind die Beteiligungsrechte des Sprecherausschusses viel schwächer ausgeprägt. Er hat in erster Linie Beratungs- und Informationsrechte.

Ein bedeutsames Beteiligungsrecht kann aber für Sie wichtig sein. Der Sprecherausschuss ist vor Kündigung eines leitenden Angestellten zu hören (§ 31 Abs. 2 SprAuG). Eine ohne Anhörung des Sprecherausschusses ausgesprochene Kündigung ist unwirksam (§ 31 Abs. 2 S. 3 SprAuG).

7.3 Zusammenarbeit mit dem Betriebsrat

Nach einer Studie von Niedenhoff aus dem Jahr 1999[11] fallen die Urteile über die Zusammenarbeit zwischen Betriebsrat und Arbeitgeber überwiegend positiv aus. Immerhin 76,1 Prozent der Arbeitgeber und 70 Prozent der Betriebsratsmitglieder bezeichnen diese als gut bis sehr gut.

7.3.1 Ausgangssituation

Zunächst einmal der rechtliche Ausgangspunkt: Arbeitgeber und Betriebsrat haben unter Beachtung der geltenden Tarifverträge vertrauensvoll zum Wohl der Arbeitnehmer und des Betriebes zusammenzuarbeiten (§ 2 BetrVG). Die Zusammenarbeit hat im Zusammenwirken mit den im Betrieb vertretenen Gewerkschaften und Arbeitgebervereinigungen zu geschehen. Dazu haben Arbeitgeber und Betriebsrat mindestens einmal im Monat zu einer gemeinsamen Besprechung zusammenzutreten und über strittige Fragen mit dem ernsten Willen zur Einigung zu verhandeln und Vorschläge für die Beilegung von Meinungsverschiedenheiten zu machen. Beschlüsse, die Betriebsrat und Arbeitgeber gemeinsam fassen, führt allein der Arbeitgeber durch.

Der Betriebsrat wird durch die ihm vom Gesetz eingeräumten Mitwirkungs- und Mitbestimmungsrechte auf der einen Seite nicht zum Unternehmer und hat daher auch keine Befugnis, in die Leitung des Betriebes eingreifen (§ 77 Abs. 1 S. 2 BetrVG). Er ist aber auf der anderen Seite auch nicht ausschließlich Interessenvertretung der Arbeitnehmer, sondern muss seine Tätigkeit auch auf das Wohl des Betriebes ausrichten. Der Betriebsrat darf sich insbesondere nicht an Arbeitskämpfen beteiligen und ist zur Neutralität verpflichtet.

7.3.2 Verschwiegenheitspflicht aktivieren

Der Betriebsrat erhält im Zusammenhang mit den ihm nach dem Betriebsverfassungsgesetz zustehenden Beteiligungsrechten zahlreiche Informationen über Betriebsinterna. Als Korrelat hierzu legt das Betriebsverfassungsgesetz allen Mitgliedern des Betriebsrats ein Offenbarungs- und Verwertungsverbot auf hinsichtlich aller Betriebs- und Geschäftsgeheimnisse, die ihnen wegen ihrer Zugehörigkeit zum Betriebsrat bekannt geworden sind (§ 79 Abs. 1 BetrVG). Bitte beachten Sie hierbei jedoch die Besonderheit, dass die Verschwiegenheitspflicht nach dem Gesetz nur dann besteht, wenn die Geheimnisse ausdrücklich als geheimhaltungsbedürftig bezeichnet werden. Ein Offenbarungs- und Verwertungsverbot aus der Natur der Sache gibt es nicht.

7.3.3 Einige praktische Hinweise

Kein Betriebsrat kann vernünftig arbeiten ohne ordentliche und frühzeitige Information und Einbindung. Es ist lohnenswert, auch über die gesetzlichen Informationsrechte und konkrete Beteiligungsrechte hinaus regelmäßige Gespräche und Kontakte zu pflegen und damit eine konstruktive Gesprächkultur zu etablieren. Diese bewährt sich dann in der Regel auch bei der Klärung von Interessengegensätzen. Dazu können Sie auch als betriebliche Führungskraft Ihren Beitrag leisten.

Bedenken Sie, dass der Betriebsrat ein wichtiger Bestandteil des Unternehmens ist. Die Mitgliedschaft im Betriebsrat ist nicht die Einnahme einer der Arbeitgeberseite widersprechenden Position, sondern Wahrnehmung gesetzlicher Aufgaben im Sinne der Belegschaft und im Sinne des Betriebes. Deswegen sollte allein die Tätigkeit im Betriebsrat auch kein Grund sein, jemandem gegenüber eine kritische Haltung einzunehmen.

Bitte denken Sie auch daran: Die Mitglieder des Betriebsrates sind für ihre Tätigkeit rechtlich gut geschult. Überlassen Sie etwa erforderliche Auseinandersetzungen mit dem Betriebsrat im Zusammenhang mit Beteiligungsrechten nach Möglichkeit besser den innerhalb des Betriebes zuständigen Mitarbeitern, in der Regeln solchen der Personalorganisation.

7.4 Beteiligung des Betriebsrates – Überblick

Ein umfangreicher Teil des Betriebsverfassungsgesetzes (§§ 74 bis 113 BetrVG) widmet sich der Mitwirkung und Mitbestimmung der Arbeitnehmer. Der Umfang und die sich aus der täglichen betrieblichen Praxis ergebenden zahlreichen Fragestellungen machen die Mitbestimmung zu einer komplexen Rechtsmaterie. Wir werden Ihnen hier nur einen Überblick geben können.

7.4.1 Warum Sie die Beteiligungsrechte kennen sollten

Bei der Vorbereitung von Maßnahmen gegenüber Arbeitnehmern, zum Beispiel Änderungen des zeitlichen, räumlichen oder fachlichen Einsatzes, werden Sie sich aus der Sicht des Arbeitgebers rechtlich immer mit zwei Fragenkomplexen auseinander setzen müssen. Der erste Komplex betrifft die Frage, ob Sie individualarbeitsrechtlich gegenüber dem Arbeitnehmer zu einer solchen Änderung berechtigt sind. Hier kann es dann zum Beispiel um die Frage gehen, ob eine Änderung des Tätigkeitsbereichs des Arbeitnehmers vom Weisungsrecht gedeckt ist. Der zweite Komplex betrifft die Frage, ob das Betriebsverfassungsgesetz eine Beteiligung des Betriebsrates an dieser Maßnahme vorsieht. Beide Bereiche behalten immer eigenständige Bedeutung und sollten von Ihnen getrennt betrachtet werden.

So kann der Arbeitnehmer zum Beispiel von sich aus eine Änderung seines Tätigkeitsbereiches wünschen oder vielleicht gar auf eine Beteiligung des Betriebsrates verzichten. Letzteres geht aber nicht. Ob und wie der Betriebsrat zu beteiligen ist, bestimmt sich allein nach den Regelungen des Betriebsverfassungsgesetzes. Umgekehrt enthebt eine Zustimmung des Betriebsrates nicht der Notwendigkeit, dass die Maßnahme auch individualarbeitsrechtlich ihre Grundlage haben muss, damit sie rechtmäßig ist.

In dem zweiten Komplex der Beteiligung des Betriebsrates passieren Fehler oft nicht aus bösartiger Ignoranz gegenüber dem Betriebsrat, sondern aus schlichter Unkenntnis der Beteiligungsbedürftigkeit der Maßnahme.

7.4.2 Klären Sie die Zuständigkeiten

Bei der praktischen Umsetzung ergibt sich dann die Frage, wer sich um die Beteiligung des Betriebsrates eigentlich kümmert. Es kommt auf die Aufgabenverteilung innerhalb Ihres Unternehmens an, ob Sie als Leiter eines Arbeitsbereichs oder einer Abteilung die Zustimmung des Betriebsrates zu mitbestimmungsbedürftigen Maßnahmen einzuholen haben oder nicht. Regelmäßig werden diese Aufgaben bei Mitarbeitern der Personal- und Rechtsabteilung konzentriert. Damit ist sichergestellt, dass der Betriebsrat ein Gegenüber hat, das die Klaviatur der Beteiligungsrechte ebenfalls zu spielen vermag, und dass eine einheitliche Handhabung in allen Abteilungen des Betriebs erfolgt. Dennoch bleibt es für Sie wichtig, zu erkennen, wann Beteiligungsrechte des Betriebsrates betroffen sind, damit Sie die zuständige Personalabteilung überhaupt einschalten können.

7.4.3 Kleine Schneise durch den Begriffswirrwarr

Der Bereich der Beteiligungsrechte des Betriebsrates ist vielleicht deshalb zunächst ein wenig verwirrend, weil unterschiedliche Begriffe – und Begriffe unterschiedlich – verwendet werden. Ein Grund ist: Das Gesetz gestaltet die Intensität der Beteiligungsrechte des Betriebsrates differenziert aus, was sich auch in der Begrifflichkeit niederschlägt. Im Groben können Sie Mitwirkungsrechte und Mitbestimmungsrechte unterscheiden.

Zur Verwirrung trägt allerdings bei, dass der gesamte Bereich der Beteiligungsrechte des Betriebsrates schlicht unter der Überschrift »Mitbestimmung« diskutiert wird. Als Mitbestimmung im eigentlichen Sinne dürfen Sie aber nur eine Untergruppe der Beteiligungsrechte ansehen, nämlich die der zwingenden Mitbestimmung. Außerdem werden unter »Mitbestimmung« (als Oberbegriff) manchmal auch noch zwei unterschiedliche Ebenen angesprochen: die der betrieblichen Mitbestimmung und die der unternehmerischen. Die unternehmerische Mitbestimmung hat ihre Grundlage nicht im Betriebsverfassungsgesetz.

7.4.4 Mitbestimmungs- und Mitwirkungsrechte des Betriebsrates

Für Mitwirkungsrechte ist kennzeichnend, dass der Betriebsrat Einflussnahmemöglichkeiten erhält, aber letztlich die Entscheidungsbefugnis allein beim Arbeitgeber verbleibt.

Beispiel

Ein Mitwirkungsrecht betrifft beispielsweise die Personalplanung, über die der Betriebsrat umfassend zu unterrichten ist und zu der er auch eigene Vorschläge machen kann (§ 92 Abs. 1 und Abs. 2 BetrVG). Die Personalplanung bleibt dennoch allein Sache des Arbeitgebers, Vorschläge des Betriebsrates muss er nicht umsetzen.

Mitbestimmungsrechte zeichnen sich dagegen durch eine stärkere Einflussnahme des Betriebsrates aus. Der Arbeitgeber kann keine Entscheidungen treffen und keine Maßnahmen einleiten ohne Einverständnis des Betriebsrates.

Beispiel

Ein Mitbestimmungsrecht gilt zum Beispiel dann, wenn aufgrund hoher Auftragseingänge der Arbeitgeber beschließt, dass an zwei sonst arbeitsfreien Samstagen gearbeitet werden soll. Dies ist ein Fall der zwingenden Mitbestimmung des Betriebsrates (§ 87 Abs. 1 Nr. 3 BetrVG). Wenn keine Einigung mit dem Betriebsrat zu erzielen ist, bleibt nur der Gang zur Einigungsstelle.

Im Bereich der zwingenden Mitbestimmung können Arbeitgeber und Betriebsrat nur gemeinsam entscheiden – ohne den Betriebsrat läuft gar nichts. Sowohl die Gruppe der Mitwirkungsrechte als auch die der Mitbestimmungsrechte untergliedert sich weiter.

Zu den *Mitwirkungsrechten* gehören Informations- und Vorschlagsrechte, Anhörungsrechte und Beratungsrechte. Entscheidungen im Anwendungsbereich dieser Mitwirkungsrechte trifft der Arbeitgeber. Bei den *Mitbestimmungsrechten* können Sie *Zustimmungsverweigerungsrechte* und *zwingende Mitbestimmungsrechte* unterscheiden:

- *Zustimmungsverweigerungsrechte*:
  Der Arbeitgeber kann hier Maßnahmen nur im Einverständnis mit dem Betriebsrat durchführen; der Betriebsrat kann dies nur aus im Gesetz genannten Gründen verweigern. Will der Arbeitgeber die Maßnahme trotzdem durchführen, ist der Gang zum Arbeitsgericht notwendig.

- *Zwingende Mitbestimmungsrechte*:
  Der Betriebsrat hat ein echtes Vetorecht. Der Arbeitgeber kann ohne Zustimmung des Betriebsrates keine Maßnahmen durchführen. Bei Differenzen kann die Zustimmung durch Spruch der Einigungsstelle ersetzt werden.

Unternehmerische Mitbestimmung
Auf der Ebene des Betriebes verankert das Betriebsverfassungsgesetz Regelungen für die Vertretung der Belegschaft. Auf der Ebene des Unternehmens wird die Mitbestimmung realisiert durch Mitgliedschaft und Stimmrechte von Arbeitnehmervertretern in Vorständen und Aufsichtsgremien. Unternehmerische Mitbestimmung gibt es nur bei Großunternehmen. Die gesetzlichen Grundlagen ergeben sich aus dem Montanmitbestimmungsgesetz, dem Betriebsverfassungsgesetz von 1952 und dem Mitbestimmungsgesetz.

7.5 Die einzelnen Bereiche der Mitbestimmung

Das Betriebsverfassungsgesetz weist dem Betriebsrat allgemeine Aufgaben zu (vergleiche § 80 Abs. 1 BetrVG). Ferner hat er zu überwachen, dass alle Arbeitnehmer nach den Grundsätzen von Recht und Billigkeit behandelt werden und die freie Entfaltung der Persönlichkeit geschützt und gefördert wird (§ 75 BetrVG). Außerdem bestehen Mitwirkungs- und Mitbestimmungsrechte des Betriebsrates auf folgenden Gebieten:

- soziale Angelegenheiten – §§ 87 ff. BetrVG,
- Mitgestaltung von Arbeitsplatz, Arbeitsablauf und Arbeits-umgebung – §§ 90 ff. BetrVG,
- personelle Angelegenheiten – §§ 92 ff. BetrVG,
- wirtschaftliche Angelegenheiten – §§ 106 ff. BetrVG.

7.5.1 Mitbestimmung in sozialen Angelegenheiten

Die einzelnen Angelegenheiten entnehmen Sie bitte der gesetzlichen Regelung (§ 87 Abs. 1 Nr. 1 bis 13 BetrVG). Ohne Betriebsrat geht hier gar nichts. Wenn Sie in einem dieser Bereiche eine Maßnahme treffen wollen und keine Einigung mit dem Betriebsrat erzielen, entscheidet die Einigungsstelle (§ 87 Abs. 2 BetrVG).

Aus der Praxis

Die Arbeitsplätze in Ihrer Abteilung sollen einen Internet-Anschluss und einen E-Mail-Zugang erhalten. Die Entscheidung des Arbeitgebers hierü-ber unterliegt nicht der Mitbestimmung. Der Betriebsrat hat aber ein zwingendes Mitbestimmungsrecht bei der Einführung und Anwendung von technischen Einrichtungen, die dazu bestimmt sind, das Verhalten oder die Leistung der Arbeitnehmer zu überwachen (§ 87 Abs. 1 Nr. 6 BetrVG). Auch wenn es dabei gar nicht um die Überwachung geht – die technische Möglichkeit dazu reicht bereits aus. Diese Möglichkeit bietet aber bereits Standard-Software.

Zwei Voraussetzungen für die Mitbestimmung des Betriebsrates sollten Sie im Blick halten:

- Die Mitbestimmung greift überhaupt nur, wenn für die nach dem Katalog von § 87 Abs. 1 BetrVG zu regelnde Angelegenheit eine gesetzliche oder tarifvertragliche Regelung nicht besteht. Denn der Betriebsrat ist nicht dazu aufgerufen, den Gesetzgeber oder eine Vereinbarung der Tarifpartner zu ersetzen.
- Die Mitbestimmung greift immer nur bei solchen Maßnahmen, die die Interessen der Belegschaft oder einer Gruppe aus der Be-

legschaft betreffen, nicht aber die einzelner Arbeitnehmer. Mitbestimmung besteht bei kollektiven Interessen, nicht bei Einzelinteressen.

Die Einigung zwischen Arbeitgeber und Betriebsrat geschieht in der Regel durch Abschluss einer Betriebsvereinbarung. Für einzelne Situationen, bei denen eine Betriebsvereinbarung zu viel des Guten wäre, können Sie auch eine – mündliche – Regelungsabrede mit dem Betriebsrat treffen. Andere soziale Angelegenheiten können darüber hinaus auch noch durch freiwillige Betriebsvereinbarungen geregelt werden. § 88 Betriebsverfassungsgesetz macht dafür Vorschläge, ohne dass damit die Möglichkeiten freiwilliger Vereinbarungen abschließend geregelt sind.

7.5.2 Mitbestimmung in personellen Angelegenheiten

Bei allgemeinen personellen Angelegenheiten (§§ 92 bis 95 BetrVG), bei Berufsbildung (§§ 96 bis 98 BetrVG) und vor allem auch bei personellen Einzelmaßnahmen (§§ 99 bis 105 BetrVG) hat der Betriebsrat viele Mitwirkungs- und Mitbestimmungsrechte. Zu jeder Einstellung, Versetzung, zu jeder Ein- und Umgruppierung ist in Unternehmen mit in der Regel mehr als 20 wahlberechtigten Arbeitnehmern die Zustimmung des Betriebsrates erforderlich (§ 99 BetrVG). Der Betriebsrat darf seine Zustimmung aber nur aus den in § 99 Abs. 2 BetrVG aufgezählten Gründen verweigern. Wenn Sie die Maßnahme trotz Zustimmungsverweigerung durchsetzen wollen, müssen Sie eine Zustimmungsersetzung durch das Arbeitsgericht beantragen (§ 99 Abs. 4 BetrVG).

Aus der Praxis

Angenommen, Sie benötigen für die nächsten drei Monate in Ihrer Abteilung dringend einen weiteren Mitarbeiter. Dafür kommt ein Mitarbeiter aus einem ganz anderen Arbeitsbereich in Betracht, der dort unterbeschäftigt ist, aber annähernd über die benötigten Qualifikationen verfügt. Vor der angestrebten Versetzung des Mitarbeiters ist die Zustimmung des

Betriebsrats einzuholen. Achtung: Eine zweite und ebenfalls zu klärende Frage ist die, ob nach dem Arbeitsvertrag mit dem Arbeitnehmer eine Versetzung ohne dessen Zustimmung möglich ist!

7.5.3 Mitbestimmung in wirtschaftlichen Angelegenheiten

Im Bereich der wirtschaftlichen Angelegenheiten sind die Beteiligungsrechte des Betriebsrats am schwächsten ausgeprägt und beschränken sich überwiegend auf Informations- und Beratungsrechte. Das hat seinen Grund: Die unternehmerische Entscheidungsfreiheit soll eben nicht angetastet werden. Zu den wirtschaftlichen Angelegenheiten eines Unternehmens gehören zum Beispiel die wirtschaftliche und finanzielle Lage, die Produktions- und Absatzlage, das Produktions- und Investitionsprogramm, Fabrikations- und Arbeitsmethoden, Fragen des betrieblichen Umweltschutzes und so weiter (§ 106 Abs. 3 BetrVG).

In Unternehmen mit mehr als 100 Arbeitnehmern ist der Wirtschaftsausschuss als organisatorische Untergliederung des Betriebsrates der Adressat für diese Informationen. Den Mitgliedern des Wirtschaftsausschusses steht ein Einsichtsrecht bezüglich der Unterlagen zu, die die wirtschaftlichen Angelegenheiten des Unternehmens betreffen. Der Wirtschaftsausschuss wiederum hat unverzüglich dem Betriebsrat zu berichten.

Betriebsänderungen
Bei geplanten Betriebsänderungen gehen die Kompetenzen des Betriebsrates über reine Informations- und Beratungsrechte hinaus. Betriebsänderungen sind zum Beispiel Einschränkung und Stilllegung des ganzen Betriebes oder wesentlicher Betriebsteile, Verlegung des Betriebes, Zusammenschluss mit anderen Betrieben und so weiter (vergleiche § 111 S. 3 BetrVG). Soweit derartige Betriebsänderungen in das Planungsstadium gelangen, hat der Arbeitgeber den Betriebsrat umfassend zu unterrichten und mit ihm zu beraten. Gesetzliche Zielvorgabe sind ein Interessenausgleich über die geplante Betriebsänderung sowie ein Sozialplan (§ 112 Abs. 1 BetrVG).

Beim Interessenausgleich geht es um eine Einigung des Arbeitgebers und des Betriebsrates über die Frage des Ob, des Zeitpunktes, des Umfanges, der Form und der organisatorischen Durchführung einer Betriebsänderung. Der Sozialplan betrifft eine Einigung über den Ausgleich oder die Milderung der wirtschaftlichen Nachteile, die den Arbeitnehmern infolge der geplanten Betriebsänderung entstehen (§ 112 Abs. 1 S. 2 BetrVG). Sowohl bei fehlender Einigung über den Interessenausgleich als auch über den Sozialplan kann die Einigungsstelle angerufen werden.

7.6 Wenn es zur offenen Auseinandersetzung kommt: Der Gang zur Einigungsstelle

Es passiert nicht täglich, dass die Einigungsstelle angerufen wird, und Sie sollten Ihren Beitrag dazu leisten, dies auch nicht zur Alltäglichkeit werden lassen. Das Verfahren kostet den Betrieb Geld, Zeit und Reibungsverluste. Wo dies häufiger passiert, stimmt die Chemie zwischen Arbeitgeber und Betriebsrat nicht. Die im Regelfall funktionierende Zusammenarbeit zeigt sich nach der Studie von Niedenhoff[12] schon darin, dass nur in 0,1 Prozent aller Fälle die Einigungsstelle eingeschaltet wird.

Die Einigungsstelle ist die letzte Instanz. Wenn bei einer Angelegenheit der zwingenden Mitbestimmung keine Einigung zwischen Betriebsrat und Arbeitgeber zustande kommt, hat jede Seite die Möglichkeit, die Einigungsstelle anzurufen. Der Spruch der Einigungsstelle ersetzt dann die Einigung zwischen den beiden Betriebsparteien. Sie können derartige zwingende Mitbestimmungsrechte im Gesetz an folgender Formulierung im Text erkennen: »Kommt eine Einigung (...) nicht zustande, so entscheidet die Einigungsstelle. Der Spruch der Einigungsstelle ersetzt die Einigung zwischen Arbeitgeber und Betriebsrat« (siehe zum Beispiel § 87 Abs. 2 BetrVG).

Die Einigungsstelle kann auch in anderen Fällen als denen der zwingenden Mitbestimmung tätig werden (so genannte freiwillige Einigungsstelle). Damit müssen aber Arbeitgeber und Betriebsrat einverstanden sein. Anders als bei den Fällen der zwingenden Mitbestimmung ersetzt ihr Spruch die Einigung auch nur, wenn beide Seiten sich dem Spruch im Voraus unterwerfen oder ihn nachträglich annehmen (§ 76 Abs. 6 BetrVG). Die Kosten der Einigungsstelle trägt der Arbeitgeber (§ 76a Abs. 1 BetrVG).

➤ Internet-Tipp

- www.boeckler.de: Internet-Seite der Hans-Böckler-Stiftung, dort Hauptbereich Mitbestimmungsförderung.
- www.unternehmenskultur.org: Forum Mitbestimmung und Unternehmen (gemeinsames Projekt der Bertelsmann Stiftung und der Hans-Böckler-Stiftung).
- www.bmwi.de: Bundesministerium für Wirtschaft und Arbeit; dort finden sich neben vielen anderen Informationen auch Broschüren zu den Themen Mitbestimmung und Betriebsverfassungsgesetz.

8.

Der richtige Umgang mit Mobbing

Mobbing bedeutet Psychoterror am Arbeitsplatz und ist leider ein verbreitetes, in vielen Unternehmen anzutreffendes Problem. Eine im Auftrag der Bundesanstalt für Arbeitsschutz und Arbeitsmedizin erstellte repräsentative Studie[13] kommt zu dem Schluss,»dass in der Bundesrepublik Deutschland aktuell 2,7 % der Erwerbstätigen von Mobbing betroffen sind. Wird diese zeitpunktbezogene Betrachtung auf den Zeitraum eines Jahres (2000) erweitert, summiert sich der Anteil der von Mobbing betroffenen Personen auf 5,5 %. Die Daten belegen des Weiteren, dass 11,3 % – also mehr als jede/r neunte Erwerbstätige – im Laufe des Berufslebens bereits einmal von Mobbing betroffen gewesen ist.«

Mobbing ist ein Sammelbegriff, unter den eine Vielzahl schikanöser Verhaltensweisen zusammengefasst werden. Da die Ausprägungen so vielfältig sind, ist es schwierig, das Phänomen begrifflich zu erfassen. Das Landesarbeitsgericht Thüringen definiert Mobbing als fortgesetzte, aufeinander aufbauende oder ineinander greifende, der Anfeindung, Schikane oder Diskriminierung dienende Verhaltensweisen, die nach Art und Ablauf im Regelfall einer übergeordneten, von der Rechtsordnung nicht gedeckten Zielsetzung förderlich sind und jedenfalls in ihrer Gesamtheit das allgemeine Persönlichkeitsrecht oder andere ebenso geschützte Rechte, wie die Ehre oder die Gesundheit des Betroffenen, verletzen. Ein vorgefasster Plan ist nicht erforderlich. Eine Fortsetzung des Verhaltens unter schlichter Ausnutzung der Gelegenheiten ist ausreichend.

Nur begrifflich spielt es eine Rolle, ob Täter und Opfer derselben Hierarchie angehören oder nicht. Bei schikanösem Verhalten eines

Vorgesetzten gegenüber den ihm unterstellten Mitarbeitern wird auch von »Bossing« gesprochen. »Staffing« ist entsprechendes Verhalten von Mitarbeitern gegenüber Vorgesetzten. Die eingesetzten Verhaltensweisen sind vergleichbar. Typisch für Mobbing ist die Regelmäßigkeit mobbingtypischer Verhaltensweisen über einen längeren Zeitraum. Der Effekt besteht in erster Linie aus der Zermürbung des Opfers. Jeder Mobber ist auch darauf angewiesen, dass eine Mehrheit seine Maßnahmen duldet und entweder aktiv oder wenigstens passiv als schweigende Mehrheit unterstützt. Durch diese Passivität anderer wird die Situation für die Opfer noch verschlimmert. Sie fühlen sich allein gelassen. Die Mobber sehen sich bestärkt.

Mobbing löst schwere gesundheitliche und psychische Beeinträchtigungen bei den Gemobbten aus, die bis zum Suizid gehen können. Wenn es in Ihrem Verantwortungsbereich zu Mobbing kommt, dann ist das auch für Sie von großer Brisanz. Mobbing wirkt sich nicht allein auf die Opfer, sondern auch auf die nicht direkt betroffenen Mitarbeiter negativ aus. Das entstehende Klima gefährdet das vertrauensvolle Miteinander in der Belegschaft. Probleme werden seltener angesprochen. Viele ziehen den Kopf ein, um nicht selbst zur Zielscheibe zu werden. Die Folge ist auch eine sinkende Arbeitsleistung. Eine gefährliche Entwicklung, die direkt Ihre Verantwortlichkeit betrifft.

8.1 Pflichten des Arbeitgebers – Ihre Pflichten

Jeder Arbeitgeber ist aufgerufen, Mobbing zu bekämpfen und betroffenen Mitarbeitern beizustehen. Diese Pflichten ergeben sich als Nebenpflichten auch aus dem Arbeitsverhältnis. Daher ist es nicht ausreichend, wenn Sie selbst nicht mobben. Es gehört vielmehr zu Ihren Pflichten als betriebliche Führungskraft, Mitarbeiter innerhalb Ihres Verantwortungsbereiches vor psychischen und physischen Schäden zu bewahren und erforderlichenfalls aktive Schutzmaßnahmen zu ergreifen, um mobbingtypisches Verhalten anderer Arbeitnehmer zu unterbinden. Nur so können betroffene Mitarbeiter wieder ihre Leistung erbringen, und Sie erfüllen die bestehenden Arbeitgeberpflichten.

8.2 Wie Sie herausfinden, ob Mobbing vorliegt

Damit kann sich für Sie die oft schwierige Aufgabe stellen, Mobbing von einem üblichen und mit sozialadäquaten Mitteln ausgetragenen Konflikt innerhalb Ihres Verantwortungsbereichs zu unterscheiden. Wir empfehlen Ihnen, die vorgefundene Situation in vier Schritten zu prüfen. Diese Prüfung orientiert sich an einer Entscheidung des Landesarbeitsgerichts Thüringen[14].

8.2.1 Die vier Prüfungsschritte

Erster Schritt: Wird jemand von Kollegen oder Vorgesetzten angefeindet, schikaniert oder diskriminiert?

Dabei kommen folgende Verhaltensweisen in Betracht, ohne dass die Aufzählung abschließend sein soll:

Tätlichkeiten; ehrverletzende Handlungen; sexuelle Belästigung; Demütigungen; Diskriminierungen; grundlose Herabwürdigung der Leistungen; vernichtende Beurteilungen; Isolierung; Abkoppelung von der betrieblichen Information und Kommunikation; schikanöse Anweisungen, wie Zuteilung nutzloser oder unlösbarer Aufgaben; Ankündigung oder Durchführung von belastenden Maßnahmen ohne Begründung; Durchführung von Maßnahmen, denen vergleichbare Mitarbeiter nicht unterworfen sind; sachlich nicht begründbare Häufung von Arbeitskontrollen; Herbeiführung oder Aufrechterhaltung eines Erklärungsnotstandes.

Zweiter Schritt: Gibt es eine klare Täter-Opfer-Beziehung?

Der Betroffene muss sich in einer unterlegenen Position befinden. Dies kann zum Beispiel der Fall sein, weil er es mit einer Überzahl von Mobbern zu tun hat, sich rhetorisch, intellektuell oder aus anderen Gründen nicht wehren kann oder anonymen Anschuldigungen ausgesetzt ist. Es geht um einseitige Schikanen und nicht um Austeilen und Einstecken im Sinne eines »wechselseitigen Eskalationsprozesses«. So etwas ist vielleicht auch nicht förderlich für Betriebsklima und Leistungsfähigkeit, aber kein Mobbing.

Dritter Schritt: Werden die schikanösen Handlungen fortgesetzt, aufeinander aufbauend oder ineinander greifend durchgeführt?

Mit dieser Frage ist ein Zeitmoment und eine systematische Vorgehensweise der Täter angesprochen. Systematisch heißt, die schikanösen Maßnahmen müssen in einem zeitlichen Zusammenhang stehen und eine identische Zielrichtung haben. Es gibt keine Mindestdauer, ab der Mobbing beginnt. Ein längerer Zeitraum ist nicht erforderlich. Entscheidend ist, dass es sich nicht um einen einmaligen Vorfall oder eine zufällige Häufung von Vorfällen handelt.

Vierter Schritt: Verfolgen die Handlungen von der Rechtsordnung nicht gedeckte Ziele?

Solche Ziele wären zum Beispiel die Versetzung in eine andere Abteilung, um den Mitarbeiter loszuwerden, oder Provozieren von Fehlverhalten, um Kündigungsgründe zu schaffen oder die Aufgabe des Arbeitsplatzes zu erzwingen.

8.2.2 Das Ergebnis

Wenn Sie nach Prüfung der Situation alle vier Fragen bejahen können, besteht dringender Handlungs- und Beratungsbedarf. Eine erste Hilfe finden Sie in den folgenden Abschnitten. Auch wenn Sie nur die erste Frage bejahen, liegt zwar noch kein Mobbing vor, es kann sich aber dazu entwickeln. Wenn Sie sich auf die Suche nach dem zugrunde liegenden Konflikt machen und das Gespräch mit den Betroffenen suchen, haben Sie eine Chance, eine Eskalation zu vermeiden.

8.3 Wie Sie bei ersten Anzeichen von Mobbing reagieren können

Gegen Mobbing hilft nichts so gut wie Prävention. In vielen Unternehmen hat sich diese Erkenntnis durchgesetzt. Diese Erfahrungen sollten Sie sich zunutze machen. Welche weiteren Vorgehensweisen empfehlenswert sind, erfahren Sie in diesem Abschnitt.

8.3.1 Prävention: Betriebliche Strukturen gegen Mobbing

Sie können zunächst klären, ob in Ihrem Betrieb bereits Strukturen gegen Mobbing geschaffen wurden.

- Gibt es Veranstaltungen oder Weiterbildungsangebote in Ihrem Unternehmen zu diesem Bereich?
- Gibt es eine Mobbing-Sprechstunde, gibt es einen Mobbing- oder Konfliktbeauftragten?
- Gibt es eine Betriebsvereinbarung Mobbing? Eine solche Betriebsvereinbarung enthält dann in der Regel Begriffserklärungen, ein Konfliktlösungsverfahren und – neben den möglichen arbeitsrechtlichen Sanktionen Abmahnung, Umsetzung, Versetzung, Kündigung – gegebenenfalls auch so genannte Betriebsbußen wie Belehrung, Verwarnung, Verweis und Geldbuße.

Wenn derartige Strukturen in Ihrem Betrieb existieren, können Sie von den vorgegebenen Möglichkeiten Gebrauch machen und die vorgesehen Stellen frühzeitig einbeziehen.

8.3.2 Anzeichen erkennen

Als Vorgesetzter sollte es für Sie wichtig sein, Aufmerksamkeit für die gruppendynamischen Prozesse und die Hackordnung in Ihrem Verantwortungsbereich aufzubringen. Hinweise oder Beschwerden von Mitarbeitern sollten Sie ernst nehmen und ihnen mit der gleichen Sorgfalt und Gründlichkeit nachgehen, mit der Sie auch fachliche Aufgaben erledigen. Folgende Fragen können Ihnen bei der Aufklärung helfen:

- Lösen sich Auseinandersetzungen zwischen Mitarbeitern oft vom Sachthema und werden persönlich?
- Werden immer die gleichen Mitarbeiter Opfer von Scherzen und Spott?
- Werden einzelne Mitarbeiter von betriebsinternen Informationen, von Kommunikation oder von sozialen Aktivitäten wie Pausengestaltung, Sammlungen für irgendwelche Anlässe, Einladungen zu Geburtstagsfeiern und so weiter ausgegrenzt?

- Werden einzelne Mitarbeiter wiederholt zum Ziel von schikanösem Verhalten? Liegt diesen Verhaltensweisen ein Konflikt zugrunde?

8.3.3 Das Gespräch mit dem Betroffenen

Zunächst kann sich die Situation ergeben, dass ein Mitarbeiter von sich aus das Gespräch mit Ihnen sucht. Einen Mitarbeiter, der schikaniert, beleidigt oder sonstwie beeinträchtigt wird, wird es in der Regel einiges an Überwindung kosten, sich in einer solchen Angelegenheit an Sie als Vorgesetzten zu wenden, weil er damit gleichzeitig nach außen trägt, dass er eine Belastungssituation nicht allein bewältigen kann. Wenn er sich an Sie wendet, ist dies ein Anhaltspunkt für eine Konfliktsituation von einiger Intensität. In jedem Fall sollte das Gespräch vertraulich behandelt werden. Es kann ratsam sein, wenn Sie eine weitere vertrauenswürdige Person aus dem betrieblichen Umfeld hinzuziehen.

8.3.4 Die offene Aussprache (Kritikgespräch)

Nach Prüfung der Situation, dem Gespräch mit dem Betroffenen und gegebenenfalls einer Beratung mit der zuständigen Stelle im Unternehmen wird es Zeit für ein Gespräch mit dem Mobber. Im Falle einer Betriebsvereinbarung oder eines betrieblichen Ansprechpartners für Mobbing sollten Sie deren Vorgaben berücksichtigen. Vielleicht wird der betriebliche Ansprechpartner selbst das Gespräch führen oder zumindest daran teilnehmen wollen.

Der rechtliche Ausgangspunkt ist zunächst, dass auch der mobbende Arbeitnehmer durch den Arbeitsvertrag verpflichtet ist, auf andere Arbeitnehmer Rücksicht zu nehmen, die Betriebsordnung einzuhalten und den Betriebsfrieden zu wahren. Wenn er dies nicht tut, handelt er pflichtwidrig. Der Arbeitgeber muss hierauf verhältnismäßig reagieren, also angemessen im Verhältnis zu der Schwere, der Dauer und der Häufigkeit der pflichtwidrigen Verhaltensweisen. Wenn Sie als Vorgesetzter von einem Mitarbeiter Ihrer Abteilung eine Rücksprache verlangen, ist dieser verpflichtet, zu Ihnen zu kommen. Weigert er sich, ist das eine grobe Pflichtverletzung, die gesondert mit einer Abmahnung und unter Umständen einer Kündigung geahndet werden kann.

Sie sollten dem Mobber seine Handlungen vorhalten und ihm deutlich machen, dass er damit seine Pflichten aus dem Arbeitsvertrag verletzt hat und sein Verhalten keinesfalls hingenommen wird. In einem konstruktiv geführten Gespräch erhält auch der Mobber Gelegenheit, zu den angesprochenen Verhaltensweisen Stellung zu nehmen. Ein solches Gespräch macht dem Mobber bei gutem Verlauf klar, dass Sie hinter dem Opfer stehen und es schützen werden. Bemühen Sie sich, konkrete Ergebnisse zu formulieren und den Mobber zu einer Einwilligung in diese zu bewegen.

Mit dem Gespräch können Sie auch eine Rüge verbinden. Mit der mündlich erteilten Rüge, die Sie ruhig ausdrücklich als solche bezeichnen dürfen, machen Sie dem Arbeitnehmer klar, dass Sie mit seinem Verhalten nicht einverstanden sind. Eine weitere arbeitsrechtliche Bedeutung hat die Rüge allerdings nicht. Es hängt vom Einzelfall ab, ob eine Rüge ausreichend ist.

Im Idealfall kommt es bereits durch eine offene Thematisierung im Gespräch zu einer Verbesserung der Situation oder es zeichnen sich zumindest Möglichkeiten ab, die Situation zu entschärfen. Halten Sie das Gespräch und insbesondere Ergebnisse des Gesprächs schriftlich fest und überlassen Sie dem Mitarbeiter eine Abschrift. Natürlich tritt der Idealfall nicht immer ein, und so sollen im Folgenden die zur Verfügung stehenden weiteren arbeitsrechtlichen Möglichkeiten erörtert werden.

8.3.5 Warum Sie auch gegen einzelne Mobbinghandlungen vorgehen sollten

Oft sind einzelne Mobbinghandlungen jeweils für sich genommen von ihrer Intensität her so gering, dass es schwierig ist, Rechtsfolgen daraus abzuleiten. Hinzu kommt, dass es schon ihrer Natur nach um Handlungen geht, die schwer zu beweisen sind. Es finden sich erfahrungsgemäß nur schlecht Zeugen oder das Opfer selbst ist der einzige Zeuge. Wenn aber einzelne Verhaltensweisen arbeitsrechtlich erfassbar oder gar strafrechtlich relevant sind, sollten Sie auch gegen die einzelnen Verhaltensweisen angehen.

Die Einordnung als Mobbing bleibt auch dann bedeutsam, wenn die einzelnen Handlungsweisen wie viele kleine Nadelstiche unterhalb der Schwelle der rechtlichen Relevanz bleiben. Außerdem wird oft die isolierte Ahndung einzelner Tathandlungen der Schwere des Mobbingfalles im Gesamtzusammenhang überhaupt nicht gerecht.

8.4 Wie Arbeitsgerichte mit Mobbing umgehen

Auch Arbeitsgerichte werden mit Mobbing-Sachverhalten konfrontiert, wobei es meist um krasse Fälle geht. Wenn ein Mobbingsachverhalt einem Arbeitsgericht glaubhaft vorgetragen ist, wird es zum Beispiel im Falle einer Abmahnung und Kündigung des Gemobbten durch den Arbeitgeber bei der Prüfung der Gründe den Mobbingkontext in die Würdigung mit einbeziehen. Dies wird umso bedeutsamer, je mehr arbeitgeberseitiges Mobbing insbesondere gegenüber leitenden Angestellten als Werkzeug der Personalabbauplanung eingesetzt wird.

Außerdem geht ein Arbeitsgericht mit der in der Regel vorhandenen Beweisnot des Gemobbten anders um, indem es die Parteivernehmung anordnen kann. Damit erhält der Gemobbte die Möglichkeit, durch eine widerspruchsfreie und glaubhafte Darstellung des Geschehens das Gericht von seiner Darstellung des Sachverhalts zu überzeugen.

8.5 Der »arbeitsrechtliche Giftschrank« – Disziplinarmaßnahmen

Nicht jede Mobbingsituation kann allein durch Gespräche entschärft werden, sondern läuft weiter: Kritikgespräche können scheitern, Mobbingverhaltensweisen nach einer Zeit der Ruhe erneut einsetzen, passionierte Mobber sich neue Opfer suchen. Dies ist leider keine Ausnahme, sondern häufige Realität. Sollten Sie sich bisher allein um eine Lösung bemüht haben, müssen Sie sich nun vergegenwärtigen, dass es auf eine Verrechtlichung der Angelegenheit hinausläuft. Sie sollten sich nach der entsprechenden Unterstützung betriebsintern umschauen. Betriebsintern ist Ansprechpartner die Personal- und Rechtsabteilung. Betriebsextern sind dies Rechtsanwälte, insbesondere Fachanwälte für Arbeitsrecht. Ob und zu welchem Zeitpunkt ein Rechtsanwalt eingeschaltet wird, hängt von der Professionalität der Personalorganisation in Ihrem Unternehmen ab.

8.5.1 Abmahnung

Im Gegensatz zu der oben bereits erwähnten Rüge hat die Abmahnung als Vorstufe zu einer verhaltensbedingten Kündigung arbeitsrechtliche Bedeutung. Näheres zur Abmahnung finden Sie im Abschnitt 6.4. Für den Mobbingbereich stellt sich als besondere Schwierigkeit dar, den Schikanesachverhalt angemessen zu erfassen. Es handelt sich eben häufig um eine Vielzahl von Einzelverhaltensweisen, nicht selten auch um mehrere Mobber. Gegenstand einer Abmahnung kann trotzdem ausschließlich das Verhalten des jeweiligen Mobbers sein, auch wenn es in einen Kontext eingebettet ist.

Sie werden nicht darum herumkommen, die Verhaltensweisen dezidiert darzustellen – egal ob Sie die Abmahnung selbst formulieren oder die Personalabteilung mit dem Sachverhalt füttern. Dagegen müssen Sie nicht den Beschwerdeführer benennen, wenn das Personalgespräch und die Abmahnung erfolgen, weil Sie einer Beschwerde nachgegangen sind.

8.5.2 Umsetzung, Versetzung

Als eine konfliktentschärfende Maßnahme können Sie immer auch die Umsetzung von Mobber oder Opfer in Betracht ziehen. Mit Umsetzung ist der räumliche Wechsel des Arbeitsplatzes innerhalb des Betriebes gemeint. Am Arbeitsort ändert sich nichts. Vom Taktischen her tun Sie gut daran, mit den Beteiligten darüber zu sprechen und das Einverständnis dazu einzuholen. Rechtlich erforderlich ist ein Einverständnis aber nicht. Bei fehlendem Einverständnis können Sie gestützt auf Ihr Weisungsrecht als Vorgesetzter eine innerbetriebliche Umsetzung auch anordnen.

Bitte beachten Sie aber, dass es so nur bei rein räumlicher Veränderung funktioniert und der Umgesetzte danach mit den gleichen Tätigkeiten beschäftigt sein muss. Andere Tätigkeiten können Sie dem Arbeitnehmer nur dann zuweisen, solange diese sich im arbeitsvertraglich festgelegten Rahmen halten. Wenn Sie aber beispielsweise dem Mobber mit der räumlichen Umsetzung gleichzeitig auch andere Tätigkeiten zuweisen wollen, die nicht mit dem Inhalt des Arbeitsvertrages vereinbar sind, wird es problematisch. Hier sind die Grenzen Ihres Direktionsrechts jedenfalls überschritten.

Freier sind Sie dann, wenn der Arbeitsvertrag eine Versetzungsklausel enthält. Dazu finden Sie mehr in Abschnitt 5.2.1. Dann können Sie in Abhängigkeit davon, wie die Klausel ausgestaltet ist, in den Grenzen der betrieblichen Notwendigkeiten auch andere Tätigkeiten zuweisen.

Vorsicht: Eine Umsetzung kann eine mitbestimmungspflichtige Versetzung im Sinne des Betriebsverfassungsgesetzes sein (§ 95 Abs. 3 BetrVG). Der dortige Begriff der Versetzung ist ein anderer als im Arbeitsvertragsrecht. Wird dem Arbeitnehmer für die voraussichtliche Dauer von über einem Monat ein anderer Arbeitsbereich zugewiesen, und zwar funktional, organisatorisch oder auch räumlich, müssen Sie vorher für eine Zustimmung des Betriebsrates Sorge tragen. Praktisch wird es mit dem Betriebsrat in so einem Fall aber kaum zu Schwierigkeiten kommen.

Versetzung

Verfügt Ihr Unternehmen über mehrere Standorte, können Sie auch einen Wechsel des Arbeitsortes entweder von Täter oder Opfer als Lösung in Betracht ziehen. Juristisch handelt es sich um eine Versetzung, die nur entweder im Einverständnis mit dem Betroffenen funktioniert oder dann, wenn der Arbeitsvertrag die schon erwähnte Versetzungsklausel enthält. Sonst kommen Sie hier nur mit einer so genannten Änderungskündigung weiter. Näheres dazu finden Sie im Abschnitt 6.9. Zu einer Versetzung ist die Zustimmung des Betriebsrates erforderlich (§ 95 Abs. 3 BetrVG).

8.5.3 Weitere Sanktionen

Nach einer Abmahnung des mobbenden Arbeitnehmers können Sie eine ordentliche verhaltensbedingte Kündigung in Betracht ziehen, wenn der Arbeitnehmer das schikanierende Verhalten wiederholt und eine mildere Lösung wie zum Beispiel über Umsetzung oder Versetzung ausscheidet.

Das schärfste Schwert ist die außerordentliche Kündigung – je nach den Umständen mit oder auch ohne vorherige Abmahnung. Dazu muss aufgrund der Intensität des Mobbings die Vertrauensgrundlage für eine Fortsetzung des Arbeitsverhältnisses schwerwiegend und nachhaltig gestört sein.

Darüber hinaus können Sie auch an die Verhängung einer Betriebsbuße denken, wenn dafür eine rechtliche Grundlage in Form einer Betriebsvereinbarung (Bußordnung) vorliegt.

➤ Internet-Tipp:

www.bmwi.de/Navigation/Arbeit/Arbeitsrecht/mobbing.html: Auf der Internet-Seite des Bundesministeriums für Wirtschaft und Arbeit gibt es im Bereich Arbeit, Unterbereich Arbeitsrecht auch einen Themenschwerpunkt Mobbing.

9.
Das ABC typischer Probleme

In diesem Kapitel haben wir in knapper Form einige weitere typische Situationen mit arbeitsrechtlichen Fragestellungen und Lösungshinweisen zusammengestellt. Dabei werden Sie teilweise Überschneidungen mit dem vorhergehenden Text dieses Buches feststellen. Auf die entsprechenden Passagen verweisen wir.

9.1 Alkohol oder Drogen am Arbeitsplatz

Angenommen, ein Mitarbeiter Ihres Verantwortungsbereichs erscheint morgens betrunken oder »high« am Arbeitsplatz oder Sie stellen das im Laufe des Tages fest. Wie können Sie damit umgehen? Sie können die Arbeitsleistung des Arbeitnehmers ablehnen und ein Arbeitsverbot aussprechen. Ferner haben Sie die Möglichkeit, ihn nach Hause zu schicken oder je nach dem Grad des Rausches dafür Sorge zu tragen, dass er auf seine Kosten nach Hause gebracht wird. Sie müssen ihn aber nicht nach Hause schicken, sondern können ihn auch zunächst nur freistellen.

Der Hintergrund ist: Jeder Arbeitnehmer hat die Pflicht, in einem ausgeruhten und arbeitsfähigen Zustand zur Arbeit zu erscheinen. Wenn er das nicht tut, weil er sich durch Alkohol oder andere Drogen in einen Zustand versetzt hat, der die Arbeitsleistung beeinträchtigt und in dem er sich und andere gefährdet, dann bietet er seine Arbeitsleistung nicht ordnungsgemäß an (§ 294 BGB). Deshalb können Sie die Leistung ablehnen.

In dem Zusammenhang taucht regelmäßig die Frage nach der Vergütung auf. Einen Anspruch auf Entgeltzahlung hat er für diese Zeit nicht. Darüber kann es allerdings Streit geben. Daher ist Ihnen zu empfehlen, zum Nachweis seines Zustands Zeugen hinzuzuziehen, am besten den Werksarzt oder ein Mitglied des Betriebsrats oder andere Mitarbeiter.

Falls der Mitarbeiter Alkoholisierung oder Drogeneinfluss leugnet, können Sie ihm auch anbieten, sich einem Test zu seiner Entlastung zu unterziehen. Dazu zwingen können Sie ihn aber nicht. Weiter ist es ratsam, das Ereignis schriftlich zu dokumentieren.

Ein solcher Vorgang kann Anlass für eine Abmahnung sein und im Wiederholungsfall auch einen Kündigungsgrund darstellen. Vielleicht gibt es in Ihrem Unternehmen auch eine Betriebsvereinbarung zum Umgang mit Alkohol oder einen mit diesem Problemkreis vertrauten Berater. Dieser kann Ihnen weitere Hinweise für Ihr Vorgehen geben und Sie unterstützen.

Alkoholverbot im Betrieb

Ein gesetzliches Alkoholverbot gibt es nicht. Ein Alkoholverbot im Betrieb kann jedoch jederzeit vereinbart werden. Dazu ist eine Vereinbarung mit dem Betriebsrat zu schließen (§ 87 Abs. 1 Nr. 1 BetrVG). Auch Tarifverträge können Regelungen zu Alkoholverboten enthalten.

Kündigung

Wenn Sie über arbeitsrechtliche Konsequenzen aus Pflichtverletzungen wegen Alkoholkonsums nachdenken, gewinnt eine Unterscheidung Bedeutung, die letztlich eine medizinische Frage ist. Ist der Mitarbeiter alkoholabhängig oder nicht?

Alkoholbedingte Schlechtleistungen, Verstöße gegen ein Alkoholverbot oder ein Erscheinen zur Arbeit in angetrunkenem, nicht arbeitsfähigem Zustand können nach Abmahnung und Wiederholung ein Grund sowohl für eine außerordentliche als auch eine ordentliche, verhaltensbedingte Kündigung sein. Es muss sich dabei dann aber um ein Verhalten handelt, das der Arbeitnehmer willentlich steuern kann. Bei einer Alkoholabhängigkeit ist das nicht der Fall, weshalb eine verhaltensbedingte Kündigung ausscheidet.

Alkoholabhängigkeit ist eine Krankheit, die mit einem Kontrollverlust über den Alkoholkonsum verbunden und in der Regel nicht verschuldet ist. Eine Kündigung kommt dann nur unter den hohen Anforderungen einer krankheitsbedingten Kündigung in Betracht. Dazu gehört eine negative Zukunftsprognose, die vorliegen kann, wenn der alkoholkranke Mitarbeiter sich weigert, eine Entziehungskur zu machen. Wenn hinreichend sichere Feststellungen vorliegen, die eine Alkoholabhängigkeit nahe legen, besteht eine arbeitsvertragliche Nebenpflicht des Arbeitnehmers, eine ärztliche Begutachtung vornehmen zu lassen. Routinemäßige Blutuntersuchungen können hilfreich sein zur Klärung der Frage, ob ein Arbeitnehmer alkohol- oder drogenabhängig ist. Allerdings besteht keine vertragliche Nebenpflicht des Arbeitnehmers, derartigen Routineuntersuchungen zuzustimmen. Entweder benötigen Sie die Zustimmung des Arbeitnehmers, oder es bedarf einer besonderen Rechtsgrundlage dafür.

9.2 Arbeitsverweigerung

Was können Sie tun, wenn ein Mitarbeiter sich weigert, einer Anweisung zu folgen? Eine einmalige Weigerung, eine Anweisung nicht zu befolgen, ist kein Kündigungsgrund. Wenn sich allerdings der Mitarbeiter beharrlich weigert, dann ist das schon einer. Es geht darum, dass der Wille des Mitarbeiters nach außen erkennbar sein muss, seinen arbeitsvertraglichen Pflichten auf keinen Fall nachzukommen.

Wenn ein Mitarbeiter eine Anweisung nicht befolgt, können Sie ihn am besten unter Zeugen auf den darin liegenden Verstoß gegen seine arbeitsvertraglichen Pflichten hinweisen und über die möglichen Folgen belehren. Wenn eine solche mündliche Ermahnung nicht fruchtet, dann sollten Sie weitere arbeitsrechtliche Maßnahmen in Erwägung ziehen. Bleibt der Mitarbeiter nach einer angemessenen Bedenkzeit bei seiner Weigerung, dann liegt jedenfalls eine beharrliche Arbeitsverweigerung vor, die eine Abmahnung, unter Umständen auch eine fristlose Kündigung ohne vorherige Abmahnung rechtfertigen kann.

Bitte beachten Sie: Eine Arbeitsverweigerung liegt nicht vor, wenn Ihre Anweisung die Grenzen der Weisungsbefugnis überschritten hat, weil der Arbeitnehmer zu der angewiesenen Tätigkeit arbeitsvertraglich nicht verpflichtet ist. Näheres dazu können Sie in Abschnitt 2.2.5 in Zusammenhang mit dem Direktionsrecht lesen. Neben der Überschreitung des Weisungsrechts sind weitere Situationen denkbar, die zur Arbeitsverweigerung berechtigen können und jedenfalls dann keine Kündigung rechtfertigen.

Beispiel

Folgende Gründe können eine Arbeitsverweigerung rechtfertigen:

• Zwangslage wegen Kinderbetreuung,
• Leistungsverweigerung bei Lohnrückständen,
• Leistungsverweigerung, weil Arbeitsplatz gegen Sicherheitsvorschriften verstößt,
• unzulässige Mehrarbeit.

9.3 Beleidigung von Vorgesetzten

Jeder Vorgesetzte muss sich sachliche Kritik, aber keine Beleidigungen gefallen lassen. Insbesondere grobe Beleidigungen, die nach Form und Inhalt eine erhebliche Ehrverletzung bedeuten, stellen einen Verstoß des Arbeitnehmers gegen seine Pflichten aus dem Arbeitsverhältnis dar. Eine verhaltensbedingte ordentliche Kündigung kann gerechtfertigt sein. Allerdings kommen Sie nicht daran vorbei, den Einzelfall zu betrachten. In einer Maschinenhalle herrscht ein anderer Umgangston als in einer Versicherungsgesellschaft. Eine spontane Äußerung unter vier Augen ist anders zu bewerten als ein Affront unter aller Augen und Ohren zwecks absichtlicher Bloßstellung. Auf die jeweilige psychische Situation des Beleidigers und den gesamten Kontext, in dem die Äußerung gefallen ist, kommt es ebenfalls an.

Auch hier gilt wie eigentlich für alle Konfliktsituationen, bei denen arbeitsrechtliche Sanktionen bis hin zu einer Kündigung in Betracht gezogen werden: Es ist wichtig, den Vorgang schriftlich zu dokumentieren und Beweise zu sichern. Hat es Zeugen für die Beleidigung gegeben, bitten Sie diese, den Vorgang ebenfalls schriftlich festzuhalten. Dazu kommt noch die strafrechtliche Komponente. Beleidigung (§ 185 StGB) und üble Nachrede (§ 186 StGB) sind strafbar. Die Beleidigung wird nur auf einen entsprechenden Strafantrag hin verfolgt.

Allgemein empfehlen wir Ihnen vor Stellung eines Strafantrags oder einer Strafanzeige gegen Mitarbeiter die Einholung von Rechtsrat. Wenn es zum Beispiel zum Kündigungsschutzprozess kommt, nachdem dem Arbeitnehmer wegen Pflichtverstößen mit strafrechtlicher Relevanz gekündigt worden ist, und parallel zu einem Ermittlungs- oder Strafverfahren, kann das Arbeitsgericht die Aussetzung des arbeitsgerichtlichen Verfahrens bis zur Erledigung des Strafverfahrens anordnen (§ 149 ZPO). Die Entscheidung steht im pflichtgemäßen Ermessen des Arbeitsgerichts, wenn die Ermittlung der Straftat auf die Entscheidung von Einfluss ist, wobei besonders gewichtige Gründe für den Vorrang des Ermittlungs- und Strafverfahrens sprechen müssen. Eine Aussetzung kann zu erheblichen Verzögerungen der Entscheidung im Kündigungsschutzverfahren führen und damit zu wirtschaftlichen Risiken für den Arbeitgeber.

9.4 Beleidigung von Mitarbeitern

Die Beleidigung unter Mitarbeitern in Ihrem Verantwortungsbereich trifft Sie zwar nicht direkt, geht Sie aber etwas an. Als Vorgesetzer tragen Sie die arbeitgeberseitige Pflicht mit, die Persönlichkeitssphäre jedes Arbeitnehmers gegen Belästigungen, Beleidigungen und sonstige Eingriffe durch solche Mitarbeiter, auf die Sie – über den Arbeitsvertrag – Einfluss haben, zu schützen. Jeder Arbeitgeber muss Maßnahmen ergreifen und seinen Betrieb so organisieren, dass derartige Eingriffe ausgeschlossen werden.

Der arbeitsrechtliche Anknüpfungspunkt bei Störern ist also deren Arbeitsvertrag und die sich aus ihm ergebenden Nebenpflichten. Jeden Arbeitnehmer treffen Rücksichtnahmepflichten gegenüber dem Arbeitgeber und dessen Interessen, wozu auch die Wahrung des Betriebsfriedens gehört. Der Arbeitnehmer muss deshalb diejenigen Verhaltensnormen beachten, die das friedliche Zusammenarbeiten der Arbeitnehmer untereinander ermöglichen, erleichtern oder auch nur erträglich machen. Insofern gilt für grobe Beleidigungen gegenüber Arbeitskollegen nichts anderes als gegenüber Vorgesetzten, wenn sie eine ernstliche Störung des Betriebsfriedens, der betrieblichen Ordnung und des reibungslosen Betriebsablaufs verursachen.

9.5 Elternzeit

Die demografische Katastrophe nimmt weiter ihren schleichenden Verlauf. Glücklicherweise werden aber auch in Deutschland noch Kinder geboren. Die Vereinbarkeit von kleinen Kindern und beruflicher Tätigkeit stellt Eltern vor schwierige Aufgaben. Der Staat unterstützt dabei unter anderem mit der Elternzeit (früher Erziehungsurlaub) und dem Erziehungsgeld, deren gesetzliche Grundlage sich im Bundeserziehungsgeldgesetz (BErzGG) befindet.

Die Elternzeit einer Mitarbeiterin oder eines Mitarbeiters wird Sie wahrscheinlich vor einige organisatorische Fragen stellen. Da kann es hilfreich sein, wenn Sie mit den Grundzügen vertraut sind. Vielleicht wird Elternzeit auch einmal für Sie persönlich ein Thema.

Anspruch und Geltendmachung
Arbeitnehmer, die mit einem Kind in einem Haushalt leben und dieses selbst betreuen und erziehen, haben einen Anspruch auf Elternzeit (§ 15 Abs. 1 BErzGG). Der Kreis der Anspruchsberechtigten geht damit über die leiblichen Eltern hinaus und bezieht alle Personensorgeberechtigten ein. Der Anspruch muss spätestens acht Wochen vor dem geplanten Beginn der Elternzeit beim Arbeitgeber schriftlich geltend gemacht worden sein (§ 16 BErzGG). Eine Frist von sechs Wochen genügt ausnahmsweise, wenn die Elternzeit un-

mittelbar nach der Geburt (Elternzeit Vater) oder nach der Mutterschutzfrist (Elternzeit Mutter) anfangen soll. In dem Schreiben muss sich der Arbeitnehmer verbindlich festlegen, in welchen Zeiten er innerhalb von zwei Jahren Elternzeit nehmen will. Erst mit dieser Erklärung des Arbeitnehmers haben Sie also eine verbindliche Planungsgrundlage, denn die Zeiten können nach dieser Festlegung nur noch mit Zustimmung des Arbeitgebers geändert werden.

Beginn und Dauer
Der Beginn der Elternzeit ist frei wählbar, endet aber mit der Vollendung des dritten Lebensjahres des Kindes. Maximal hat der Arbeitgeber drei Jahre freizustellen. Elternzeit kann von beiden Eltern auch gleichzeitig genommen werden. Die Elternzeit darf auf bis zu vier Zeitabschnitte verteilt werden. Mit Zustimmung des Arbeitgebers kann die Grenze auch über die Vollendung des dritten Jahres des Kindes hinausgeschoben werden: Bis zu zwölf Monate der Elternzeit können übertragen werden auf Zeiträume bis zur Vollendung des achten Lebensjahres des Kindes (§ 15 Abs. 2 BErzGG).

Anspruch auf Teilzeitarbeit
Der Arbeitnehmer hat außerdem während der Elternzeit einen Anspruch darauf, bis zu 30 Wochenstunden eine Teilzeittätigkeit beim Arbeitgeber auszuüben, bei einem anderen Arbeitgeber nur mit Zustimmung des derzeitigen. Der Anspruch auf Verringerung der Arbeitszeit (§ 15 Abs. 7 BErzGG) besteht aber nur, wenn

- der Arbeitgeber in der Regel mehr als 15 Arbeitnehmer beschäftigt,
- das Arbeitsverhältnis des Arbeitnehmers länger als sechs Monate ohne Unterbrechung bestand,
- die vertraglich vereinbarte regelmäßige Arbeitszeit für mindestens drei Monate auf einen Umfang zwischen 15 und 30 Wochenstunden verringert werden soll,
- dem Anspruch keine dringenden betrieblichen Bedürfnisse entgegenstehen,
- der Anspruch dem Arbeitgeber acht Wochen vorher mitgeteilt wurde.

Wenn Sie die beanspruchte Verringerung der Arbeitszeit ablehnen wollen, haben Sie dies innerhalb von vier Wochen nach Antragstellung zu tun und auch zu begründen. Der Arbeitnehmer kann vor dem Arbeitsgericht klagen, wenn der Verringerung der Arbeitszeit nicht oder nicht rechtzeitig zugestimmt wird.

Auswirkungen auf das Arbeitsverhältnis
Während der Elternzeit besteht ein Kündigungsverbot (§ 18 BErzGG). Der Arbeitnehmer erhält in dieser Zeit kein Entgelt vom Arbeitgeber, der Arbeitgeber hat keinen Anspruch auf Arbeitsleistung. Das Arbeitsverhältnis besteht fort, aber die Rechte und Pflichten daraus ruhen.

Erziehungsgeld
Mütter und Väter in Elternzeit haben Anspruch auf Erziehungsgeld, wenn sie bestimmte Einkommensgrenzen nicht überschreiten (§ 4 ff. BErzGG). Damit hat der Arbeitgeber jedoch nichts zu tun, sondern es handelt sich um eine staatliche Sozialleistung. Ist allerdings ein Nachweis des Einkommens oder der wöchentlichen Arbeitszeit erforderlich, hat der Arbeitgeber dem Arbeitnehmer dies zu bescheinigen. Das zuständige Versorgungsamt kann Auskünfte vom Arbeitgeber verlangen.

➢ **Internet-Tipp**

www.bmfsfj.de: Auf der Internet-Seite des Bundesministeriums für Familie, Senioren, Frauen und Jugend lassen sich Broschüren zum Thema Erziehungsgeld und Elternzeit herunterladen.

9.6 Internet-Surfen auf Kosten der Firma

Die Anzahl der Arbeitsplätze mit Internet-Anschluss nimmt zu, und damit stellen sich vielleicht auch für Sie Fragen, ob und in welchem Umfang die Internet-Nutzung für private Zwecke zulässig ist. Erforderlich ist eine Genehmigung des Arbeitgebers. Wenn keine ausdrücklichen Regelungen dazu in Ihrem Betrieb bestehen, darf ein

Mitarbeiter nicht davon ausgehen, es sei erlaubt. Allerdings kann bei stillschweigender Hinnahme durch den Arbeitgeber eine entsprechende betriebliche Übung entstehen.

Der Arbeitgeber kann die private Internet-Nutzung verbieten oder er kann sie erlauben und gleichzeitig auch Regelungen zum Umfang der Nutzung treffen. Eine ausdrückliche Regelung ist jedenfalls immer die bessere Lösung gegenüber der, eine private Nutzung einfach hinzunehmen. Es ist sehr sinnvoll für den Arbeitgeber, sich bei der Einführung von Internet-Anschlüssen auch bereits mit diesen Fragen auseinander zu setzen und klare Regelungen zu treffen. Dann weiß jeder Mitarbeiter, woran er ist. Außerdem hat der Betriebsrat bei der Einführung ein zwingendes Mitbestimmungsrecht (§ 87 Abs. 1 Nr. 6 BetrVG), sodass sich der Abschluss einer Betriebsvereinbarung zur Nutzung anbietet.

Besteht ein Verbot und nutzt der Arbeitnehmer das Internet dennoch für private Zwecke, ist das eine Pflichtverletzung, die eine Abmahnung und im Wiederholungsfall eine verhaltensbedingte Kündigung rechtfertigen kann. Besteht eine Genehmigung des Arbeitgebers, kommt es darauf an, ob die Nutzung in einem Ausmaß erfolgt ist, von dem der Arbeitnehmer nicht annehmen durfte, sie sei noch von dem Einverständnis des Arbeitgebers gedeckt. Je genauer etwaige Regelungen zum Nutzungsumfang gefasst sind, desto leichter wird sich dies feststellen lassen. Sie werden die Regelung einer privaten Nutzung »nur in den Pausen« leichter handhaben können als zum Beispiel eine Zulassung »in angemessenem Umfang«.

Bei einem Verstoß werden Sie zuvor Überlegungen zur Notwendigkeit einer Abmahnung anzustellen haben. Die Abmahnung ist entbehrlich, wenn ein solches Ausmaß erreicht ist, dass von einer groben Pflichtverletzung auszugehen ist. Dies lässt sich nur am Einzelfall entscheiden.

Hinsichtlich der Kontrolle der privaten Internet-Nutzung ist ähnlich wie beim Telefonieren zu unterscheiden zwischen der Erfassung der äußeren Umstände und der inhaltlichen Kontrolle. Eine inhaltliche Kontrolle, also zum Beispiel das Aufschalten auf den Rechner und das Mitlesen, ist ohne Einwilligung unzulässig. Das gilt umso mehr, wenn private Internet-Nutzung erlaubt ist. Ausnahmen können aber bei Verdacht missbräuchlicher Nutzung bestehen, zum Beispiel bei Herunterladen von pornografischem Bildmaterial. Die Erfassung der Verbindungsdaten ist jedenfalls dann zulässig, wenn eine private Nutzung nicht gestattet ist. Andernfalls könnten Sie ja auch gar nicht nachvollziehen, ob privat gesurft wird. Bei erlaubter auch privater Nutzungsmöglichkeit erscheint es vorteilhaft, eine Einwilligung des Arbeitnehmers einzuholen.

Außerdem gibt es noch Grenzen durch Datenschutzgesetze. Im Bereich der dienstlichen Nutzung gilt das Bundesdatenschutzgesetz (§ 1 Abs. 2 Nr. 3 BDSG). Wenn der Arbeitgeber die private Nutzung von Internet und E-Mail erlaubt, dann bietet er Dritten Übertragungswege an und erbringt damit geschäftsmäßige Telekommunikationsdienste (§ 3 Nr. 5, § 85 Abs. 2 TKG). Damit unterliegt er dem Fernmeldegeheimnis und Datenschutzregelungen (§ 85 ff. TKG).

9.7 Kleidung, Frisur

Die Geschmäcker sind verschieden. Gerade Kleidung und Frisur sind Ausdruck der individuellen Persönlichkeit eines Arbeitnehmers. Ihre rechtliche Handhabe in diesem Bereich beschränkt sich deshalb darauf, für die Einhaltung dessen zu sorgen, was im Interesse der Arbeit notwendig ist. Dazu gehört die Einhaltung von Pflichten, Schutzkleidung bei bestimmten Tätigkeiten zu tragen.

Allerdings kann es eine Kleiderordnung geben, die auf betrieblicher Ebene oder im Arbeitsvertrag festgeschrieben ist. Daraus kann sich dann eine Pflicht des Arbeitnehmers ergeben, eine bestimmte Arbeits- oder Dienstkleidung zu tragen. Solchen Kleiderordnungen sind aber Grenzen gesetzt durch die betriebliche Notwendigkeit und das allgemeine Persönlichkeitsrecht des Arbeitnehmers. So darf zum Beispiel eine Fluggesellschaft Stewardessen zum Tragen bestimmter Kostüme verpflichten. Eine Vorschrift hinsichtlich der Länge des Rocks oder der Größe des Ausschnitts ginge aber zu weit.

9.8 Kontrolle von Arbeitnehmern

Als Vorgesetzter haben Sie das Recht, sich Informationen darüber zu verschaffen, ob Mitarbeiter ihren arbeitsvertraglichen Pflichten nachkommen. Kontrolle ist erlaubt und auch notwendig. Allerdings ist es wichtig, dabei das richtige Maß zu finden, denn Kontrolle kann vom Kontrollierten auch immer als Zeichen mangelnden Vertrauens in seine Zuverlässigkeit und Ehrlichkeit angesehen werden. Das kann zum Störfaktor im Betriebsklima werden.

Allgemein gilt für Kontrollmaßnahmen der Grundsatz der Verhältnismäßigkeit. Sie können nur die Maßnahmen ergreifen, die das Ziel noch erreichen und den Arbeitnehmer am wenigsten belasten. Unter diesem Aspekt ist auch die offene Kontrolle einer heimlichen grundsätzlich vorzuziehen.

Normale Kontrolle der Arbeit
Als Vorgesetzter können Sie immer den Mitarbeiter aufsuchen, sich über den Bearbeitungsstand von Arbeiten aufklären und Arbeitsproben zeigen lassen. Dies brauchen Sie weder vorher anzukündigen, noch benötigen Sie dafür einen bestimmten Anlass. Wie bei allen kommunikativen Situationen macht auch hier der Ton die Musik. Eine Kontrolle, die dem Mitarbeiter den Eindruck vermittelt, er werde in seiner Ehre verletzt, bloßgestellt oder schikaniert, ist keine erfolgreiche Kontrolle. Sie ist auch rechtswidrig, wenn der Eindruck des Mitarbeiters sich auf entsprechende Tatsachen begründet.

Ein- und Ausgangskontrolle, Leibesvisitation
Hier handelt es sich bereits um Maßnahmen ganz anderen Kalibers, für die Sie schon einen sachlichen Grund benötigen. Ein solcher Grund können Diebstähle in der Vergangenheit sein oder die Herstellung hochwertiger kleiner und leicht entwendbarer Produkte. Die Einführung von Torkontrollen, Untersuchungen von Taschen oder gar Leibesvisitationen bei Mitarbeitern betrifft die betriebliche Ordnung (§ 87 Abs. 1 Nr. 1 BetrVG). Der Betriebsrat hat ein erzwingbares Mitbestimmungsrecht.

Wenn eine entsprechende Betriebsvereinbarung besteht, dann stellt diese die Grundlage für derartige Maßnahmen dar. Andernfalls bedarf es der Einwilligung des betroffenen Arbeitnehmers oder es muss wirklich der konkrete Verdacht einer Straftat gegen einen Arbeitnehmer bestehen. Aber auch dann kann eine Leibesvisitation des Arbeitnehmers heikel sein. Sie sollten hier die Einschaltung der Polizei in Erwägung ziehen.

Kameraüberwachung

Eine ständige Überwachung von Mitarbeitern durch eine Videokamera ist grundsätzlich nicht erlaubt. Das gilt für die offene Überwachung und erst recht für die heimliche Kameraüberwachung. Eine offene Kameraüberwachung erzeugt auf die Arbeitnehmer einen Überwachungsdruck und ein Gefühl umfassender Beobachtung, wie es durch Orwells Roman *1984* sprichwörtlich geworden ist. Für eine ausnahmsweise Überwachung braucht der Arbeitgeber schon stichhaltige Gründe, um einen solchen Eingriff in das allgemeine Persönlichkeitsrecht zu rechtfertigen, und es darf keine weniger beeinträchtigenden Alternativen geben.

Die heimliche Überwachung mit Kameras ist das letzte Mittel, wenn die offene Videoüberwachung keinen Erfolg verspricht und der Arbeitgeber einen rechtfertigenden Grund hat. Ein solcher kann zum Beispiel der dringende Tatverdacht des Diebstahls oder der Unterschlagung gegenüber einem ganz bestimmten Mitarbeiter sein. Insofern wollen solche Maßnahmen sehr wohl erwogen sein. Eine Videoaufnahme mit Ton kann eine Verletzung der Vertraulichkeit des Wortes darstellen (§ 201 StGB).

Wenn Sie einen Verdacht gegen einen bestimmten Mitarbeiter haben, sind Sie sicher gut beraten, angemessene Maßnahmen mit der Personalorganisation oder einem Spezialisten zu besprechen.

9.9 Politische Betätigung

Eine politische Betätigung von Arbeitnehmern im Betrieb kann sich an der Schnittstelle zwischen grundrechtlich geschützter Meinungsfreiheit (Art. 5 Abs. 1 S. 1 GG) und der Beeinträchtigung des Betriebsfriedens bewegen. Die Meinungsfreiheit ist ein hohes Gut, in das der Arbeitgeber nicht so ohne weiteres eingreifen darf. Danach hat auch jeder Arbeitnehmer das Recht, seine Meinung in Wort, Schrift und Bild frei zu äußern, und kann zum Beispiel auch politische Diskussionen im Betrieb führen.

Die Meinungsfreiheit findet jedoch ihre Schranken in den allgemeinen Gesetzen, wozu auch die Grundregeln über den Arbeitsvertrag gehören. Deswegen können Sie jede parteipolitische Betätigung, insbesondere parteipolitische Propaganda und provozierende Formen politischer Betätigung untersagen, wenn dadurch Arbeitsabläufe oder der Betriebsfrieden beeinträchtigt werden. Arbeitgeber und Betriebsrat sind übrigens gesetzlich dazu verpflichtet, jede parteipolitische Betätigung zu unterlassen (§ 74 Abs. 2 BetrVG).

9.10 Private E-Mails auf Kosten der Firma

Für die Zulässigkeit, private E-Mails über den Computer des Betriebs zu schicken, gilt zunächst einmal Entsprechendes wie beim privaten Surfen und Telefonieren. Es bedarf einer Erlaubnis des Arbeitgebers. Eine ausdrückliche Vereinbarung über die Nutzung ist äußerst sinnvoll.

Auch hier stellt sich die Frage der Kontrolle – denn technisch möglich ist alles. Bei dienstlichen E-Mails ist die Erfassung der Verbindungsdaten zulässig. Für die inhaltliche Kontrolle einer dienstlichen E-Mail sollte eigentlich nichts anderes gelten als für ein Schreiben dienstlichen Inhalts, das an den Betrieb in Papierform geschickt wird. So ganz geklärt ist das aber noch nicht, weshalb es ratsam ist, eine ausdrückliche Einwilligung des Arbeitnehmers in das Öffnen dienstlicher E-Mails einzuholen.

Anders ist es jedoch bei privaten E-Mails. Schon bei der Aufzeichnung der Verbindungsdaten gibt es Einschränkungen. Wenn die E-Mail-Nutzung wie in der Regel kostenfrei ist, dürfen Verbindungsdaten lediglich auf Missbrauch geprüft werden. Eine inhaltliche Überwachung darf als Eingriff in das allgemeine Persönlichkeitsrecht grundsätzlich nicht erfolgen. Außerdem wäre das Fernmeldegeheimnis verletzt (§ 85 Abs. 2 TKG).

Bei dieser unterschiedlichen Behandlung werden Sie sich möglicherweise die Frage stellen, wie denn eine inhaltliche Kontrolle von dienstlichen Mails und eine Einhaltung der Beschränkungen bei privaten Mails praktisch zu bewältigen ist. Nicht bei jeder Mail lässt sich vor der Öffnung der jeweilige Inhalt erahnen. Eine gute Möglichkeit ist die Einrichtung einer privaten und einer geschäftlichen Adresse, wobei dann der Arbeitnehmer für die Trennung Sorge tragen muss.

9.11 Private Telefonate auf Kosten der Firma

Ein Ärgernis können ausgiebige private Telefonate während der Arbeitszeit sein. Zum einen erhöhen Privattelefonierer die Gebühren, zum anderen arbeiten sie trotz vergüteter Arbeitszeit nicht. Wenn Sie hier Anlass zum Handeln sehen, ist Ausgangspunkt zunächst der Arbeitsvertrag, der in diesem Bereich durch betriebliche Übung gestaltet sein kann. Auch Tarifverträge und Betriebsvereinbarungen können Regelungen enthalten.

Sofern nichts dazu geregelt ist, müssen die Arbeitnehmer grundsätzlich davon ausgehen, dass privates Telefonieren nicht erlaubt ist. Allerdings werden in vielen Betrieben in bestimmtem Umfang Telefonate im Ortsbereich schlicht geduldet, was sich zu einer betrieblichen Übung verfestigen kann. Wenn Sie keine ausdrückliche Regelung finden, ist es empfehlenswert, zu klären, was betriebsüblich ist, bevor Sie weitere Schritte einleiten.

Der Arbeitgeber kann private Telefonate während der Arbeitszeit auch ausdrücklich verbieten. Dann kann der Arbeitnehmer nur in Notfällen und bei Pflichtenkollisionen telefonieren oder privat aus dienstlichem Anlass. Letzteres wäre zum Beispiel der Fall, wenn Sie Überstunden anordnen und ein Mitarbeiter seine Familie verständigt, dass er später kommt.

Eine Kündigung kann dann gerechtfertigt sein, wenn ein ausdrückliches Verbot des privaten Telefonierens besteht und der Arbeitnehmer diesem Verbot auch nach einschlägiger Abmahnung zuwiderhandelt. Auch dann, wenn es an einem ausdrücklichen Verbot fehlt oder längere Zeit das private Telefonieren widerspruchslos geduldet wurde, gibt es Grenzen. Hat der Arbeitnehmer in einem Ausmaß telefoniert, von dem er nicht mehr annehmen durfte, dass der Arbeitgeber dies bei Kenntnis noch geduldet hätte, können Sie auch in diesem Fall nach einer einschlägigen Abmahnung über eine Kündigung des Arbeitsverhältnisses nachdenken.

Informationen über private Telefonate erhalten Sie durch Erfassung der Telefondaten. Datum, Uhrzeit, Dauer und Zielnummer sind regelmäßig Gegenstand der Erfassung. Eine solche Erfassung zwecks Abrechnung und Kontrolle des Telefonverhaltens der Arbeitnehmer ist grundsätzlich zulässig, wobei der Betriebsrat ein Mitbestimmungsrecht bei der Einführung hat (§ 87 Abs. 1 Nr. 6 BetrVG), weil es sich bei der Telefonanlage um eine Einrichtung handelt, die dazu bestimmt ist, das Verhalten der Arbeitnehmer zu überwachen. Dabei kommt es auch nicht darauf an, ob der Arbeitgeber aufgrund der eingerichteten technischen Möglichkeiten tatsächlich eine Überwachung vornimmt.

Etwas anderes als die oben dargestellte Kontrolle durch Erfassung der Telefondaten ist allerdings die inhaltliche Kontrolle von Telefonaten. Auch wenn dies technisch möglich sein sollte: Sie sind nicht berechtigt, Telefonate eines Arbeitnehmers heimlich mitzuhören. Dies stellt einen Eingriff in das allgemeine Persönlichkeitsrecht des Arbeitnehmers dar und kann auch strafbar sein (§ 201 StGB). Die Vertraulichkeit des Wortes ist geschützt, da mündliche Äußerungen in dem Bewusstsein der Flüchtigkeit des Gesprochenen und seiner jederzeitigen Korrigierbarkeit erfolgen.

9.12 Radiohören

Die einen können mit Hintergrundbeschallung besser arbeiten, andere empfinden es als störend. Sofern Mitarbeiter gestört werden oder Sie Anhaltspunkte dafür haben, dass der Radio hörende Arbeitnehmer selbst in seiner Leistungsfähigkeit eingeschränkt wird, können Sie ein Verbot kraft Ihres Weisungsrechts aussprechen. Bei generellen Regelungen hat der Betriebsrat ein Mitbestimmungsrecht.

9.13 Rauchen/Rauchverbot

Angenommen, ein Mitarbeiter beklagt sich bei Ihnen über Rauchbelästigung durch andere. Wie gehen Sie damit um? Rauchen kann schon einmal eine Abteilung, eine Arbeitsgruppe, ein Büroteam in zwei konträre Lager spalten – so auch die Autoren dieses Buchs. Die Diskussion und die Rechtsprechung drehen sich dabei in erster Linie um den Schutz der Nichtraucher vor den erwiesenermaßen schädlichen Folgen des Passivrauchens und darum, inwieweit nichtrauchende Arbeitnehmer Maßnahmen vom Arbeitgeber verlangen können.

Je nach Perspektive die gute oder schlechte Nachricht vorweg: Es besteht weder ein generelles gesetzliches Rauchverbot noch eine Verpflichtung des Arbeitgebers, ein generelles Rauchverbot im Betrieb zu erlassen. Aber: Jeder Arbeitgeber ist gesetzlich verpflichtet, die nicht rauchenden Beschäftigten in Arbeitsstätten wirksam vor den Gesundheitsgefahren durch Tabakrauch zu schützen, und hat dazu die erforderlichen Maßnahmen zu treffen (§ 3a Abs. 1 ArbStättV). Der Arbeitnehmer kann aufgrund des Arbeitsvertrages verlangen, dass der Arbeitgeber die arbeitsschutzrechtlichen Bestimmungen ihm gegenüber einhält. Nach der Rechtsprechung des Bundesarbeitsgerichts haben Arbeitnehmer einen arbeitsvertraglichen Anspruch auf einen rauchfreien Arbeitsplatz, wenn das für sie aus gesundheitlichen Gründen geboten ist.

Insofern sind Sie als Vorgesetzter ebenfalls gehalten, Überlegungen anzustellen und umzusetzen, wie es zu einem wirksamen Nichtraucherschutz unter angemessener Berücksichtigung der Interessen von Rauchern in Ihrem Verantwortungsbereich kommen kann. Beschwerden von Arbeitnehmern haben Sie nachzugehen und nach Möglichkeit Abhilfe zu schaffen. Dabei werden Sie die verschiedenen Interessen abzuwägen und nach Möglichkeit auszugleichen haben. Praktische Regelungen wie Änderung der Platzanordnung, räumliche Trennung von Rauchern und Nichtrauchern, Raucherecken, effektive Entlüftungsanlagen und so weiter werden bei der Lösung im Vordergrund stehen.

Ansonsten ist Ihr arbeitsrechtliches Lösungsinstrument das Rauchverbot, das auf verschiedenen rechtlichen Füßen stehen kann: Es kann kraft öffentlich-rechtlicher Vorschrift ein Rauchverbot bestehen, so zum Beispiel in Unfallverhütungsvorschriften wegen Explosions- oder Feuergefahr. Solche Rauchverbote werden also nicht vom Arbeitgeber verhängt, sondern bestehen kraft Gesetz. Daneben besteht die Möglichkeit, im Tarifvertrag, in einer Betriebsvereinbarung oder auch im Arbeitsvertrag ein Rauchverbot während der Arbeitszeit zu vereinbaren. Zuletzt können Sie Ihr Weisungsrecht als Grundlage in Erwägung ziehen. Hierbei werden Sie dann der Verhältnismäßigkeit des Rauchverbots Ihr besonderes Augenmerk zu schenken haben. Die Freiheit der Raucher darf nur so weit eingeschränkt werden wie zum Schutz der Nichtraucher erforderlich.

Besteht ein Rauchverbot – auf welcher Grundlage auch immer –, können Sie einen Verstoß abmahnen. Die beharrliche Verletzung kann nach Abmahnung auch ein Grund für eine außerordentliche verhaltensbedingte Kündigung sein.

Die Einführung von Rauchverboten betrifft Fragen der Ordnung des Betriebes und des Verhaltens der Arbeitnehmer im Betrieb. Der Betriebsrat hat ein Mitbestimmungsrecht (§ 87 Abs. 1 Nr. 1 BetrVG). Das gilt auch dann, wenn Sie von Ihrem Weisungsrecht Gebrauch machen und ein Rauchverbot aussprechen wollen.

➤ Internet-Tipp

www.bda-online.de: Leitfaden Nichtraucherschutz der Bundesvereinigung der Deutschen Arbeitgeberverbände (BDA).

9.14 Schwangerschaft

Angenommen, eine Mitarbeiterin Ihrer Abteilung teilt Ihnen mit, Sie sei schwanger. Wie verhalten Sie sich in arbeitsrechtlicher Hinsicht richtig?

Es ist wichtig, hier kurzfristig den Leiter der Personalorganisation zu informieren, da es Mitteilungspflichten gibt und bei der weiteren Durchführung des Arbeitsverhältnisses mit der Schwangeren

Pflichten für den Arbeitgeber entstehen, deren Einhaltung und Erfüllung regelmäßig die Personalabteilung steuern wird.

Vertraulichkeit
Zunächst ist vielleicht wichtig, zu wissen, dass Sie diese Mitteilung vertraulich zu behandeln haben. Auch unternehmensintern sind bis auf die zuständigen Mitarbeiter der Personalabteilung und den Betriebsarzt alle anderen Dritte, denen Sie die Mitteilung nicht unbefugt bekannt geben dürfen (§ 5 Abs. 1 S. 4 MuSchG).

Mitteilungspflichten
Es bestehen Mitteilungspflichten. Der Arbeitgeber hat unverzüglich die Aufsichtsbehörde von der Mitteilung der werdenden Mutter zu benachrichtigen. Das sind die staatlichen Arbeitsschutz- oder Gewerbeaufsichtsämter. Weiter ist der Betriebsrat zu benachrichtigen, allerdings nicht gegen den Willen der werdenden Mutter. Um diese Mitteilungspflichten wird sich die Personalorganisation kümmern, wenn Sie den Personalleiter informiert haben.

Gesundheitsschutz
Die Gestaltung des Arbeitsplatzes, des Arbeitsablaufs und der Arbeitszeit der werdenden oder stillenden Mutter ist an deren Situation so anzupassen, dass Leben und Gesundheit geschützt sind (§ 2 MuSchG). Die Einzelheiten regeln das Gesetz und die Verordnung zum Schutz der Mütter am Arbeitsplatz (MuSchV). Insbesondere muss der Arbeitgeber rechtzeitig für jede Tätigkeit, bei der werdende oder stillende Mütter durch chemische Gefahrstoffe, biologische Arbeitsstoffe, physikalische Schadfaktoren, Verfahren oder Arbeitsbedingungen gefährdet werden können, Art, Ausmaß und Dauer der Gefährdung mitteilen (§ 1 Abs. 1 MuSchV). Darum werden sich fachkundige Personen kümmern müssen.

Ferner haben Sie die Schwangere und auch die Mutter für die Zeit von der Arbeit freizustellen, die zur Durchführung der gesetzlichen Untersuchungen bei Schwangerschaft und Mutterschaft vorgeschrieben sind.

Beschäftigungsverbote

Daneben bestehen Beschäftigungsverbote:

- ab Beginn der Schwangerschaft, soweit nach ärztlichem Zeugnis Leben oder Gesundheit von Mutter oder Kind bei Fortdauer der Beschäftigung gefährdet ist (§ 3 Abs. 1 MuSchG);
- in den letzten sechs Wochen vor der Entbindung (§ 3 Abs. 2 MuSchG) – es sei denn, dass die Schwangere sich ausdrücklich zur Arbeitsleistung bereit erklärt;
- bis zum Ablauf von acht Wochen nach der Entbindung (§ 6 Abs. 1 MuSchG) – bei Mehrlings- und Frühgeburten gelten längere Fristen;
- Mehrarbeit, Nachtarbeit und Arbeit an Sonn- und Feiertagen von werdenden und stillenden Müttern ist grundsätzlich verboten (§ 8 MuSchG).

Mutterschaftsgeld, Mutterschutzlohn

Die Schwangere erhält während der Zeitdauer von Beschäftigungsverboten nach dem Mutterschaftsgesetz weiter Entgelt.

Für den Zeitraum der Schutzfristen der letzten sechs Wochen vor der Entbindung, den Entbindungstag und mindestens bis zum Ablauf von acht Wochen nach der Entbindung hat sie Anspruch auf Mutterschaftsgeld gegen die Krankenkasse (§ 13 Abs. 1 MuSchG). Daneben hat der Arbeitgeber noch einen Zuschuss zum Mutterschaftsgeld zu zahlen (§ 14 MuSchG).

Beschäftigungsverbote können aber auch außerhalb der genannten Schutzfristen bestehen (§ 3 Abs. 1, §§ 4, 6 Abs. 2 und Abs. 3, § 8 Abs. 1, 3 und 5 MuSchG). In diesen Fällen ist der Arbeitgeber zur Fortzahlung des Entgelts verpflichtet (§ 11 Abs. 1 MuSchG).

Kündigungsschutz

Vom Beginn der Schwangerschaft bis zum Ablauf von vier Monaten nach der Entbindung besteht ein Kündigungsverbot (§ 9 MuSchG). Das setzt allerdings voraus, dass dem Arbeitgeber die Schwangerschaft bekannt ist oder innerhalb von zwei Wochen nach Zugang der Kündigung mitgeteilt wird.

9.15 Sexuelle Belästigung

Jeder Arbeitgeber hat die Pflicht, die Beschäftigten am Arbeitsplatz vor sexueller Belästigung zu schützen. In Ihrem Verantwortungsbereich trifft Sie diese Pflicht als betriebliche Führungskraft.

Sexuelle Belästigung am Arbeitsplatz ist kein Kavaliersdelikt, sondern ein Problem, das den Gesetzgeber dazu veranlasst hat, zur Verbesserung der rechtlichen Situation von Betroffenen das Beschäftigtenschutzgesetz (BSchutzG) zu erlassen. Sexuelle Belästigung am Arbeitsplatz ist jedes vorsätzliche, sexuell bestimmte Verhalten, das die Würde von Beschäftigten am Arbeitsplatz verletzt (§ 2 Abs. 2 BSchutzG). Neben bereits nach dem Strafgesetzbuch unter Strafe gestellten sexuellen Verhaltensweisen gehören dazu auch sonstige sexuelle Handlungen sowie Aufforderungen zu diesen, sexuell bestimmte körperliche Berührungen, Bemerkungen sexuellen Inhalts sowie Zeigen und sichtbares Anbringen von pornografischen Darstellungen, die von den Betroffenen erkennbar abgelehnt werden.

Welche arbeitsrechtliche Handhabe besteht gegenüber dem Belästiger? Hier ist zunächst hilfreich, zu wissen, dass sexuelle Belästigung am Arbeitsplatz eine Verletzung der Pflichten des Belästigers aus dem Arbeitsvertrag ist (§ 2 Abs. 3 BSchutzG). In Abhängigkeit von der Schwere der sexuellen Belästigung und der Schutzbedürftigkeit des Betroffenen kommen Abmahnung, Umsetzung, Versetzung und Kündigung in Betracht (§ 4 BSchutzG).

Welche Möglichkeiten hat der Betroffene? Zunächst einmal besteht ein Beschwerderecht bei der zuständigen Stelle (§ 3 BSchutzG). Als betrieblicher Vorgesetzter können auch Sie damit zuständige Stelle im Sinne des Gesetzes sein. Eine Beschwerde haben Sie zu prüfen und geeignete Maßnahmen zu treffen, um festgestellte Belästigungen zu unterbinden. Hierzu ist zunächst der Betroffene anzuhören.

Anhang

Anmerkungen

1 Dehner, Ulrich und Renate: *Als Chef akzeptiert, Konfliktlösungen für neue Führungskräfte*, S. 9, Campus Verlag, Frankfurt/New York 2001.

2 Schwarz, Horst: *Arbeitsplatzbeschreibungen*, S. 21, Haufe Verlag, Freiburg 1990.

3 Schaub, Günter: *Arbeitsrechts-Handbuch*, § 152, Rn. 1, Beck Verlag, München 2002.

4 Söllner, Alfred/Waltermann, Raimund: *Grundriss des Arbeitsrechts*, § 3 III 1, 13. Auflage, Verlag Vahlen, München 2003.

5 Ebenda § 3 IV.

6 Hanau, Peter/Adomeit, Klaus: *Arbeitsrecht*, S. 15, 12. Auflage, Luchterhand, München 2000.

7 Preis, Ulrich: *Grundfragen der Vertragsgestaltung im Arbeitsrecht*, S. 83, Luchterhand Verlag, München 1993.

8 Preis, Ulrich (Hg.): *Der Arbeitsvertrag*, I B Rn. 1 ff., Dr. Otto Schmidt Verlag, Köln 2002.

9 Zitiert nach *Bundesarbeitsblatt* 11/2002, S. 6.

10 Zitiert nach der Internet-Seite der Hans-Böckler Stiftung: www. boeckler.de – Bereich: Mitbestimmung, dort Zahlen & Grafiken.

11 Niedenhoff, Horst-Udo: *Die Praxis der betrieblichen Mitbestimmung*. Zusammenarbeit von Betriebsrat und Arbeitgeber, Kosten des Betriebsverfassungsgesetzes, Betriebsrats- und Sprecherausschusswahlen, Deutscher Instituts-Verlag, Köln 1999.

12 Ebenda.

13 »Mobbing Report 2000«, Sozialforschungsstelle Dortmund, Evinger Platz 17, 44339 Dortmund.

14 LAG Thüringen, Urteil vom 10.04.2001 – 5 Sa 403/00 – im Internet: www.competence-site.de/arbeitsrecht.nsf – dort in der Entscheidungssammlung.

Abkürzungsverzeichnis

AltersteilzG	Altersteilzeitgesetz
ArbGG	Arbeitsgerichtsgesetz
ArbPlSchG	Arbeitsplatzschutzgesetz
ArbSchG	Arbeitsschutzgesetz
ArbStättV	Arbeitsstättenverordnung
ArbZG	Arbeitszeitgesetz
ASiG	Arbeitssicherheitsgesetz
AuslG	Ausländergesetz
AÜG	Arbeitnehmerüberlassungsgesetz
BBeG	Berufsbildungsgesetz
BDSG	Bundesdatenschutzgesetz
BErzGG	Bundeserziehungsgeldgesetz
BetrVG	Betriebsverfassungsgesetz
BGB	Bürgerliches Gesetzbuch
BSchutzG	Beschäftigtenschutzgesetz
BUrlG	Bundesurlaubsgesetz
EFZG	Entgeltfortzahlungsgesetz
EStG	Einkommensteuergesetz
GewO	Gewerbeordnung
GG	Grundgesetz
HAG	Heimarbeitsgesetz
HGB	Handelsgesetzbuch
JArbSchG	Jugendarbeitsschutzgesetz
KSchG	Kündigungsschutzgesetz
KunstUrhG	Kunsturhebergesetz
LadSchlG	Ladenschlussgesetz
MuSchG	Mutterschutzgesetz
MuSchV	Mutterschutzverordnung
NachwG	Nachweisgesetz
SGB	Sozialgesetzbuch
SprAuG	Sprecherausschussgesetz
StGB	Strafgesetzbuch
TKG	Telekommunikationsgesetz
TVG	Tarifvertragsgesetz
TzBfG	Teilzeit- und Befristungsgesetz
UrhG	Urhebergesetz
UWG	Gesetz gegen den unlauteren Wettbewerb
ZPO	Zivilprozessordnung

Register

MEHR FÜHREN – WENIGER SELBST DURCHFÜHREN!

Jürgen W. Goldfuß
ERFOLG DURCH PROFESSIONELLES DELEGIEREN
So entlasten Sie sich selbst und
fördern Ihre Mitarbeiter
2003. 203 Seiten
ISBN 3-593-37210-X

Wer aufsteigt, muss delegieren lernen: Durch richtiges Delegieren schlägt die Führungskraft zwei Fliegen mit einer Klappe: Erstens gewinnt sie Zeit für strategisch wichtige Aufgaben, zweitens werden bessere und schnellere Arbeitsergebnisse durch gezielten Einsatz der Mitarbeiter erreicht. »Was muss ich weiterhin selbst machen, was können andere genauso gut oder sogar besser und schneller erledigen?«, lauten daher die entscheidenden Fragen. Jürgen W. Goldfuß verrät jungen Führungskräften, wie man Mitarbeiter motiviert, Aufgaben zu übernehmen, und wie man den erfolgreichen Abschluss steuern und kontrollieren kann. Denn nur wer die Kunst des Delegierens beherrscht, kann eine erfolgreiche Führungskraft werden.

campus
Frankfurt / New York

Gerne schicken wir Ihnen aktuelle Prospekte:
Campus Verlag · Kurfürstenstr. 49 · 60486 Frankfurt / M.
Tel. 069/97 65 16 - 0 · Fax - 78 · www.campus.de